U0142150

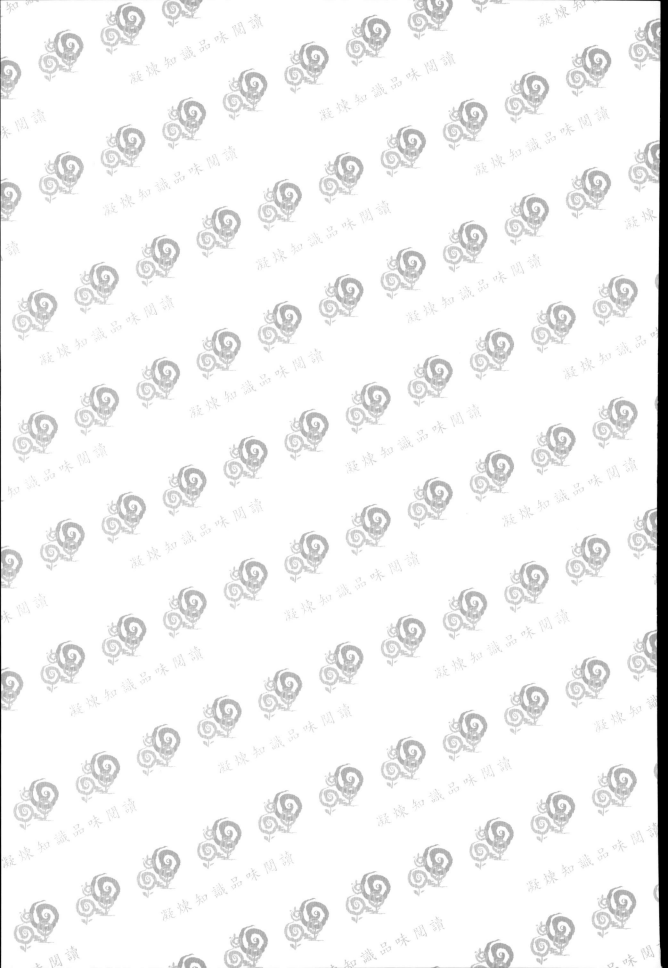

智財策略
與專利攻防

Intellectual property strategy,
patent attack and defense

洪永城————著

五南圖書出版公司 印行

序

本書共分四篇、十六章,全書的撰述邏輯是先巨觀再細節最後求完整。首先介紹的智慧財產權大地圖探討高科技創新的策略與架構,包括:水波思想理論、智財權概論、智財權國際發展;再專注高科技發展重中之重的發明專利權,包括:專利權種類、專利權標的、專利權要件與請求、專利說明書撰寫、發明名稱摘要及專利範圍撰寫技術;之後再探討專利權策略,包括:專利檢索、專利分析、專利布局與策略、專利侵權;最後介紹智財權策略完整知識架構,包括:營業秘密、個人資料保護法、以專利為基礎的研發體系、智財管理與訴訟。本書篇、章架構如下:

全書有豐富圖示，希望利用圖表可說明一些概念，這是本書與一般法律書籍較不同的地方。另全書的敘述有許多類似電腦科技超連結（Hyperlink）的概念，盡可能將法律條文、範例、圖示超連結在一起，希望學習者能非常有效率建立完整的智財權概念、專利書撰寫及智財策略規劃能力，另參考文獻很多皆跨篇、章，故將此置於最後特別章。

本書非常適合高科技創業家、市場企劃師、法務人員、企業策略師、研發主管或研發工程師等。近年高科技產業企業的智財策略是公司可否發展非常重要的關鍵，本書中提到Amazon、Apple與Magicleap的案例皆是專利權的行使非常成功的案例。本書首篇即以水波效應模型提供道德、倫理、法律思想架構，首篇也介紹智財權發展；第二篇介紹專利權及專利說明書撰寫技術；第三篇介紹專利策略，包括：專利檢索、分析、布局、侵權等；第四篇介紹其他智財策略相關法律，包括：營業秘密、個人資料保護、研發體系、專利管理與訴訟，希望能建構完整智財策略與專利攻防的知識與能力。

目　錄

第 1 篇

創新科技的
策略與架構

第1章

高科技對道德、倫理、法律架構的影響

　　創新與國際貿易是推動當今人類文明最主要泉源，高科技產業更是靠著全世界數以千萬計的科學家、工程師們推陳出新的創新與發明，依據世界銀行（The World Bank）統計，於2015年全球GDP為美元74.292兆（2017年為80.684兆），商品出口為美元16.483兆，其中高科技商品出口是從2000年美金1兆至2015年2.148兆，如圖1-1所示15年間成長1倍多，另依據我國經濟部統計，我國高科技總產值約美金517.68億，占製造業比重約54%，高科技的資通訊產品（ICT）對我們貿易比重非常高，有關高科技相關產品對人們原有道德、倫理、法律架構的影響與衝擊是巨大且需要密切注意的。

　　智慧財產是人類文明無形的產值，是保護人類腦力創新研究成果的智慧財，這也是一種基本人權，在文明社會中人類腦力活動的成果是要受保護與鼓勵，其與傳統中有形資產的意義是相同的，文明的先進國家與各產業的領頭企業無不竭盡所能，建構合理法治平臺與投入資源開發關鍵智慧財產。

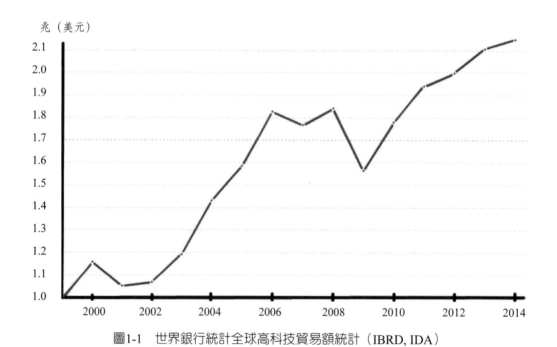

圖1-1　世界銀行統計全球高科技貿易額統計（IBRD, IDA）

1.1　高科技的發展及對人類文明的衝擊

　　高科技的發展及對人類生活的衝擊例子很多，例如電燈、汽車、飛機、電視、電話、電腦、手機、臉書、共享平臺、AI等，皆對人類生活各方面產生巨大的影響，也直接對個人與團體之間道德、倫理、法律架構產生顛覆性的變化，從1992年起網際網路商業化的營運，促使電子商務的興起，甚至近年來衝擊傳統店面式的零售業，實體店面經濟發生重大變化，另從2007年起智慧型手機產業的發展，促使行動商務爆量性的發展，因而徹底改變人們生活習慣。

　　根據市場調查機構eMarketer的最新報告指出，如圖1-2所示，2016年的全球零售銷售額將達22.049兆美元，此金額統計不包括旅遊、門票和餐館的銷售額，然而零售電子商務銷售額將可達1.915兆美元，也就是說，零售電子商務占總零售銷售額達8.7%，又往15%的目標前進，比起2015年的20.795兆美元，年成長率達6%，2016年全球零售電子商務的銷售額達1.915兆美元，比起2015年1.548兆美元，年成長率達23.7%，eMarketer預計零售電子商務的銷售額到2020年之時，將可成長至4.058兆美元，約占14.6%的總零售銷售額。

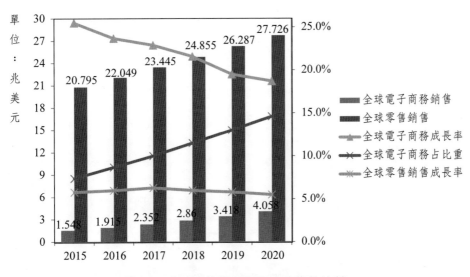

圖1-2　全球零售額與電子商務趨勢比較

　　另隨著智慧型手機產業的成熟，全球持有手機的累積用戶數達70億支超世界人口數，如圖1-3，全球手機年出貨量超過16億支且平均每年成長率（YoY）有5～7個百分點，雖近幾年因通訊頻寬未升級等原因手機出貨量有減緩的趨勢，手機用戶換機頻率也因此減緩，但因手機普及而帶動的行動商務的商機興起，如圖1-4所示，智慧型手機所延伸的行動商務網站漸漸取代傳統電子商務，人類頻繁於行動載具上活動而引起的道德、倫理、法律的問題將因此而發生。這些真實的案例再再說明新科技的發展及對人類文明的衝擊，現代社會的各種協會組織有必要針對新問題提出對策與解決方案，設計新的道德、倫理、法律架構，解決新科技所產生新的衝突與利害關係。近幾年高科技產品已經徹底改變我們的社會，溶入生活細節，但傳統個人的道德、社會的倫理以及國家的法律等架構卻少有變動，這是整個世界的危機，但甚少有學者探討此問題；科技進步日新月異，但社會架構及政治組織太複雜幾無改變，或因跨領域人才缺乏使得此問題並不受重視，但高科技產生的衝突卻很頻繁。作者根據經驗深知產業界經營者非常需要有此全方位的人才，但學界因為傳統分工細、考試、論文、升等皆不受重視，漸漸產學界分離各自發展，學界辛苦努力的成果產業界無法肯定，本書所談的專利權是非常有世界性的議題，有全球性一致的標準，隨著產業發展趨勢的改變標準也

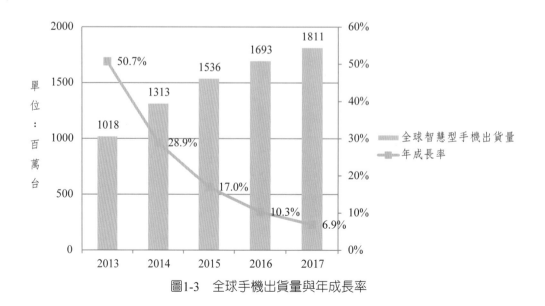

圖1-3　全球手機出貨量與年成長率

隨時調整，尤其專利權的行使牽涉產業界公共利益與私人利益的衝突，各方主張與訴訟也是變化多端，有志於此者更需多所著墨。

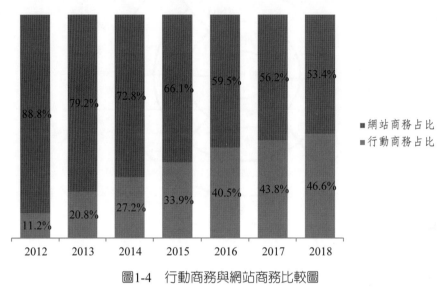

圖1-4　行動商務與網站商務比較圖

資料來源：Goldman Sachs Research

1.2　道德、倫理、法律架構

　　高科技變化非常快速，例如：社群網路、行動通訊、機器人、大數據、物聯網、人工智慧、商業模型創新等，對人類日常生活各方面皆會產生立即的影響，文明的社會當有一個結構性的道德、倫理、法律架構，個人的衝突用道德來規範，社會團體的衝突用倫理規範，國家政治的問題用法律來限縮，以道德、倫理、法律架構解決新科技的所帶來對人類生活的衝擊，本書參考Ken Laudon, Jane P. Laudon在*Management Information Systems*一書的思想架構圖，提出三個層波六個構面的水波效應（Ripple effect）關係圖，如圖1-5，用以解釋新科技對人們道德、倫理、法律三層的關係與衝突解決。

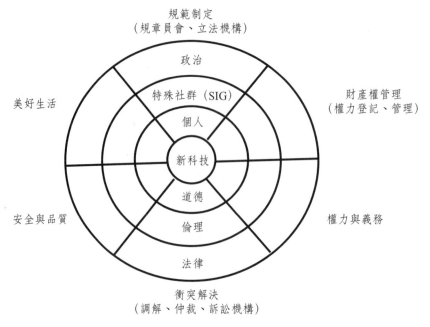

規範制定
(規章員會、立法機構)

美好生活

財產權管理
(權力登記、管理)

政治

特殊社群（SIG）

個人

新科技

道德

倫理

法律

安全與品質

權力與義務

衝突解決
(調解、仲裁、訴訟機構)

圖1-5　高科技對人們道德、倫理、法律的水波效應圖

　　社會本是一個平靜的池塘，高科技如同往池裡投擲一塊石頭，產生因新的、不在舊規則涵蓋內的情形的漣漪。對於這些漣漪，舊有道德、倫理、法律架構一夕之間無法反應，可能要花上數年的時間去發展相關禮儀、期望、社會責任、行為準則或法律。新科技產生在水波效應圖的中心點投入影響並產生衝擊，並循序結構性的對道德、倫理、法律的架構產生三波效應。如圖1-5，在平靜的湖心中投入石頭，之後隨時間依序漸漸的形成三層同心圓的水波，第一波是有關個人的道德；第二波是有關社群的倫理；第三波是有關政治的法律。另水波效應圖內含人類生活基本的六個構面，包括：權力與義務、規範制定、財產權管理、衝突解決、安全與品質、美好生活。本書利用此三層六構面的水波效應圖來解釋高科技對人類文明的影響與衝擊，希望利用此水波效應圖，可結構性的解釋高科技對人類文明方方面面的影響，更可進一步解釋高科技與智慧財產權之間的關聯性，利用結構化的圖示希望能使讀者能有整體性科學性的概念。水波效應這三個層次水波的效果，使新科技對人類生活的改變，隨時間對第一層、第二層、第三層漸漸影響，有關水波效應圖詳細說明如下：

第一層波：個人議題

新個人道德觀的建立，可立即解決新科技所面臨的權利義務的利害關係，例如：網路禮節問題、即時通訊的禮節、行動手機產業產生有關個人隱私的新道德問題、影音傳播版權道德問題、手機對話干擾道德問題等。

第二層波：社會議題

利用特殊利害關係社群，例如：電腦協會、律師協會、會計師協會、運動協會、學校、軍人、醫生等特殊社群（SIG），制定新的社群規章或會員管理章程，利用社群內部的規範管理相關的權利與義務衝突及協調解決機置，例如：上課使用即時通訊的規定、考試使用手機規範、軍中手機使用規定、球賽中使用手機直播規定、禁區手機使用規則等。

第三層波：政治議題

立法機構制定新的法律規範新科技產生新的問題，這是社會學完整的解決問題最後架構，例如：網際網路產生第三方支付的法規、行動科技產生的線上金融法規、大數據科技下的個人隱私法律、人工智慧下的勞工法律、無人駕車的交通法規、物聯網下的電波法律、5G的通訊法律等。

依據圖1-5，本書所談的即屬此圖的第三層的政治議題層面的法律問題，智慧財產權中的專利（Patents）、商標（Trademarks）、工業設計（Industrial designs）、實用新型（Utility model）、個人隱私權，是非常國際化的，世界上主要的貿易大國中，近幾年非常著重智慧財產權修法，隨著全球貿易組織（WTO）標準規範的形成，智慧財產權也建構了全球一致性的準則，也就是說依據水波效應的理論架構，除了第一層個人道德層面，第二層社群倫理外，第三層政治法律層面的基礎也漸有世界標準的規範，這一個事實是所有產業經營者，及研發工程師必須體認的事實，故因應新環境的變化，傳統的工作程序也要有所變化，這個事實是高科技所延伸必然對社會架構的新衝擊。

　　西方文明是非常有結構的，在生活中處處可見：例如：西餐的前菜、主菜、飯後點心，都市街道、公車路線、土地使用分區規劃，房屋室內格局，捧球賽教練用兵策略，甚至人生規劃等，處處可見其結構化的痕跡，水波效應圖是一思考模型圖，提供人們了解高科技對社會衝擊提出解決方案的結構化思考模型，要了解整個智慧財產權完整法律架構如能搭配此水波效應圖將會有比較結構性的思緒，利用此思想圖可讓繁雜法律條文將比較有清楚的架構。

　　水波效應圖三層波中各層又含有完整社會的六個構面，透過三層六構面的架構圖示，使我們可用結構化的方式解釋，新科技如何對道德、倫理、法律架構產生影響，並如何設計新的道德、倫理、法律架構的解決方案，有關六個構面詳述如下：

第一構面：規範制定

　　新的科技要有新規範，第一波制定新個人道德準則，第二波社會中各種相關社團、社群、公司等組織中，需建立新的規範，第三波政治層面中，政府的立法機構，因應新科技環境需建立新的法規與法律，本書所敘相關法律內容即屬水波效應圖的第三層波的第一構面。

第二構面：財產權

　　財產權的登記、稅制、管理、實體社會中有傳統社會的組織，虛擬無形的社會有智慧財產組織，世界智慧產權組織（WIPO）、美國專利商標局（USPTO）、歐盟專利局（EPO）、中國國家知識產權局（SIPO）、我國智慧財產局等，包括：第一波的個人財產、第二波的社群財產、第三波的有關財產的法律的制定與管理。

第三構面：權利與義務

　　各種利害關係人的權利與義務，例如：智慧財產權有相關註冊、繳規

費、智慧公開繳稅等義務，但也有獨斷性的擁有一段期間的權利，包括：第一波的個人權利與義務、第二波的社群權利與義務、第三波有關財產的權利與義務的法律的制定，特別是無型財產的申請、登記、發證、仲裁與訴訟、管理與維護等。

第四構面：衝突解決機制

好的法治社會要有效率的衝突解決機制，例如：各種調解機關，各種仲裁機關，與各級法院，包括：第一波有關個人衝突解決機置的設立、第二波有關社群衝突解決機置的設立、第三波有關衝突解決法律與組織架構的制定，衝突解決機制（Accountability）是西方法冶架構中最重要部分，當權利與義務利害相關人有衝突時解決問題的機制，我們法冶社會如缺少了這個零件將淪為高談，智財權的調解、仲裁、訴訟等程序，即屬衝突解決機制的設計。

第五構面：安全與品質

新科技新系統所建構的新社會的安全與生活品質，使人類整體能永續生活，生活安全有品質，包括：第一波有關個人生活安全與品質的追求、第二波有關社群生活安全與品質的保證、第三波有關安全與品質相關法規的制定。

第六構面：美好人生

科技與法治的創新，最高目標是讓人類有更效率、更永續、更公平、更美好人生，包括：第一波有關個人美好人生的追求、第二波有關社群美好生活的保證、第三波有關美好人生關法規的制定，智慧財產權的宗旨是追求公共利益最大化，促進產業升級並讓創新研發者受激勵有美好人生，法律的判斷是有優先順序的，其宗旨是追求人類最美好人生的公共利益，法律最高目的是公眾的美好人生。

　　智慧財產權是人類智慧創意與創新的成果，一種無形的財產，其建構於新科技產業中隨著高科技對人類生活方方面面的衝擊，有關三個層六個構面的水波效應（Ripple effect）關係圖，包括：道德、倫理、法律架構三層漸波，及規範制定、財產權、權利與義務、衝突解決、安全與品質、美好人生等六個構面，形成完整有系統結構化的關係圖，本書有關智慧財產權與高科技的描述希望建構完整關係圖，利用西方比較結構化的方式陳述隨時間漸次發生及人類所關心的構面，這代表高科技，例如電子商務、行動手機、大數據、人工智慧、無人駕駛等新科技領域絕對可改變人類生活的態樣，此水波效應關係圖可讓探討此領域相關問題有完整概念，其範圍包括智慧財產權的觀念，建立專利說明書撰寫、專利申請、智慧財產權的策略、智財侵權判斷、創新的策略、創新維護與管理、糾紛解決等。

1.3　人的道德準則

　　道德是衡量行為正當的標準，是非對錯標準於特定生活形態下自然形成的，每個社會有其公認的道德規範，道德為非正式公共判斷機制，非正式即指無法律或權威能判定而是潛藏每個人內心中。

　　道德和文化有密切關係，雖然道德有共通性，但是在不同的時代，不同的社會，有不同的道德觀念，不同的文化中重視的道德要件及其優先性、所持的道德標準有所差異，同樣一種道德，在不同文化社會背景中的外在表現形式、風俗習慣往往也相去甚遠，一般而言西方的道德判斷是比較結構化的，有標準性的道德分析基本概念，西方常見道德基本要件如下：

1. 責任（Responsibility）：是道德選擇的關鍵因素，意指你接受這個決定的潛在成本、責任、義務，個人有選擇的權力，但選擇的決定有相應的該負的責任。

2. 責任歸屬機制（Accountability）：是解決衝突的機制決定誰要負責，誰負責的，以及負多少責任，建構解決問題的機制是文明社會最重要設計，例如協調、仲裁、訴訟、裁決等解決問題的機制。

3. 賠償負擔（Liability）：允許個人從其他人、系統或組織對他們傷害的復原，任何傷害應有合理賠償。

4. 合法程序（Due process）：是被知道與認可的法律程序有合理的救濟措施，且可以向更高的權責單位上訴，以確保法律被正確的應用，上訴可確保合法程序。

另造成道德衝突解決時，責任歸屬機制（Accountability）有協調、仲裁、訴訟、裁決等過程中，學術界有著名道德責任的分析法，例如亞瑟・安德森（A. Andersen）的七個步驟情境分析法，另Ken Laudon, Jane P. Laudon 在 *Management Information Systems* 一書中第四章也提出道德分析五個步驟如下：

1. 清楚地辨認並描述事實：是要分辨在個案裡的所有相關事實，如果對事實的認知有誤，將會影響到後面的判斷。

2. 定義衝突或困境，辨認更高層級價值：定義衝突或困境的關鍵，並了解衝突或困境的背後是否隱含更高層級價值觀或更重要的意義。

3. 辨認出利害關係人：所謂「利害關係人」（Stakeholder），就是涉及利益的人，泛指跟組織活動的實質內涵與過程有法律或正當利害相關的個人或團體。

4. 辨認可以採取的合理選項：預估所有合理可能的選項，可提供問題衝突或困境的解決。

5. 辨認選項潛在的後果：所有合理選項有對應的結果，了解其後果可更徹底或預辦可能風險。

判斷倫理的主要準則，個人碰到某些情境時，如何判斷其行為是否合乎倫理規範，不同的人、事、時、地常常會有不同的判斷，幾個重要的倫理判斷原則可為制定相關行為準則或規範的參考：

1. 黃金原則：亦即所謂「己所不欲，勿施於人」，自己不希望被別人施予的，自己千萬也不要施予在別人身上。

2. 康德（Kant）的普遍性原則：如果這種行為每個人都去做是不對的，則這些行為任何「單一個人」也都不應該去做，亦即要問「如果大家

都一起做這個行為，則整個組織與社會能繼續存活下去嗎？」

3. 笛卡兒（Descartes）的改變原則：如果一個行為不能重複發生，即行為人無法控制程序與結果的一致性，則根本上「一次」也不應該讓它發生。

4. 功利主義原則：是指任何行為的採用，應該以達到最大的公共利益為原則。

5. 風險規避原則：即不應採行可能造成非常嚴重後果或產生巨大傷害潛在性的任何行為，應選擇傷害最小的行為。

6. 天下沒有白吃午餐原則：是指所有有形無形的資產，除非特別的宣告，否則都是有人的，亦即「無緣無故，無償取得有價值的東西，可能有倫理上問題」。

以上是西方道德與倫理的架構：有要件、方法、原則，比較有系統有結構性，這些要件是基本的假設，方法是分析與判斷是非的程序，原則是人類共同的價值觀，有要件、有方法、有原則，即規範人類合理的行為空間。

另東方中國的道德思想從上古即有系統的發展，傳說中堯、舜、禹、周公等都是道德的楷模，孔子整理《六經》，到漢朝傳為《五經》，其中便包含了大量的道德思想，孔子發展的學說，被稱為儒家學說，以後儒家又將《五經》發展為《十三經》，這些儒家經典學說，成為中國道德的主要思想來源，儘管各個時代中國社會的道德觀並不完全符合孔子儒家思想，但儒家學說是歷代中國社會道德觀的依據。

道德是判斷行為正當與否的標準，道德是調節人們行為的社會規範，按照孔子思想，治理國家，要「以德以法」，道德和法律互為補充，同時法律反映立法者的意志，順應民意的立法者制定的法律條文，反映了社會道德觀念在法律上的訴求。

道德具有普適性，對整個社會的所有人不論身分，全皆適用，道德面前人人平等，《大學》：「自天子以至庶人，一是皆以修身為本」，「人之有階級、等差，各國均不能免，他族之言平等，多本於天賦人權之說，吾國之言平等，則基於人性皆善之說，以禮之階級為表，而修身之平等為裡，不論階

級、等差，人之平等，惟在道德」。

　　道德是人們評價一個人的尺度，一個人若違背社會道德，比如不仁不義、不忠不孝，那麼人們就會給他負面的評價，造成他沒有好的名聲，從而對他形成一種來自周邊人群的社會壓力，約束他的行為。另一方面對很多人來說，道德是個人良心的自覺，無需周邊人群的社會壓力制約，人們對一個人的道德評判，主要來自於這個人所表現出來的言行，所謂「有言者不必有德」，口頭上標榜仁義道德的不一定真的有仁義道德，因此人們往往「聽其言而觀其行」然後作出評判，個人對道德的意見，對己對人，有寬容者，有苛求者，中國文化中多有提倡對自己嚴格、對他人寬恕的思想，子曰：「厚以責己，薄以責人。」韓愈：「古之君子，其責己也重以周，其待人也輕以約。」。

　　中國傳統道德基本概念除根本的儒家思想外，隨著五千年文化不斷的演義也漸漸形成整體社會共同價值，這些常見社會價值包括：

一、四維

　　禮、義、廉、恥，四維的說法，最早載於《管子》，《管子》牧民篇：「倉廩實，則知禮節。衣食足，則知榮辱。……國有四維，一維絕則傾，二維絕則危，三維絕則覆，四維絕則滅。傾可正也，危可安也，覆可起也，滅不可複錯也，何謂四維？一曰禮，二曰義，三曰廉，四曰恥。禮不逾節，義不自進，廉不蔽惡，恥不從枉。故不逾節，則上位安。不自進，則民無巧詐。不蔽惡，則行自全。不從枉，則邪事不生。」

二、五常

　　漢章帝建初四年以後，「仁、義、禮、智、信」被確定為整體德目「五常」，五常不僅是五種基礎性的「母德」、「基德」，是中華傳統道德的核心價值理念和基本精神。

　　仁和義是儒家文化中根本性的道德元素，可謂總體價值觀中的核心價值

觀,離開了仁、義、忠、孝、禮、樂都失去了意義。仁:中國古代一種含義極廣的道德範疇,本指人與人之間相互親愛,孔子把「仁」作為最高的道德原則、道德標準和道德境界,仁、義的重要性,以孔孟之言為證,孔子曰:「志士仁人無求生以害仁,有殺身以成仁。」

三、四字

即「忠、孝、節、義」。忠、孝在中國社會是基礎性的道德價值觀,《孝經》中,子曰:「夫孝者,天之經也,地之義也,人之本也」,「夫孝,德之本也」,「孝慈,則忠」,曾子:「夫子之道,忠恕而已」,忠、孝興於夏,「夏道尚忠,複尚孝」。

忠──盡己心力以奉公、任事、對人之美德曰忠。

孝──《說文解字》:「孝,善事父母者。」孝是人可以從身邊之最近處做起的人間關係德目,被稱為「百德之首,百善之先」。

四、三達德

即「智、仁、勇」。三達德出自《中庸》,《中庸》:「知(智)、仁、勇三者,是天下之達德,所以行之者一也。」

五、八德

即「忠孝、仁愛、信義、和平」。到了現代,孫中山提出中國固有的八種道德,他在《三民主義之民族主義》中說:「講到中國固有的道德,中國人至今不能忘記的,首是忠孝,次是仁愛,其次是信義,最後是和平。這些舊道德,中國人至今還是常講的,但是,現在受外來民族的壓迫,侵入了新文化,那些新文化的勢力此刻橫行中國。一般醉心新文化的人,便排斥舊道德,以為有了新文化,便可以不要舊道德,不知道我們固有的東西,如果是好的,當然是要保存,不好的才可以放棄。」八德和四維,合稱「四維八德」。

　　圖1-6為東西方道德與倫理準則的比較圖，道德標準沿自歷史、文化、生活、習慣、價值等，東西方道德觀也許有差異，但隨著網際網路發展，TCP/IP、2G、3G、4G、未來5G，全球化的技術標準的確立及高科技貿易的頻繁，也推動了全球化一致性的標準，智慧財產權的相關法律隨著科技標準也漸漸有全球化一致性的法律標準，智慧財產權的立法宗旨、法規、要件、文件格式、申請程序已經有國際標準，隨著跨國貿易的頻繁相信智慧財產權的公布、管理與維護、產業策略、訴訟等將會有國際標準。

西方道德與倫理準則	東方道德與倫理準則
道德基本概念： 1.責任（responsibility） 2.責任歸屬機制（accountability） 3.賠償負擔（liability） 4.合法程序（due process） 道德分析五個步驟： 1.清楚地辨認並抽述事實 2.定義衝突或困境，並辨認所牽涉的更高層級價值觀 3.辨認出利害關係人 4.辨認你可以採取的合理選項 5.辨認你的選項潛在的後果 倫理判斷的主要準則： 1.黃金法則：「己所不欲，勿施於人。」 2.康德的普遍性原則 3.笛卡兒改變原則 4.風險規避原則 5.沒有白吃的午餐的原則	孔子的「六經」 漢朝的「五經」 儒家的「十三經」 四維：禮、義、廉、恥 五常：仁、義、禮、智、信 中庸的三達德：智、仁、勇 八德：忠孝、仁愛、信義、和平 四字：忠、孝、節、義 四維八德等

圖1-6　東西方道德與倫理準則比較

1.4　以智財權為基礎的創新程序

　　本書提出以智財權為中心的創新程序，依托在全世界各國數千萬筆專利資料庫，這是人類最完整的智慧財產資料庫，當今的國際貿易已經脫離不了各國智慧財產權的限縮，另專利資料庫也有公益目的，其有系統收集各國各產業專利資料，專利充分揭露原則促使專利資料庫中的專利說明書成為全球最新最豐富的技術寶庫，創新者如能利用專利資料庫進行創新與研發，就可如站在巨人肩上有更高更遠的視野，達到事半功倍的效果。

依據當今智財權概念的普及，以及創新過程文件化及專利申請的重要性，我們提出三階段六步驟慨念性模型，如圖1-7所示，創新是高科技的常態，如能將創新的程序結構化標準化，創新者僅需注意細節，那創新的效率將有可能提升，三階段六步驟創新程序模型包括：

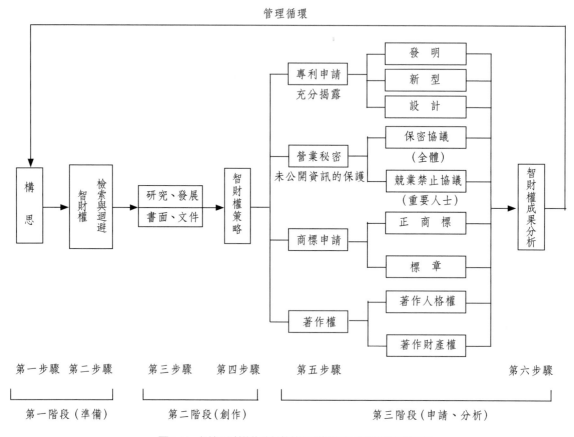

圖1-7　以智財權為基礎的三階段六步驟創新程序

第一階段：準備階段

第一步驟：產品概念性的構思，可能包含產品粗略模組、功能及外型。

第二步驟：智財權檢索與迴避，專利權是國際性的，專利要件中的進步性，是要比較全球所有專利案，故智財權檢索是全球性的，另產業界可能有很多專利保壘及地雷，產品開發的迴避設計必需從這步驟開始才能節省成

本，愈晚進行迴避設計成本愈高。

第二階段：創作階段

第三步驟：產品研究發展及規格書面文件化，實際的產品創新的步驟，產品的規格必須符合專利說明書充分揭露原則，使該領域具有通常知識者能據以實施，專利說明書是非常標準化結構化的文件，有固定的格式及撰寫方式，例如二段或三段式的技術持徵撰寫技巧，及採用細分克服法（Divide and conquer）技術，一般工程師經一定期間的訓練可熟悉專利文件格式，專利說明書已漸漸成為產業界共同的規格文件。

第四步驟：智財權策略，選擇智財權保護策略，包括專利申請、營業秘密、商標申請、著作權等，其中高科技產品常用的發明專利申請、營業秘密策略，主要差別是專利權有充分揭露原則，而營業秘密屬未公開資訊保護，要符合經濟性及保密性等要件，企業決策者要熟悉各法律要件才能運用自如。

第三階段：申請與分析階段

第五步驟：專利申請、營業秘密保密措施、商標申請、著作權登記，專利申請包括發明、新型、設計，營業秘密保密措施包括保密協議、競業禁止協議，商標申請包括正商標、標章，著作權包括人格權、財產權等措施。

第六步驟：智財權成果分析，了解智財權執行的成本效益，檢討智財權策略效果好壞，並將分析的結果回饋給第一步驟，提供下次執行的參考，並產生管理循環。

利用這個以智財權為基礎的三階段六步驟創新程序模型，企業的研發程序能與智財權策略能密切結合，使企業未來產品上市後更有堅實技術基礎，也可較容易應付未來可能的專利蟑螂、國際智財訴訟、智財市場糾紛等，現代國際貿易的攻防中智財權是非常重要的角色，甚至很多著名高科技產品的市場占有率的爭戰，也以專利權為主，智慧財產概念與研發工作的緊密捆

綁，是當今高科技產業很重要的市場策略，此概念也漸漸擴張至各領域，故當前工程師的養成教育中有關智財權概念培養是非常重要的部分，尤其專利說明書中有超結構化的標準，幾乎可當各產業規格的共同準則，工程師與專利權關係緊密捆綁是未來研發程序最重要關鍵，訓練工程師二段或三段式的技術持徵撰寫技巧，及利用細分克服法（Divide and conquer）技術在本書之後章節將有詳細陳述。

智財權已經是國際貿易的標準，市場策略、產品創新、企業資產評估、企業價值的核心，隨著顛覆性科技對人類社會不斷的衝擊，全球智財權的概念及法規細節也持續演化修正中，本書開端即利用圖1-5的水波效應圖（Ripple effect）破題提供全書發展的大框架，所有的章、節、主題希望讀者利用此圖找著思考的位址，另針對以研發為基礎的企業，圖1-7以智財權為基礎三階段六步驟創新程序，提供企業研發單位建構一個以智財權為中心的創新研發程序圖，讓企業創新研發與智財保護可同步進行，這是非常先進、有時效、逐步建立可攻可防的智財保壘的程序，企業可依循此程序圖發展自我智財策略。

隨著產業的競爭愈劇烈，以智財權為基礎的創新將會是各企業基本的商業程序，水波效應圖是解決問題的思考架構，科技進步帶來人類生活方便也可能會引來新問題，新問題的解決需建構包括：個人的新道德、社會的新倫理、政治的新法律方可得完整方案，水波效應思考圖提供人類解決新科技帶來新問題的思考架構，另隨著國際化、全球化的經營環境變化任何形態的企業策略當以智財權為核心，本章所提以智財權為基礎的創新程序，提供企業創新時可攻可防的商業程序，任何創新的源頭皆需以檢索智財資料庫為基礎，了解創新所處相關領域智財現況及迴避設計。

第 2 章

智慧財產權概念

　　智慧財產（Intellectual property rights, IPR），屬「無形的財產」，指用腦力創造的智慧成果，是精神活動的成果，能夠產生財產上的價值，由公權保障的權利，因此智慧創造所擁有的權利，稱「智慧財產權」，簡稱為「智財權」或「IPR」，在中國稱為「知識產權」，具「精神活動的成果」及能夠「產生財產上價值」雙重要件，提供創作者或發明人一定的保障，具有可以排他的權利，原則上只有智慧財產權人可自行就其智慧成果加以利用，或授權他人利用，以獲得經濟上報酬。

　　保護智慧財產權不只是保護權利人個人的利益，也是基於公共利益的立場，在維護產業正當交易及競爭秩序，例如商標專權、營業秘密等，在市場交易活動中，亦屬重要資產，如果有人仿冒或侵害，將形成不公平競爭行為。

　　智慧財產權為知識創新成果的權利，此觀念始於17世紀中葉法國學者卡普佐夫（Carpzov，1595～1666）的著作，到1967年《成立世界智慧財產權組織公約》簽訂後，智慧財產權的概念得到世界上大多數國家所認可，智慧財產權有工業產權與版權兩類，工業產權包括發明（專利）、商標、工業品外觀設計和地理標誌，版權則包括文學和藝術作品。

2.1　智慧財產權架構

　　廣義的智慧財產權法律，包括商標法（Trade mark law）、專利法（Patent law）、著作權法（Copyright law）、積體電路電路布局保護法（Layout law）、營業秘密法（Trade secret law）、公平交易法（Fair trade law）等，有些國家有植物新品種及種苗法（Plant variety），甚至於2012年10月全面施行的個人資料保護法（Personal Data Protection Law），如圖2-1，狹義的智慧財產權法律，包括商標法、專利法、著作權法三種法律為主。

　　智慧財產權法律如依不同保護目的之分類，可以有下列分類型式：

1. 以保護精神文明創作為目的：著作權法。
2. 以保護產業或技術成果為目的：專利法、積體電路電路布局保護法、營業秘密法、植物新品種及種苗法。

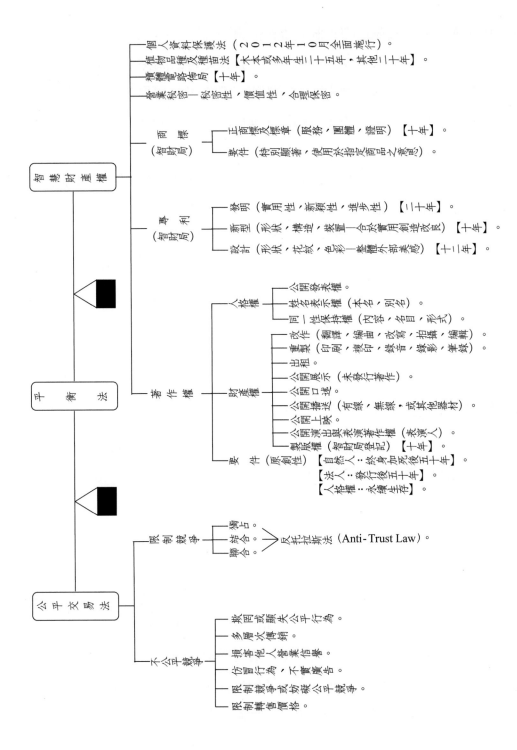

圖2-1　智慧財產權與公平交易法架構

3.以保護產業的識別標章：商標法。

4.以維護交易秩序為目的：公平交易法。

5.以保護個人隱私為目的：個人資料保護法。

另高科技企業對智財權保護策略，可依技術是否公開採不同型式如下：

1.充分揭露原則：專利權中專利說明書，有充分揭露原則，即所有技術
　特徵必須於專利說明書充分揭露，使該所屬技術領域中據有通常知識
　者能據以實施。

2.合理保密措施：營業秘密的要件，是要符合經濟價值的企業技術，採
　合理必要保密措施也是要件。

　高科技企業對技術的保護，可選擇專利權或營業秘密兩種完全不同策
略，當選擇專利權時即要符合充分揭露原則，所有技術特徵必須於專利說明
書上揭示，另如選擇營業秘密，則在研發過程要採合理保密措施，例如簽保
密合約，高科技企業經營者對這二種策略的運用必須非常長期且深入經營，
方可產生綜效。

2.2　智慧財產權的特性

　智慧財產權具有以下幾個特性：1.無體性、2.創作成本高複製成本低、
3.專有性與公共利益之衡平原則、4.要件與公開、5.人格權保護、6.公益性、
7.國際化、8.屬地主義、9.外國人保護等特性，細節描述如下：

一、無體性

　智慧財產是人類依其智慧所創作出的技術、資訊、或思想，而被賦予財
產地位，智慧財產的標地包括：著作人利用媒介所表現出構想或概念，或者
發明人利用專利說明書與圖式所描述出，或具體物品所呈現出的技術內容，
由於資訊、思想、構想、技術或概念具備無體性，智慧財產具備無體性，智
慧財產又被稱為無體的財產，智財權具有無體性的特性。

　智財權本身係人類的精神創作，該精神創作雖藉由有形物表現出來，使

人類得以感知，受智慧財產權法保護的是精神創作，而非有形物本身，該有形物只是爲了傳達精神創作的媒介而已，因此智財權本身是抽象存在的精神創作，具有無體性。

二、創作成本高、複製成本低

知識的創作，花費很大的成本，但知識創作後，卻很容易被他人用低成本複製，即是創作成本的固定成本很高，而複製成本的邊際成本很低，這種特性容易造成仿冒行爲，會造成產業不公平的競爭，因此我們用法律給予智財權人保護，防止辛苦創新被他人盜取，雖然複製智財權產品的成本很低，但市場能夠訂出高於邊際生產成本的價格，目的就是可回收最初的創作成本，鼓勵產業創新，當前網路經濟更有這特性，因此如何避免山寨仿冒更是產業永續的重點。

三、專有性與公共利益之衡平原則

智慧財產權之專有性是指此種權利屬於排他性權利，未經授權他人不能任意侵犯其權利，智慧財產權權利人可以透過將專屬性權利之轉讓、授權、販賣或使用權利來獲取相對的利益，智慧財產權之專有性是對應於英文之exclusive right，這種權利是國家基於公益目的授予智慧財產權人享有之權力，而要使用此智慧財產必須得到智慧財產權人之同意，因此智慧財產人可以排除或禁止他人未獲同意之使用，此種專有權力不是絕對，權力行使不可侵害公共利益，因爲權力的授予是促成更多的產業創新，智慧財產權法給予創作者智慧財產的保護只是手段不是目的，這項考量可見於各種智慧財產權法內，如著作權法第一條規定「爲保障著作人著作權益，調和社會公共利益，促進國家文化發展，特制定本法。」專利法第一條規定「爲鼓勵、保護、利用發明與創作，以促進產業發展，特制定本法。」公共利益及產業發展乃智慧財產權法的核心，智慧財產權法皆允許合理使用，合理使用是爲專有權利畫出合理的界線，合理使用是用來平衡專有權力可能危害公共利益。

四、要件與公開

　　智慧財產權法所保護的智慧成果有不同法定要件，例如：著作權法所保護的著作必須符合原創性，專利法所保護的發明要件是實用性、新穎性與進步性，商標法所保護之商標必須具備顯著性，著作權是採創作保護，營業秘密以採取合理保密要件，專利權與商標權都必須依據法定程序向主管機關申請註冊，並經過審查才能取得，智慧財產權為一種有限制及要件的權利。

　　智慧財產權人取得權利的同時也負有義務，除營業秘密因本身的保護要件是維持資訊祕密性，而不必公開技術外，各國專利法都有充分揭露的規定，專利權要受到保護，除非涉及國家安全等特殊因素皆必須公開技術，例如專利權人取得專利權之同時，其技術內容會連同專利說明書一起公開，否則不能獲審查通過，利用公開制度來促進產業發展及升級，此外商標也必須繼續公開使用才能獲得延展，保護精神文化創作的著作權法，雖未規定要公開技術才受到保護，但著作權公開發表後才能享有著作權，文學與藝術性著作一經公開發表，幾乎等於公開其內涵。

五、人格權

　　財產權保護是金錢的利益，人格權保護是金錢以外的人格利益，智慧財產權也保護精神層面的利益，提供創作人或發明人於人格權方面的保護，例如著作權規範人格權於著作權法第15條至第21條；發明人之姓名表示權於專利權法第7條第4項。

六、公益性

　　國家保護智慧財產權，不只保護個人利益，更追求產業升級公共利益，所以法律不只保護財產權人，也會為了其他公共利益有例外規定，例如商標善意使用即商標法第30條第1項第3款；專利特許實施即專利法第76條至第78條；音樂強制授權即著作權法第69條至第71條；著作合理使用即著作權法第46條至第66條等，屬智慧財產權法公益性考量。

七、國際化

　　因國際貿易興起，且經由國際條約簽訂與國際組織建立，各國智慧財產權法標準漸趨一致，例如，世界智慧財產權組織（WIPO）致力智慧財產權議題全球化，而我國加入WTO，必須遵守TRIPS的規定，而實際上除了這些多邊的國際條約外，美國等商業大國，也會透過雙邊的貿易談判，要求其他國家提高其智財權的保護標準，例如美國就常使用貿易301條款，要求臺灣提高智財權的保護，另專利權有關進步性要件的審查，是以全球相關領域的知識庫為基礎，例如專利法第22條：1.申請前已見於刊物者、2.申請前已公開實施者、3.申請前已為公眾所知悉者，皆以全球該領域最新知識為基礎，故專利權進步性的審查標準是有國際化的考量。

八、屬地主義

　　基本上智慧財產權法規屬國內法，所以TRIPS相關規定得透過各國的國內法立法施實，智慧財產權在各國國內是否受到保障，得看其是否符合該國相關法律的保護要件，此乃專利法屬地原則，也許你在別的國家擁有專利，但若沒在臺灣申請專利，在臺灣境內仍然無法受到保護。

九、外國人保護

　　對外國人的保護採取平等互惠原則，如他國保護我國人的智慧財產權，則我國也要保護他國人的智慧財產權法，互惠的方式分為「形式互惠」和「實質互惠」，形式互惠即是一旦雙方建立互惠關係，對他國人的保護都和本國人一樣多，TRIPS第3條規定的國民待遇原則，「每一會員國給予其他會員國之待遇，不得低於其給予本國國民之待遇。」，根據TRIPS第4條規定，採取最惠國待遇原則，「關於智慧財產保護而言，一會員給予任一其他國家國民之任何利益、優惠、特權或豁免權，應立即且無條件給予所有其他會員國民……」由於世界上大部分國家都WTO會員國，所以大部分都採取國民待遇。

2.3 智慧財產權的內容

智慧上的無形財產稱智慧財產，例如音樂、電影、書籍、書作、網路、電腦軟體、專利、商標等，智慧財產權係指人類精神活動之成果而能產生財產上的價值者，智慧財產權兼具「人類精神活動力之成果」及「產生財產上價值」之要件，以「人類精神活動之成果」之要件，如果僅是單純體力活動無精神智慧之創意，例如資料之蒐集、分類、檢所、合成，並不足構成「人類精神活動之成果」，如沒有「產生財產上價值」，亦無以法律保護之必要，此二要件為智慧財產被法律保護的要件，國際上智慧財產權的內容比較廣為接受定義如下：

一、WIPO對智慧財產權的界定

依1967年「成立世界智慧財產權組織公約（Convention Establishing the World Intellectual Property Organization, WIPO）」的規定，「智慧財產權」之概念包括與下列事項有關的權利：

1. 文學、藝術及科學之著作。
2. 演藝人員之演出、錄音物以及廣播、著作鄰接權。
3. 人類之任何發明。
4. 科學上之發現。
5. 產業上之新型及設計。
6. 製造標章、商業標章及服務標章，以及商業名稱與營業標記。
7. 不公平競爭之防止。
8. 其他在產業、科學、文學及藝術領域中，由精神活動所產生之權利。

二、TRIPS協定

因智慧財產權係無形財產（Intangible property），不僅性質上與傳統財產權或有形資產（Tangible asset）有所不同，在權利之保護上，亦呈現複雜之面貌，因此有效保護智慧財產權，不僅係智慧財產法制之重大議題，亦涉

及國家整體經濟之發展。

　　1953年「關稅暨貿易總協定」（General Agreement on Tariffs and Trade, GATT）完成烏拉圭回合談判，GATT為世界貿易組織（World Trade Organization, WTO）的前身，訂於1994年在世界貿易組織（WTO）簽署了包括「與貿易有關之智慧財產權協定」（Agreement on Trade Related Aspects of Intellectual Property Rights, TRIPS）等協定，我國於2002年1月1日成為世界貿易組織（WTO）之會員，凡是會員國均有修改國內法，以符合TRIPS相關規定的義務，依據TRIPS協定所規範之智慧財產權分類，智慧財產權類型TRIPS協定之條文，詳如下列附表所示：

1. 著作權（copyright）第9條至第14條，
2. 商標（trademark）第15條至第21條，
3. 產地標示（geographical indication）第22條至第24條，
4. 工業設計（industrial design）第25條至第26條，
5. 專利（patent）第27條至第34條，
6. 積體電路之電路布局（layout-designs of integrated circuit）第35條至第38條，
7. 營業秘密（protection of undisclosed information）第39條，
8. 反托拉斯行為（antitrust, control of anti- competitive）第40條。

　　TRIPS的訂立來自於美國的強烈遊說及歐盟、日本與其他已開發國家的支持，於是簽署TRIPS是WTO成員國的強制要求，任何想要加入WTO從而降低國際市場准入門檻的國家都必須按照TRIPS的要求制定嚴格的智慧財產權法律。

三、NAFTA對智慧財產權的規定

　　北美貿易自由協定（North American Free Trade Agreement, NAFTA）是由美國、加拿大、墨西哥三個國家所簽署的區域性經貿自由協定，於該協定第十七章第一七二一條第二項中，所定義之智慧財產權包括：著作權與著作

鄰接權、商標權、發明專利權、半導體積體電路布局設計權、營業秘密權、植物種苗權、地理標示權與新式樣權。

　　此協定雖為北美地區的區域性公約，但由於美國對於智慧財產權的發展具有強勢的領導地位，且消費力強，市場廣大，各國無不積極尋求進入美國市場的機會，臺灣以經貿為主的發展方向，自然也不放棄此一市場，故亦有其研究上之重要性，此協定將植物種苗權亦列入智慧財產權的範疇中，是與WIPO及TRIPS較不同的地方。

四、特別301條款

　　1988年美國的「綜合貿易暨競爭力法」（Omnibus Trade and Competitiveness Act of 1988）中，訂定了針對智慧財產權的「特別301條款（Special 301）」，以及擴及到「不公平對待」之外一切的貿易的「超級301（Super 301）條款」，國際上各國間透過上述公約、條款有了齊一的做法，也漸漸形成國際共識，對於出口導向的我國來說，為求貿易順暢，也逐漸重視與嚴格執行對相關智慧財產權的保護，當今我國出口以資訊及通訊技術（Information and communications technology）為主，這個產業市場變化非常快速，瞬息萬變市場規則常是超倍速，贏者全拿的市場競合，總要配合智慧財產權的法律保護，如此所有的研究發展與市場策略的攻擊與防禦，皆要配合智慧財產權的專利權與營業秘密的執行，因此智慧財產權的概念為當前技術研發與市場人員所必備的知識與武器，各種創新人員必須要有此技巧，才能保護創新的成果。

五、我國對智慧財產權保護的立法

　　目前我國保護智慧財產權的法律包括：專利法（發明、新型、設計）、商標法（商標、證明標章、團體標章、產地標示等）、著作權法（著作人格權、著作財產權）、營業秘密法、積體電路電路布局保護法、植物品種及種苗法、公平交易法（不公平競爭的部分）、個人資料保護法，如圖2-2所

示為我國智慧財產權各法立法沿革，另從1990年代迄今為止，我國為了加入世界貿易組織，智慧財產權法律為符合「與貿易有關之智慧財產權協定（TRIPS）」的規範，經過幾次重大修正及立法，大致上已符合TRIPS對於WTO會員國所要求之智慧財產權保障的條約義務，對智慧財產權的保護相當完整，此外細究每一種智慧財產權保護的內涵，與國際條約或其他國家的規定，仍有所不同，以專利法為例，我國專利制度採發明、新型、設計三合一的立法模式，同為大陸法系國家之德、日、韓則採分別立法之制度；而就新型專利之審查制度，我國採實質審查制，德、日、韓則採形式審查制，而是否以刑事制裁處理專利侵害糾紛，各國態度不一，像是日、德對於專利之刑事制裁即採相當審慎的態度，不輕易動用刑事制裁，除了形式上的保護外，更應該重視實質上的保護內容。

2.4　世界智慧財產權組織與趨勢

世界智慧財產權組織（World Intellectual Property Organization, WIPO）致力於促進和保護智慧創作的國際組織，總部設瑞士日內瓦的世界智慧財產權組織，是聯合國組織系統中的15個專門機構之一，管理著涉及智慧財產權保護各個方面的24項條約，包括：16部關於工業產權、7部關於版權，目前成員國約有187個國家。

世界智慧財產權組織的源頭可追溯到1883年的《保護工業產權巴黎公約》，即著名的《巴黎公約》，是第一部國際上有關智財權能在跨國得到保護的重要條約，此條約的表現形式是工業產權，包括：發明（專利）、商標、工業品外觀設計。

《巴黎公約》於1884年生效是國際智財制度源起之濫觴，當時有14個成員國，成立了國際局來執行行政管理任務，諸如舉辦成員國會議等，1886年隨著《保護文學和藝術作品伯爾尼公約》的締結，版權概念也走上了國際舞台，該公約的宗旨是使其成員國國民的權利能在國際上得到保護，以對其創作作品的使用進行控制並收取報酬，創作作品的形式包括有：長篇小說、

智財法種類	開始立法	沿革	最新	施行細則沿革
專利法	1944.05.29	第1修正1959.01.22；第2修正1960.05.12；第3修正1979.04.16；第4修正1986.12.24；第5修正1994.01.21；第6修正1997.05.07；第7修正2001.10.24；第8修正2003.02.06；第9修正2010.08.25；第10修正2011.12.21；第11修正2013.6.11；第12修正2014.01.22。	2017.01.18	開始立法1947.09.26；第1修正1958.08.16；第2修正1973.08.22；第3修正1981.10.02；第4修正1986.04.18；第5修正1987.07.10；第6修正1994.10.03；第7修正2002.11.06；第8修正2004.04.07；第9修正2008.8.19；第10修正2010.11.16；第11修正2012.11.09；第12修正2014.11.06；第13修正2016.03.07；第14修正2016.6.29；第15修正2017.04.19。
著作權法	1928.05.14	第1修正1944.04.27；第2修正1949.01.13；第3修正1964.07.10；第4修正1985.07.10；第5修正1990.01.24；第6修正1992.06.10；第7修正1992.07.06；第8修正1993.04.24；第9修正1998.01.21；第10修正2001.11.12；第11修正2003.7.09；第12修正2004.09.01；第13修正2006.5.30；第14修正2007.07.11；第15修正2009.5.13；第16修正2010.02.10；第17修正2014.01.22。	2016.11.30	開始立法1928.05.14；第1修正1944.09.05；第2修正1955.05.27；第3修正1959.08.10；第4修正1965.05.11；第5修正1986.06.16；第6修正1989.11.27；第7修正1990.03.12；第8修正1992.06.10；第9修正1998.01.21發布廢止。
商標法	1930.05.06	第1修正1935.11.23；第2修正1940.10.19；第3修正1958.10.24；第4修正1972.07.04；第5修正1983.01.26；第6修正1985.11.29；第7修正1989.05.26；第8修正1993.12.22；第9修正1997.05.07；第10修正2002.05.29；第11修正2003.5.28；第12修正2010.08.25；第13修正2011.06.29。	2016.12.14	開始立法1930.12.30；第1修正1932.09.03；第2修正1947.01.08；第3修正1960.03.18；第4修正1973.06.13；第5修正1982.05.06；第6修正1987.10.19；第7修正1991.10.23；第8修正1994.07.15；第9修正1999.09.15；第10修正2002.04.10；第11修正2003.12.10；第12修正2007.09.03；第13修正2010.5.04；第14修正2012.6.29；第15修正2015.7.13；第16修正2016.4.18；第17修正2017.3.16。
營業秘密法	1996.01.17	第1修正2013.01.30	2013.01.30	X
積體電路布局保護法	1995.08.11	第1修正2002.06.12	2012.02.03	開始立法1996.02.14
植物品種及種苗法	1988.12.05	第1修正2000.05.17；第2修正2002.01.30；第3修正2004.04.21；第4修正2005.06.30；第5修正2010.08.25；第6修正2010.09.10。	2012.02.03	開始立法1990.07.27；第1修正2000.01.31；第2修正2004.12.16；第3修正2005.06.29；第4修正2011.01.05。
公平交易法	1991.02.04	第1修正1999.02.03；第2修正2000.04.26；第3修正2002.02.06；第4修正2010.06.09；第5修正2011.11.23；第6修正2012.02.03；第7修正104.02.04。	2015.06.24	開始立法1992.06.24；第1修正1999.08.30；第2修正2002.06.19；第3修正2014.04.18；第4修正2015.07.02。
個人資料保護法	1995.08.11	第一修正2010.05.26。	2015.12.30	開始立法1995.05.01；第1修正2012.09.26；第2修2015.03.02。

圖2-2 我國智慧財產權各法立法沿革

短篇小說、詩歌、戲劇、歌曲、歌劇、音樂作品、奏鳴曲、繪畫、油畫、雕塑、建築作品。

同《巴黎公約》一樣，《伯爾尼公約》也成立了國際局來執行行政管理任務，1893年這兩個小的國際局合併，成立了被稱為保護智慧財產權聯合國際局（常用其法文縮略語BIRPI）的國際組織，這一規模很小的組織設在瑞士伯爾尼，當時只有7名工作人員，即是今天的世界智慧財產權組織（WIPO）的前身。

隨著智慧財產權變得日益重要，組織的結構和形式也發生了變化，1960年BIRPI從伯爾尼搬到日內瓦，便與聯合國及該城市中的其他國際組織更加緊密，10年後《建立世界智慧財產權組織公約》生效，經歷了機構和行政改革並成立了對成員國負責的祕書處之後，BIRPI變成了世界智慧財產權組織，其重要歷程包括：

1. 1974年世界智慧財產權組織成為聯合國組織系統的一個專門機構，負責管理國際上智慧財產權事務及制定相關的標準，此任務獲聯合國會員國的承認。

2. 1978年世界智慧財產權組織祕書處搬入聯合國總部大樓。

3. 1996年世界智慧財產權組織同世界貿易組織（WTO）簽訂合作協定，因應國際貿易興盛的趨勢有關跨國智財權管理日易重要。

4. 2009年7月23日，世界智慧財產權組織總部啟動「發展與創新研究之資料取得」（Access to Research for Development and Innovation, aRDi）計畫，免費提供低度開發國家政府智慧財產權部門、大學和研究機構線上使用特定的科學、技術期刊，開發中國家則可用低廉的價格使用這些期刊。

5. 2013年11月，世界智慧財產權組織啟動新資料庫共享綠色技術。

近年來智慧財產權日益受到重視，專利、商標申請案大幅增加，為加強作業效率，保持資料之正確性，因應電子商務時代來臨，許多國家開始規劃並使用電子化申請系統。

例如美國專利商標局（USPTO）全力推動「商標電子申請系統」

（Trademark Electronic Application System; TEAS）、「專利申請案電子申請系統」（Electronic Patent Application Filing System; EFS）；「商標電子申請系統」（Trademark Electronic Application System; TEAS）及「電子商務中心」（Electronic Business Center; EBC），凡是經由網路的連結，在註冊登記者，可以電子方式與進行登記相關的行為。

歐洲專利局（EPO）對電子資料等管理，亦有基本的標準規定，如電子申請文件的真實性、完整性、機密性、不可反駁性等規定。

日本也積極發展電子化申請作業，在1998年推出個人電腦申請軟體，及申請人可由個人電腦申請及與特許廳人員作溝通、收件等，繳費亦可使用預付款系統，專利案件的費用或註冊費用可自動與特許廳的帳戶進行存提轉帳等功能，此方式不僅適用於電子連線申請案，亦適用於磁碟及紙本申請案，相當方便。南韓於1999年開始推行「電子化申請及行政系統」（KIPONET），可簡化行政手續。

2.5 智財三法

目前我國保護智慧財產權的法律包括：專利法（發明、新型、設計）、商標法（商標、證明標章、團體標章、產地標示等）、著作權法（著作人格權、著作財產權）、營業秘密法、積體電路電路布局保護法、植物品種及種苗法、公平交易法（不公平競爭的部分）、個人資料保護法。圖2-3所示為我國智慧財產權各法內容比較，自1990年代迄今為止，我國為了加入世界貿易組織，智慧財產權法律為符合「與貿易有關智慧財產權協定（TRIPS）」的規範，經過幾次重大修正及立法，大致上已符合TRIPS對於WTO會員國所要求之智慧財產權保障的條約義務，對智慧財產權的保護相當完整。

另我國在2002年1月1日成為WTO會員後，更有必要履行保護智慧財產權之義務，行政院定2002年為「推動保護智慧財產權行動年」，並核定「推動保護智慧財產權行動年計畫」，由各部會就加強宣導、教育訓練及查緝等分工合作執行，持續推動「貫徹保護智慧財產權行動計畫」之3年計畫

智財法種類	立法宗旨	章、條	主管機關	公布施行	施行細則
專利法	為鼓勵、保護、利用發明、新型及設計之創作，以促進產業發展。	共5章，159條	經濟部智慧財產局	開始立法1944.05.29，最新版本2017.01.18。	共6章，90條。開始立法1947.09.26，最新版本2017.04.19。
著作權法	為保障著作人著作權益，調和社會公共利益，促進國家文化發展。	共8章，117條	經濟部智慧財產局	開始立法1928.05.14，最新版本2016.11.30。	共42條。開始立法1928.05.14，發布廢止1998.01.21。
商標法	為保障商標權、證明標章權、團體標章權、團體商標權及消費者利益，維護市場公平競爭，促進工商企業正常發展。	共5章，111條	經濟部智慧財產局	開始立法1930.05.06，最新版本2016.12.14。	共5章，50條。開始立法1930.12.30，最新版本2017.03.16。
營業秘密法	為保障營業秘密，維護產業倫理與競爭秩序，調和社會公共利益。	共16條	經濟部	開始立法1996.01.17，最新版本2013.01.30。	X
積體電路布局保護法	為保障積體電路電路布局，並調和社會公共利益，以促進國家科技及經濟之健全發展。	共5章，41條	經濟部	開始立法1995.08.11，最新版本2012.02.03。	共22條。開始立法1996.02.14，最新版本1996.02.14。
植物品種及種苗法	為保護植物品種之權利，促進品種改良，並實施種苗管理，以增進農民利益及促進農業發展。	共7章，65條	在中央為行政院農業委員會；在直轄市為直轄市政府；在縣（市）為縣（市）政府。	開始立法1988.12.05，最新版本2012.02.03。	共25條。開始立法1990.07.27，最新版本2011.01.05。
公平交易法	為維護交易秩序與消費者利益，確保自由與公平競爭，促進經濟之安定與繁榮。	共7章，50條	公平交易委員會	開始立法1991.02.04，最新版本2015.06.24。	共37條。開始立法1992.06.24，最新版本2015.07.02。
個人資料保護法	為規範個人資料之蒐集、處理及利用，並避免人格權受侵害，以促進個人資料之合理利用。	共6章，56條	法務部	開始立法1995.08.11，最新版本2015.12.30。	共33條。開始立法1995.05.01，最新版本2015.03.02。

圖2-3　我國智慧財產權各法內容比較

（2003年至2005年），使我國保護智慧財產權法規與執行能符合國際規範，近年政府積極迎合國際智財權潮流，相關法令規章亦年年有修正，狹義的智財權包括：專利法、著作權法、商標法說明如下。

一、專利法

專利制度主要目的是為了鼓勵、保護、利用發明與創作，圖2-4所示，以促進產業發展為宗旨，本質在於透過法律規定，鼓勵享有發明技術人公開其發明與技術，供社會全體知悉、使用，由法律上賦予發明人在一定期間內有排他權，該項發明與技術，經專利說明書記載並刊登專利公報後，提供社會大眾有發明能力的人，可以就既有技術再加以研究，改良創新出更好的發明技術，我國專利分為發明、新型、設計（舊：新式樣）三種類別，如圖2-5所示專利法三種類別的立法宗旨的對照，專利法三類別描述如下：

專利法		
When	何時開始	1944.05.29公布
	最近一次修正	2017.01.18公布、2017.05.01施行。
	施行細則	開始立法1947.09.26，最新版本2017.04.19。
	保護年限	發明20年、新型10年、設計12年。
Why	立法宗旨	為鼓勵、保護、利用發明、新型及設計之創作，以促進產業發展。
What	共5章，159條	第1章　總則 第2章　發明專利 第3章　新型專利 第4章　設計專利 第5章　附則
Who/Whom	主管機關	經濟部智慧財產局
	適用對象	專利／專利權人
How	民事責任	

圖2-4　專利法5W圖

專利三種	條文對照	宗旨說明
一、發明專利	第二章第21條至第103條	指利用自然法則之技術思想之創作。
二、新型專利	第三章第104條至第120條	指利用自然法則之技術思想，對物品之形狀、構造或組合之創作。
三、設計專利	第四章第121條至第142條	指對物品之全部或部份之形狀、花紋、色彩或其結合，透過視覺訴求之創作。應用於物品之電腦圖像及圖形化使用者介面。

圖2-5　專利法三種類的條文對照

1. 發明專利

發明專利是最高層次的專利，所保護的是利用自然法則之技術思想所爲之高度創作，專利保護的是科學上的「發明」，如果只是科學上的「發現」則不予專利保護，例如動、植物新品種、人體或動物疾病之診斷、治療或手術方法、科學原理或數學方法、遊戲及運動之規則或方法，或其他必須借助於人類推理力、記憶力才能執行之方法或計畫等，都不受專利法之保護。

2. 新型專利

新型專利所保護的是物品之形狀、構造或裝置之創作或改良，妨害公共秩序、善良風俗或衛生者、相同或近似於黨旗、國旗、軍旗、國徽、勳章之形狀者，都不受專利法之保護。

3. 設計（新式樣）專利

設計專利所保護的是物品之形狀、花紋、色彩或其結合，透過視覺訴求之創作，而純功能性設計之物品造形、純藝術創作或美術工藝品、積體電路電路布局，及有相同或近似於黨旗、國旗、國父遺像、國徽、軍旗、印信、勳章者，都不是新型專利。

專利權的取得應符合其要件，例如發明專利的要件包括：實用性、新穎性及進步性（非顯著性），如圖2-6所示專利法三要件的條文對照，專利三要件：

1. 實用性（Utility）

依專利法第22條第一項之規定，「凡可供產業上利用之發明得依本法申

請取得發明專利」，要求申請專利之發明必須在產業上能夠實際利用，才具備取得專利權之要件。

專利三要件	發明	新型	設計
實用性 （產業可利用性）	專利法 第22條第1、2項		
新穎性	專利法 第22條第1、2項	專利法 第112條第1、2項、95條	專利法 第122條第1、2、4項、124條
進步性 （非顯著性、創作性）	專利法 第22條第4項	專利法 第112條第4項	

圖2-6　專利法三要件的條文對照

2. 新穎性（Novelty）

只供產業上利用之發明，在提出專利申請前，並無任何相同之發明公開在先，包括已見於刊物或公開使用者、已為公眾所知悉者，但因研究、實驗、陳列或非出於申請人本意而洩漏者，不在此限。

3. 進步性（Non-obviousness，非顯著性）

所謂專利之進步性，有稱非顯著性、非顯而易見性（Non-obviousness），指是否「運用」申請前既有之技術或知識，依2003年修正專利法，明訂進步性之判斷，若「其所屬技術領域中具有通常知識者依申請前之先前技術所能**輕易完成**時」，不得申請發明專利（第22條第四項），如圖2-7所示為發明專利三要件與專利法第22條的條文對照。

另在三種專利中，設計專利必須具備「創作性」，才能申請設計專利，即「其所屬技藝領域中具有通常知識者依申請前之先前技藝**易於思及**者」，若不符合創作性，則不得申請專利（第122條第四項）。

我國專利制度主要的特色為：

1. 專利取得要件採申請註冊制必須經過申請程序才能取得專利。
2. 屬地主義：此乃巴黎公約所揭之原則，發明創作人需依各國專利法註冊始能受各該國保護，且在一國取得之專利權，其期間、效力、撤銷等，在與他國取得之權利，彼此互相獨立，不受影響，此即「獨立原

則」。

3. 先申請主義：專利權之取得需經過申請程序，由公權力機關予以專利，原則上以申請案提出之先後決定，稱為「先申請主義」，我國專利法亦採先申請者優先取得為原則，及同一發明有二以上之專利申請案時，僅得就其最先申請者准予發明專利（第三十一條第一項）。

4. 先發明主義：專利應經申請程序，但取得專利以發明先後決定專利權的給予，同一發明有二以上之專利申請案時，僅得就其最先發明者給予發明專利。

5. 發明早期公開制：關於發明專利的早期公開制度，主要是規定發明專利，在提出申請後的18個月，應加以公開，這約可縮短一半的申請時間，避免因為專利申請漫長，如果等到獲准後才能公開專利，可能會讓其他企業在申請審查過程中，也投入經費進行類似專利的開發，造成重複投資的浪費。

6. 優先權制：為保護工業財產權巴黎公約所持重要的專利法原則之一，係指就同一發明，申請人在一個締約國第一次提出專利申請後，在一定期間內又在其他締約國提出申請時，申請人有權要求以先申請案之申請日，作為後申請案之優先權日，以該優先權日作為判斷後申請案專利要件（新穎性與進步性）的分界點。

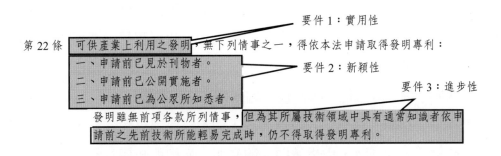

圖2-7　發明專利三要件與專利法第22條的條文對照

在德國及日本，將發明專利（Patent；特許）；新型（Gebrauchsmuster；實用新案）與設計（Geschmackmuster；意匠）分為三種法規定，

因為三者的保護要件、保護期間之審查程序等不盡相同。

二、著作權法

著作權法		
When	何時開始	1928.05.14公布
	最近一次修正	2016.11.30公布
	施行細則	開始立法1928.05.14，發布廢止1998.01.21。
	保護年限	著作人之生存期間及其死亡後五十年。
Why	立法宗旨	為保障著作人著作權益，調和社會公共利益，促進國家文化發展。
What	共8章，117條	第1章　總則 第2章　著作 第3章　著作人及著作權 第4章　製版權 第4章之一　權利管理電子資訊及防盜拷措施 第5章　著作權集體管理團體與著作權審議及調解委員會 第6章　權利侵害之救濟 第6章之一　網路服務提供者之民事免責事由 第7章　罰則 第8章　附則
Who/Whom	主管機關	經濟部智慧財產局
	適用對象	著作權（著作人格權及智財著作財產權）
How		刑事責任、民事責任、行政查扣。

圖2-8　著作權法5W圖

著作權分為著作人格權與著作財產權二種，其中著作人格權的內涵包括了公開發表權、姓名表示權及禁止不當修改權等三種權利，著作財產權是無形的財產權，是基於人類知識所產生的權利，故屬智慧財產權之一，包括包括重製權、公開口述權、公開播送權、公開傳輸、公開上映權、公開演出權、公開展示權、散布權、改作權、編輯權及出租權等。

著作權要保障的是思想的表達形式，而不是保護思想本身，此類專屬私人之財產權利益的同時，尚需兼顧人類文明之累積與知識及資訊之傳播，演算法、數學方法、技術或機器的設計，均不屬著作權所要保障的對象。

著作權屬於世界智慧財產權組織公約中所提到的「文學、藝術及科學之著作」及「演藝人員之演出、錄音物以及廣播」的部分，也就是智慧財產權

的一種，而「著作」則是指屬於文學、科學、藝術或其他學術範圍之創作，我們可以說「著作權」是智慧財產權領域中，用以保護「文藝性」創作或者是文化創作的主要方式，也是著作權與其他智慧財產權不同之處。

著作權是有期限的權利，在一定期限經過後，著作財產權即歸於失效，而屬公有領域，任何人皆可自由利用，在著作權的保護期間內，即使未獲作者同意，只要符合「合理使用」的規定亦可利用，此規定可平衡著作人與社會對作品進一步使用之公共利益。

常見的著作權包括：詩詞、散文、演講（語文著作）、詞、曲（音樂著作）、漫畫、水彩畫、油畫（美術著作）、地圖、工程圖（圖形著作）、電影、動畫（視聽著作）、戲劇、舞蹈著作、錄音著作、建築著作、電腦程式著作及表演等，在校園中行政、教學及研究活動有密切關係的著作權，上課引用需符合合理使用的規定。

三、商標法

商標指可標章商品或服務之標識，即俗稱的「品牌」或「logo」，現行商標法第5條將商標定義為「商標得以文字、圖形、記號、顏色、聲音、立體形狀或其聯合式所組成」，如圖2-9所示為商標法5W圖，商標指足以使商品或服務之相關消費者認識其為表彰商品或服務之標識，並得藉以與他人之商品或服務相區別。

商標之種類依作用可區分為商標、證明商標、團體標章及團體商標四種，分別說明如下：

1.商標

表彰商品或服務之標識，例如「Apple」指定使用於手機或電腦商品、「Google」指定使用於搜尋引擎等商品。

2.證明商標

具有驗證性質之標章，在商標法第72條第1項有規定「凡以標章證明他人商品或服務之特性、品質、精密度、產地或其他事項，欲專用其標章者，

商標法		
When	何時開始	1930.05.06公布
	最近一次修正	2016.11.30公布、2016.12.14施行
	施行細則	開始立法1930.12.30，最新版本2017.03.16。
	保護年限	商標權期間為十年，得申請延展。
Why	立法宗旨	為保障商標權、證明標章權、團體標章權、團體商標權及消費者利益，維護市場公平競爭，促進工商企業正常發展。
What	共5章，111條	第1章　總則 第2章　商標 第3章　證明標章、團體標章及團體商標 第4章　罰則 第5章　附則
Who/Whom	主管機關	經濟部智慧財產局
	適用對象	商標代理人／代表人
How	刑事責任、民事責任、行政處分。	

圖2-9　商標法5W圖

應申請註冊為證明標章。」證明標章之目的在於告知消費者，所證明之商品或服務具備某些特質，或符合質量水平，證明標章除了強化消費者對所選購產品的信任，提供被證明產品或服務一種強而有力的廣告促銷和品質保證的效果，例如CAS有機農產品驗證標章、ISO驗證標章等。

3. 團體標章

一般團體之會員標章，如獅子會、扶輪社、政黨組織等皆可申請團體標章代表該組織或其會員身分，團體標章並不從事商業行為，不表示商品或服務之商業來源，團體標章一般不得使用於其所提供之商品或服務之上。

4. 團體商標

商標法第76條第1項規定「凡具法人資格之公會、協會或其他團體，欲表彰該團體之成員所提供之商品或服務，並得藉以與他人所提供之商品或服務相區別，欲專用標章者，得申請註冊為團體商標。」團體商標指某個團體所共同使用的品牌，本質上仍屬商標，如工會、農會、漁會或其他協會、團體註冊團體商標，其成員所產製的商品或服務皆可加以標示該團體商標。

商標之使用依據商標法第5條規定，商標之使用需具備以下三要件：

1.需有行銷商品或服務之目的

使用人有向市場推廣銷售之目的，例如欲行銷某品牌的服飾，將該品牌商標標於購物包裝袋之上，因該商標表彰之商品及行銷目的之商品均為服飾而非包裝袋。

2.需有標示商標之積極行為

明白點出商標之使用需有積極標示之行為，而標示之方法可為印刷、標貼或藉由電視、數位影音、電子媒體、網路或其他媒介物方式顯示其商標等。

3.需足以使認識其為商標

指商標之使用方式不論標示於商品、服務或其他有關之物件或平面圖像、數位影音、電子媒體或其他媒介物，都應該具備足以使相關消費者認識其為商標。

2.6　智財權其他五法

智慧財產權相關法律範圍的定義，狹義的定義包括：專利法、著作權法、商標法等三法律，一般稱智財三法，而廣義的定義除這三法外另包括：營業秘密法、積體電路布局法、植物品種及種苗法、公平交易法、個人資料保護法，廣義而言我國智慧財產權涵蓋八種法律，本節介紹其他五法如下：

一、營業秘密法

依據營業秘密法第1條之規定：「為保障營業秘密，維護產業倫理與競爭秩序，調和社會公共利益，特制定本法」，如圖2-10所示，營業秘密保護的標的，係指方法、技術、製程、配方、程式、設計或其他可用於生產、銷售或經營之資訊，而符合下列三要件者：

1.非一般涉及該類資訊之人所知者。

營業秘密法		
When	何時開始	1996.01.17公布施行
	最近一次修正	2013.01.30公布
	施行細則	X
	保護年限	未規定保護年限
Why	立法宗旨	為保障營業秘密，維護產業倫理與競爭秩序，調和社會公共利益。
What	共16條	
Who/Whom	主管機關	經濟部
	適用對象	雇用人、受雇人、出資人、受聘人、公務員等
How	刑事責任、民事責任	

圖2-10　營業秘密法5W圖

2.因其祕密性而具有實際或潛在之經濟價值者。

3.所有人已採取合理之保密措施者。

營業秘密之保護並沒有時間上之限制，如果該營業秘密均沒有被侵害，也就是該祕密性仍然維持，則能夠一直受到營業秘密之保護。

營業秘密與專利權的區別，營業秘密必須採取合理之保密措施，但專利權必須充分揭露的原則，也意謂著必須要將其技術公開給大眾知道，然而只要將技術加以公開後，即沒有祕密性可能，因此同一個技術基本上不可能同時取得兩法之保護，此兩法具有衝突性。

營業秘密法與專利法之立法目的及要件均不同，然而在使用上卻很容易產生衝突，因此發明人該如何選擇最合適之法律加以保護其技術，可以從兩法的保護要件出發，以及兩法所賦予發明人效力綜合評估判斷之。

二、積體電路布局保護法

伴隨科技之演進，電子工業由真空管、電晶體到積體電路（Integrated Circuit, IC）製品，體積則是愈來愈精巧，功能則愈來愈強大，而電子產品在我國大宗的外銷主要產品，如何保護積體電路相關之研發會是防止不法的抄襲，於1995年，臺灣參考了歐美各國的立法例，公布了「積體電路電路布局保護法」，如圖2-11所示。

積體電路布局保護法		
When	何時開始	1995.08.11公布
	最近一次修正	2012.02.03公布
	施行細則	開始立法1996.02.14，最新版本1996.02.14。
	保護年限	電路布局權期間為十年，自左列二款中較早發生者起算： 一、電路布局登記之申請日。 二、首次商業利用之日。
Why	立法宗旨	為保障積體電路電路布局，並調和社會公共利益，以促進國家科技及經濟之健全發展。
What	共5章，41條	第1章　總則 第2章　登記之申請 第3章　電路布局權 第4章　侵害之救濟 第5章　附則
Who/Whom	主管機關	經濟部
	適用對象	創作人
How	民事責任	

圖2-11　積體電路布局保護法5W圖

　　由於電路布局圖是一張工程藍圖，分別對於各種不同的功能加以分區分塊設計，因此複雜的布局往往需要層層按圖施工，因此就各部分或區塊的布局都要進行相關之研究、創作及開發，其價值性或投入程度均耗時耗力，因此限制該複製電路布局權利只能歸屬於權利人。

　　電路布局權利人或者是專屬被授權人，對於侵害電路布局者，得請求排除侵害、請求防止及請求損害賠償，但需要檢附鑑定書，也由於積體電路的技術性極高，一般法院往往無法單純的判斷，需要專業人士做出鑑定書，電路布局專責機關為處理有關電路布局權之鑑定、爭端之調解及特許實施等事宜，得設鑑定暨調解委員會。

三、植物品種及種苗法

　　近年來種苗國際交流日益增加，尤以「植物新品種保護國際聯盟」（UPOV）1991年公約已為多數先進國家採用，如圖2-12所示為植物品種及種苗法5W圖，我國相關植物品種法內容包括植物品種權利保護及種苗管

植物品種及種苗法		
When	何時開始	1988.12.05公布日起施行
	最近一次修正	2012.02.03公布
	施行細則	開始立法1990.07.27，最新版本2011.01.05。
	保護年限	登記證有效期間為十年
Why	立法宗旨	為保護植物品種之權利，促進品種改良，並實施種苗管理，以增進農民利益及促進農業發展。
What	共7章，65條	第1章　總則 第2章　品種權之申請 第3章　品種權 第4章　權利維護 第5章　種苗管理 第6章　罰則 第7章　附則
Who/Whom	主管機關	在中央為行政院農業委員會；在直轄市為直轄市政府；在縣（市）為縣（市）政府。
	適用對象	育種者、品種權人
How	民事責任	

圖2-12　植物品種及種苗法5W圖

理二部分，為使本法名稱更為精準，修正名稱為「植物品種及種苗法」，全部法條共計65條，內分7章，相關之子法計有「植物品種及種苗法施行細則」、「植物品種審議委員會組織及審查辦法」、「植物品種性狀檢定及追蹤檢定之委任或委託辦法」、「種苗業者應具備條件及設備標準」、「植物品種及種苗管理收費標準」、「基因轉殖植物輸出入許可辦法」、「基因轉殖植物田間試驗管理辦法」及「基因轉殖植物之標示及包裝準則」等8項。

植物品種及種苗法第一條明定立法宗旨為「為保護植物品種權利，促進品種改良，並實施種苗管理，以增進農民利益及促進農業發展」，立法消極意義在防止品質低劣或品種不純之種苗任意流通，積極意義則為保護育種者及農民之權益，鼓勵企業和個人對植物育種研究之投入，加速創新研發新品種，並引進外國優良新品種，增進品種更新，提升農作物品質及生產力，並規範種苗經營管理秩序，促進種苗產業之發展。

四、公平交易法

公平交易法為維護交易秩序與消費者利益，確保自由與公平競爭，促進經濟之安定與繁榮，如圖2-13所示為公平交易法5W圖，公平交易法所規範的範圍可分為兩大部分，一為對事業獨占（包括寡占）、結合與聯合行為的規範，另一部分是對不公平競爭行為的規範，其宗旨在「為維護交易秩序與消費者利益，確保自由與公平競爭，促進經濟之安定與繁榮」，提高事業經營效率，促進整體經濟資源合理分配，同時透過公平合理的競爭，使業者都能以「貨真價實、童叟無欺」的方式，提供商品或服務，間接嘉惠消費者。

公平交易法		
When	何時開始	1991.02.04公布
	最近一次修正	2015.06.24公布
	施行細則	開始立法1992.06.24，最新版本2015.07.02。
	保護年限	X
Why	立法宗旨	為維護交易秩序與消費者利益，確保自由與公平競爭，促進經濟之安定與繁榮。
What	共7章，50條	第1章　總則 第2章　限制競爭 第3章　不公平競爭 第4章　調查及裁處程序 第5章　損害賠償 第6章　罰則 第7章　附則
Who/Whom	主管機關	公平交易委員會
	適用對象	事業、公司、獨資或合夥之工商行號、同業公會、其他提供商品或服務從事交易之人或團體。
How		刑事責任、民事責任、強制執行、命令解散、停止營業、勒令歇業

圖2-13　公平交易法5W圖

五、個人資料保護法

個人資料保護法，簡稱個資法已於101年10月1日施行，個資法擴大保護客體，不再以電腦處理之資料為限，人工蒐集、處理之個人資料亦適用之，因涉個人資料蒐集與處理也可歸屬智財權一類，公務機關及所有行業之企業、團體及個人等非公務機關均納入適用主體，影響範圍甚大。

個人資料保護法的前身是1995年公佈施行的電腦處理個人資料保護法，因部分內容早已無法因應現今社會實際資料利用現況，2010年完成修法，並更名為個人資料保護法，立法目的為規範個人資料之蒐集、處理及利用，個資法的核心是為了避免人格權受侵害，並促進個人資料合理利用，根據個資法第一章第二條第一項：「指自然人之姓名、出生年月日、國民身分證統一編號、護照號碼、特徵、指紋、婚姻、家庭、教育、職業、病歷、醫療、基因、性生活、健康檢查、犯罪前科、聯絡方式、財務情況、社會活動及其他得以直接或間接方式識別該個人之資料。」其中，個資法特別把醫療、基因、性生活、健康檢查、犯罪前科等資料歸納於特種資料範圍內，明令此類資料除非特殊情形，不得蒐集、處理或利用。

個人資料保護法		
When	何時開始	1995.08.11公布
	最近一次修正	2015.12.30公布
	施行細則	開始立法1996.05.01，最新版本2016.03.02。
	保護年限	X
Why	立法宗旨	為規範個人資料之蒐集、處理及利用，以避免人格權受侵害，並促進個人資料之合理利用。
What	共6章，56條	第1章　總則 第2章　公務機關對個人資料之蒐集、處理及利用 第3章　非公務機關對個人資料之蒐集、處理及利用 第4章　損害賠償及團體訴訟 第5章　罰則 第6章　附則
Who/Whom	主管機關	法務部
	適用對象	公務機關：指依法行使公權力之中央或地方機關或行政法人；非公務機關：指前款以外之自然人、法人或其他團體。
How	刑事責任、民事責任、行政處分。	

圖2-14　個人資料保護法5W圖

從專利法、商標法、著作權法的狹義智財三法，到廣義智財定義，包括：營業秘密法、積體電路布局保護法、植物品種及種苗法、公平交易法、個人資料保護法，當前共八種智慧財產權完整概念相關法律，未來科技不斷創新，顛覆性產業革命發生，智慧財產權領域當然也會有變化，依據水波效應圖，科技愈進步隨之而來，政治相關法律也將要有相配合的更新。

第 3 章

智慧財產權發展與保護

　　智慧財產權已成為技術創新、產業競爭、市場攻防與經濟發戰的關鍵要素，在知識經濟中，競爭優勢的基礎由傳統的有形資產，例如土地、資本、與勞力，逐漸進化為無形資產中的智慧財產權，例如專利權、著作權、商標權、營業秘密、積體電路電路布局、植物品種及種苗、公平交易、個人資料保護等。

3.1　智慧財產權歷史

　　智慧財產權，是指智力創造成果：包括發明、文學和藝術作品，以及商業中使用的符號、名稱、圖像和外觀設計等，智慧財產權可以分為工業產權與版權兩類，工業產權包括發明（專利）、商標、工業品外觀設計和地理標誌，版權則包括文學和藝術作品。

　　智慧財產起源，有種說法是起源於歐洲威尼斯，中世紀的威尼斯商業允許買賣技術與紡織的圖樣可登記買賣，取得專利權後擁有獨家販售權，其後推廣藝術作品可買賣，藝術品因為作者而有不同的價值，例如法國收藏藝術作品時特別強調藝術家身分，以強調藝術品價值，另中國於十三世紀時，那時兩浙轉運司於嘉熙二年（1238）為祝穆《方輿勝覽》所發布的《榜文》，以及淳佑八年（1248）在國子監發給段昌武開雕《叢桂毛詩集解》的《執照》，可說中國早期有關智慧財產事蹟。

　　原始智慧財產權的分類，有工業所有權，它包括發明（專利）、商標、工業品外觀設計以及原產地地理標誌等，專利保護期約20年，工業設計保護約10年，而商標則可無限期保護，著作權包括文學和藝術作品：諸如小說、詩歌和戲劇、電影、音樂作品，藝術作品諸如繪圖、繪畫、攝影和雕塑以及建築設計，與著作權相關的權利包括表演藝術家對其表演的權利、錄音製品製作者對其錄音製品的權利以及廣播電視組織對其廣播和電視節目的權利，著作權持續到作者逝世後至少50年。

　　現代智財權常用商業祕密的策略，禁止接觸這些機密的人將祕密洩露，一般是透過合約的形式來達到這種目的，只要接觸到這些祕密的人在獲取這

些機密前簽署合約或同意保密就必須守約，商業祕密的好處是沒有時限，任何東西都可能被認定為商業祕密，例如可口可樂的配方就屬商業祕密，100多年來外界都無法獲知可口可樂的成分的祕密。

3.2　PCT國際申請制度

　　近來世界智慧財產權組織積極推動PCT（Patent Cooperation Treaty）制度，是一份擁有超過145個締約國的國際條約。專利權的屬地主義讓跨國專利必須每國皆執行申請、實體審查、公告等程序費時費人力，透過PCT制度申請人只需提交一份「國際」專利申請，而不用分別提交多份不同國家或地區的專利申請案，一份申請案多國同時生效可省略跨國申請的時間，但往後30個月內該案仍需分別於各國間同時進行實體審查，專利權的授予仍由各國家或地區專利局負責此階段即稱為「國家階段」，PCT國際申請制度特點，包括：

1. 簡化了跨國申請的手續：更加簡單迅捷，為申請人向外國申請專利提供了更方便的途徑。
2. 充分決策時間：傳統跨國提出專利申請，專利申請人必須在首次提交專利申請之日後的12個月內向外國的專利局提交專利申請，而透過PCT專利制度申請，可以在首次提交專利申請之日後30個月內辦理跨國專利的實體審查即可，如圖3-1傳統專利申請（巴黎公約）與PCT申請流程比較。
3. 準確投入資金：由於有30個月跨國申請時間，因此可以準確地投入進入PCT專利制度國家階段的資金。
4. 完善申請文件：透過PCT國際申請程序，可以具備兩次修改PCT國際申請文件的機會，達到完善專利申請文件的效果。
5. 獲得PCT國際檢索報告：初步評估專利申請的新穎性與創造性。

　　PCT國際申請制度目的在於，簡化跨國申請發明專利的制度，使其更為有效率，提供全球性有關專利的交流與管理平臺。

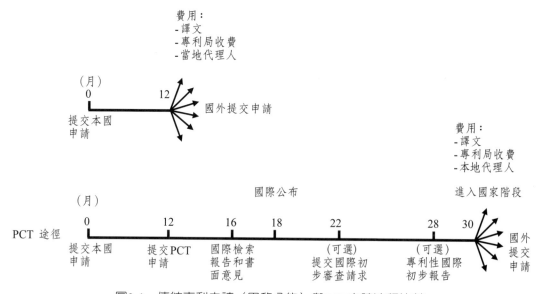

圖3-1　傳統專利申請（巴黎公約）與PCT申請流程比較

在引進PCT制度前，跨多國的專利申請的唯一方法是向每一個國家單獨提交申請，這些申請由於每一個要單獨處理，因此每一個國家的申請和審查都要重複浪費，PCT國際申請制度可建構如下優點：

1. 建立一種國際體系，從而使以一種語言在一個專利局（受理局）提出的一件專利申請（國際申請），申請人在其申請中（指定）的每一個PCT成員國都有效。

2. 可由PCT簽約某國的專利局，即受理局對國際申請進行形式審查，一次申請全球30個月內有效。

3. 可對國際申請進行國際檢索，並出具檢索報告說明相關的現有技術，與過去的發明相關的已出版的專利文獻，在決定該發明是否符合專利要件時可以參考此報告，該檢索報告應首先送達申請人然後公布。

4. 對國際申請及其相關的國際檢索報告，進行統一的國際公布並將其傳送給指定局。

5. 提供對國際申請進行國際初步審查的選擇，供專利局決定是否授予專利權，並為申請人提供一份包含所要求保護的發明是否滿足專利性國際標準的觀點的報告。

通常稱PCT申請程序爲「國際階段」，其後的「國家階段」指授予專利程序的實體審查部分，是由各國家的國家局或代理行使國家局職能的機構，統稱爲指定局執行而取得該國的專利權，關於國際申請、國際檢索、國家局、國家階段、國家費用即指該地區專利局的相關程序及名詞。

各國家專利局努力解決如何分配資源，使專利體系能夠在現有的人力資源內提高效率，在一個經濟增長和技術進步到一定程度的國家，國家局面臨著專利申請的增長，PCT體系能提升跨國專利申請的效率，根據PCT體系國際申請在到達國家局時，已經由受理局進行了形式審查，國際初步審查單位進行了可能的審查，減少跨國間同案重復形式審查的浪費，因爲在國際階段各國已經統一了形式審查的程序，一國申請立案30個月內全世界有效，從而簡化了國家階段的處理程序。

PCT的其他目的是促進並加速工業界和其他相關的部門利用與發明相關的技術信息並幫助發展中國家得到這些技術如圖3-1所示，PCT程序如下，包括：

1. 提交申請：申請人以一種語言，向一個國家或地區專利局或者WIPO提交一份滿足PCT形式要求的國際申請，並繳納一組費用。

2. 國際檢索：由「國際檢索單位」（ISA）檢索可影響發明專利性的已公布專利文獻和技術文獻，即現有技術，並對發明專利的專利要件提出書面意見。

3. 國際公布：國際申請中的內容將自最早申請日起18個月屆滿之後儘早公之於衆。

4. 補充國際檢索（可選）：經申請人要求，由第二家國際檢索單位查找進行主檢索的第一家國際檢索單位因現有技術在語言和技術領域上的多樣性而未能檢索到的已公布文獻。

5. 國際初步審查（可選）：經申請人要求，由某一國際檢索單位進行另外的專利性分析，通常針對的是修改過的申請。

6. 國家階段：在PCT程序結束後，通常是申請人提出優先權要求的首次申請的最早申請日起30個月後，申請人開始直接向希望獲得專利的國

家（或地區）專利局尋求專利授予。

我國不是WIPO的會員國，也不是PCT簽約國，但我國主要運用專利權的企業非常國際化，近來也常使用PCT國際申請的制度。

3.3 高科技業即專利密集產業

高科技業的全球競爭與布局中，專利往往是商業策略重要的一環，以美國為例，許多公司經常利用專利訴訟來協助產品進入市場、排除對手或保護市場，訴訟成敗可決定市場成敗，2015年美國專利訴訟案件數量5,600件自2008年約有倍數成長，美國專利取得案件數量自2008年起逐年成長至2015年也有近倍，近十年美國專利取得與專利訟訴成長的趨勢是相近的。

在專利訴訟的運用上，專利權人可利用美國聯邦地院或國際貿易委員會（USITC）的程序，在一至三年內取得進口限制令（Exclusion orders）或市場禁令（Injunctions）來排除競爭對手於市場外，在過去幾年，臺灣企業即曾因為專利侵權而被判DRAM、LCD控制ICs、光碟機晶片及其下游產品無法進入美國市場，或因專利侵權付出數千萬美金的賠償金，許多企業聞美國訴訟色變，除高額的訴訟費用，2015年美國專利訴訟案件平均賠償金額為1020萬美元，最高侵權金額者為Smartflash LLC v. Apple一案之5.33億美元，其中陪審團庭審所判決之賠償金額遠較法官庭審結果為高，此外侵權判定可能導致1.產品被排除於市場外，2.客戶產品被禁止進口或銷售，3.被告公司或下游客戶付出高額賠償金，4.客戶更換購買對象。

專利價值不單是「保護」，也是「攻擊」，由於專利訴訟成敗對產品有重大影響，企業開始的智財權策略是累積訴訟經驗及智財權資源，有效保護或強化市場地位，但許多企業僅重於專利的取得及保護，在贏者全拿的高科技產業中產品的市占率才是產業競爭的決勝點，單擁有眾多專利的保護尚無法致勝，專利權的目標是「攻擊」才有價值，決定專利攻擊的考量在於是否擁用關鍵專利，譬如1.美國Amazon.com控告Barnes & Noble侵犯其「One-click ordering」專利權案件（US5960411），2.Apple於美國加州專利訴訟控

Samsung案，利用US7469381（滾動回彈效果）、US7844915（捏掐縮放）、US7864163（點擊縮放）三個重要關鍵專利，這些皆是利用專利攻擊成功打敗對手的案例。

　　具有攻擊價值的專利能達成多種目的：1.防止客戶購買對手的侵權產品而協助自己產品進入市場，2.藉由進口排除令或禁制令將對手排除於市場外，3.索取數千萬美金甚至更高的權利金以增加獲利並提高對手的成本，4.對新的競爭者形成市場進入障礙，為了擁有攻擊效果，企業在規劃智財權策略時，需評估技術的攻擊價值，而非一味的申請取得「以量取勝」的策略往往導致企業花費鉅額的專利申請及維護成本，換來的卻是毫無價值的專利，而非真正能排除他人的權利。

　　在先進國家，專利訴訟早已是與產品行銷策略密不可分，許多具市場影響力的公司皆有專利訴訟的經驗，著名例子包含手機晶片、網路晶片、光碟機、LCD、DRAM、Flash Memories、LED、ICs及電腦周邊裝置等，以手機晶片為例Broadcom及Qualcomm即以專利交換戰火，Broadcom一度取得禁止Qualcomm晶片及下游手機進入美國的ITC排除令，上訴法院後來暫緩實行原因是Broadcom未將手機廠商列為調查對象，如果Broadcom藉由後續訴訟取得有效排除令，其對手機市場的影響力可想而知。

　　防禦競爭對手的專利攻擊，由於侵權判決的重大影響，企業在防禦專利攻擊時，千萬不可以掉以輕心，必須評估多項要素包括：1.對手之專利及其對產品的威脅，2.利用專利監控了解對手之意圖，3.自己是否擁有或有能力購買有攻擊性的專利以提反訴，4.是否能由法院或其他途徑主張專利無效，同時與律師評估並研究策略進行辯護、反訴及談判，並視需要與客戶溝通因應措施，減少對客戶產品銷售的影響。

　　外部律師在企業決策過程中的參與及對證據調查的配合，皆為協助企業順利處理訴訟的重要元素，若在審慎評估後，認為專利對產品的影響有限，則應針對手之意圖尋求解決之道，若專利對產品有重大影響，則需評估可否主張專利不侵權、無效或不可實施，並考慮提出具攻擊性的專利制衡對方，在專利戰爭中攻擊往往是防禦的最佳手段。

　　市場策略決定專利策略，在開發產品及拓展市場時，善用專利策略決對是必要的，在如何以智財權手段協助產品進入市場、保護市場及排除對手時，切勿陷入為申請而申請、為訴訟而訴訟的迷思中，企業需了解可行的法律途徑，再根據市場策略決定如何備戰、如何開戰、如何止戰。

　　另在美國非專利實施事業體（NPEs），即所謂專利蟑螂也是常見的商業模式，有些專利高手開公司專業申請專利在市場上要權利金或和解金營利，2015年統計結果顯示，訴訟發起人屬於非專利實施實體之專利侵權案件，有將近三分之二高度集中於德州東區、伊利諾北區、加州北區及德拉瓦四家聯邦地院，NPEs所獲得之平均侵權賠償金額，自過去十年以來持續成長，而自過去5年以來更成長將近3倍，然而NPEs勝訴機率已較過去有所下降，且通常會花費較長訴訟時間，這些趨勢也是高科技企業訂定智財權策略需要參考的。

3.4　智財權策略成功案例

　　利用專利權策略可以發揮非常好市場效果，尤其近幾年電子商務、行動商務在美國皆有很多非常成功案例，影響所及不僅是美國市場甚至是全球整個產業，高科技贏者全拿的產業現實，關鍵的專利及其後續的訴訟攻防，往往是整個產業發展史產生最關鍵轉折點，這些智財權基本概念更是高科技的經營者不可不正視的現況，一些重要有指標性案例說明如下：

案例一

　　全球首見電子商務侵權案件，美國Amazon.com控告Barnes & Noble侵犯其「one-click ordering」專利權案件，美國聯邦法院於1999年12月第一審判決Amazon.com勝訴。1999年10月21日，亞馬遜書店，正式控告邦諾書店侵害它一項名為「一種藉由通訊網路下訂單的方法與系統」（Method and System for Placing a Purchase Order via a Communications Network）之專利，如圖3-2美國專利號第US5960411號。

　　邦諾書店所設置的網絡書店——Barnesandnoble.com利用相同的商業方

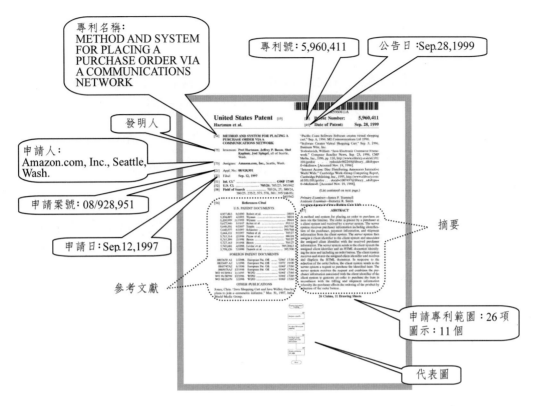

圖3-2　美國US5960411專利說明書首頁

法發展一套快速結帳系統「Express Lane Checkout」，因而構成對亞馬遜書店專利之侵害，亞馬遜書店更向法院申請發布「初步禁制令」，禁止邦諾書店繼續使用具有相同商業方法之快速結帳系統。

「一鍵購買」能夠順利申請專利的關鍵，在於「單一動作訂購」（Enable Single Action Ordering），讓顧客可以留下個人基本資料，當日後再度回到網站來找書的時候，書籍網頁上就會出現「一鍵購買」的按鈕，進而提升購買意願和效率，雖然亞馬遜取得了這項專利，但主要也是基於防禦的考量，當時也曾引起一陣譁然，因為這種購物模式說穿了似乎平凡無奇，也是大家所熟悉也常見的，但卻被亞馬遜捷足先登產生非常好的市場效果，甚至將Barnesandnoble.com驅出電子商務市場，另在2000年的時候，亞馬遜就和蘋果公司達成多項專利相互授權的協議，其中也包括「一鍵購買」專利的合理使用，雙方避免在專利議題上開戰，自然也有助於彼此專心推動業務發

展。

　　US5960411專利說明書即被稱爲「一擊成功」（One-click）的專利有26權利請求項專利所顯示時間序如圖3-3所示，包括：該專利申請爲1997年9月12日，專利公告爲1999年9月28日即取得正式專利權，1999年10月21日向Barnes and Noble提起訴訟，控告其一項稱爲「快車道」（The Express Lane）的網上購物技術與其專利爲侵權行爲。根據媒體估計，此專利案當年爲Amazon帶來24億美元的營收。

　　Jeffrey P. Bezos在創建的Amazon公司之初即有非常經典的智財權策略，參考圖3-3有關US5960411專利策略時效圖。從專利構思、撰寫、申請、實體審查、提出訴訟等連串密集商業程序，用US5960411專利案爲核心將當時美國最大連鎖實體書局逐出虛擬網路世界，這是電子商務最著名最重要市場戰役，Amazon從網路書商漸漸擴大至販賣各種商品終成爲全球最大網路零售商，2017年9月11日US5960411已屆20年專利權已失效，Amazon 1997年5月15日IPO時，每股16美元，市值4800萬美元然時至2018年9月5日Amazon股價爲2050.27美元，此時Amazon市值已超過1兆美元即站上世界最高市值的企

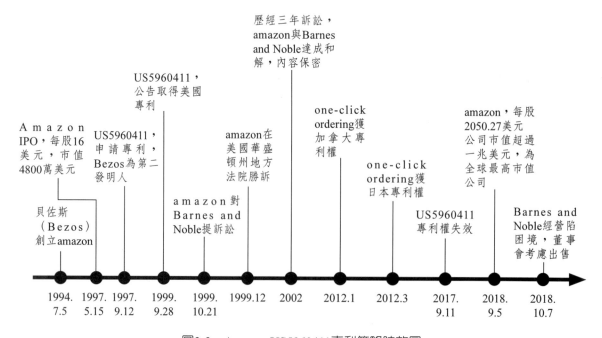

圖3-3　Amazon US5960411專利策略時效圖

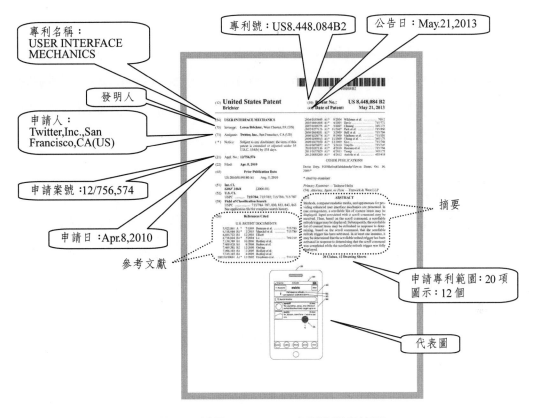

圖3-4 美國US88448084專利說明書首頁

業，20年間市值成長約二千多倍，2018年10月7日媒體報導，邦諾書店（Barnes and Noble）經營陷困境，董事會考慮出售。用二十多年時間從零開始建構全球最超級的電子商務王朝，Bezos創業開始的專利攻防真是非常重要且關鍵，US5960411的專利說明書與圖3-3專利策略時效圖更明顯說明這事實。

　　Bezos個人傳記，英文書名*One Click: Jeff Bezos and the Rise of amazon.com*，書的封面以One Click為大標題，書中精確記錄Amazon公司每個重大決策後面的背景與理由。Bezos在1997年給股東的信中提到，公司所有的重點都在長線，為了在技術領先下快速擴大版圖，公司寧可犧牲短期的利益，期望獲得長期更大的收益，這就是Amazon的理念與哲學。US5960411的專利更體現這種智財策略的手段，Amazon經營聚焦在持續長期市場領導地位做為決策的基礎，而不是短期獲利力，書本作者Richard L. Brandt，在One Click書中訪談其員工、競爭者、分析師，深入剖析Bezos如何積極捍衛其專利技術。

案例二

　　Twitter「下拉更新」（Pull To Refresh）專利，行動商務用戶一定很熟悉「下拉更新」（Pull To Refresh）這個簡單的手勢（gesture），只要用手指在手機螢幕上輕輕畫下，就這麼由上往下一拉的動作，立刻可以讓包括Facebook、Twitter、Line、Instagram以及Uber等多種App自動更新並取得最即時的資訊。

　　著名微網誌服務業者Twitter公司於2013年5月21日取得美國有關「下拉更新」的技術專利，如圖3-4 US8448084專利說明書首頁，但Twitter承諾絕對不以此專利進行控告，僅作為防禦之用，此種直覺式操作下拉更新專利為手機人機介面防禦性保護技術之用，提起「下拉更新」這個操作手勢，並非Twitter公司的原創，而是由Tweetie（Twitter的第三方軟體）的創辦人羅倫·布理契特（Loren Brichter）所發明，後來Twitter在2010年收購該公司時，也就順道獲得了這項技術的所有相關權利，由於下拉更新取得資訊的方式非常直覺，甚至不需要特別教學就會操作，因此受到許多智慧型手機用戶的喜愛，如今也被眾多App開發者所採用。

　　Twitter公司正式取得「下拉更新」專利的消息一出，立刻被全球多家科技媒體所報導、轉載，也引發許多網路界人士的熱烈議論與關注，由於目前有數以萬計的App採用了「下拉更新」的技術，從使用體驗（User Experience）的角度來看，「下拉更新」的確是一個絕佳的服務設計體驗案例，不但廣大的用戶喜歡用單手就可以直覺操作，對App開發者來說更是便利，因為可以有效降低學習曲線。

　　Twitter公司負責處理智慧財產權事務的律師班·李（Ben Lee）就提到，Twitter公司力推創新者專利協議（Innovator's Patent Agreement）草案，承諾只是出於保護技術的目的，並非要用專利來獲取極大的利益，因為用專利來威脅或起訴其他業者，這不是Twitter公司的核心價值。

案例三

　　世紀之戰的蘋果（Apple）與三星電子（Samsung），2011年4月15日，

蘋果（Apple）公司發動了侵權訴訟，指出三星電子（Samsung）所生產一系列的手持智慧型裝置涉嫌抄襲了蘋果公司的產品設計，其中Galaxy系列的手持式智慧型裝置更是在外型以及軟體介面上，涉嫌抄襲了許多蘋果獨特的產品技術，蘋果向三星提出專利侵權、不公平競爭、商標侵權等非法行為，三星也不示弱，2011年4月21日於三個國家的法院提出反擊，對蘋果公司也提出10項的侵權訴訟，有關3G傳輸最佳化與低功率資料傳輸技術，三星在韓國法院提出的五項專利侵權訴訟、在日本提出的兩項侵權訴訟以及在德國提出的三項侵權訴訟，根據訴訟文指出，三星對蘋果的智慧型移動裝置提出許多技術侵權的指控，例如iPhone以及iPad的無線數據傳輸的電力控制，高速封包存取（HSDPA）以及寬帶多碼分工（WCDMA）中，減少封包資料在傳輸過程中錯誤（miss）的機會，手機與電腦的無線數據通訊技術等，這些技術都廣泛的被iPad以及iPhone等行動數據裝置採用，且涉及許多數據裝置的核心價值，Apple與Samsung之間有複雜專利訴訟戰，2011至2012年間專利訴訟戰爭即有如圖3-5所示的交互控告。

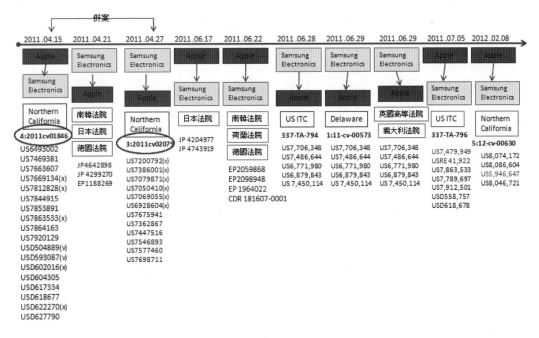

圖3-5　2011至2012間Apple與Samsung專利訴訟戰爭示意圖

另蘋果公司與三星電子在美國加州專利權著名訴訟案，2012,8,25正式由九人組成的陪審團在經過三天的討論，對20頁共33組，超過700個勾選的裁決，作出所有人一致同意的初審結果，三星電子必須賠償蘋果公司US$1,049,343,540的金額，作為侵犯蘋果公司智慧財產權所造成的損失，陪審團決議Samsung Electronics Co.（SEC）、Samsung Electronics America（SEA）與Samsung Telecommunications America （STA）侵犯蘋果（apple）公司所宣稱的專利包括如下：

US7469381（滾動回彈效果）如圖3-6、US7844915（捏捏縮放）如圖3-7、US7864163（點擊縮放）如圖3-8及USD593087、USD618677、USD504889（外觀設計專利）、USD604305（GUI）等包括3個發明專利及4個設計專利的訴訟案。

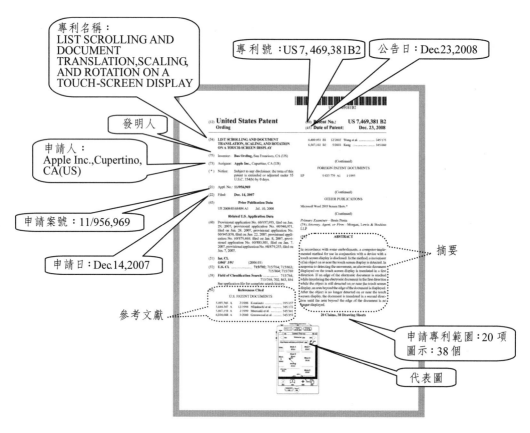

圖3-6　美國US7469381專利說明書首頁

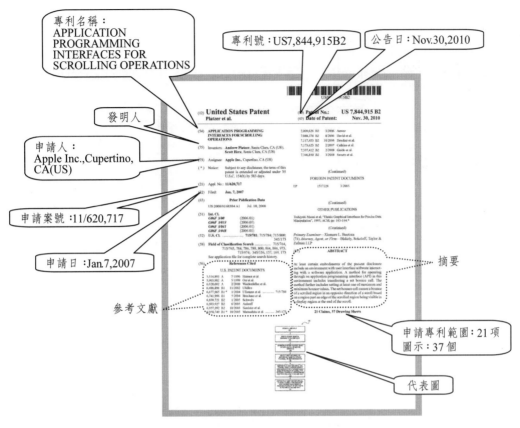

圖3-7 美國US7844915專利說明書首頁

2018年5月25日據英國廣播公司（BBC）報導，纏訟7年後落幕美國加州聖荷西聯邦地區法院（San Jose district courtroom）陪審團做出最新裁決，判定三星電子侵犯蘋果專利，需向蘋果公司賠償5.39億美元（約161.2億台幣）的金額，另於2018年6月27日，Bloomberg新聞報導指出，曾經鬧得沸沸揚揚的蘋果告三星電子侵權案以和解告終，最後雙方和解，但和解金額保密未公布於眾。

這纏訟7年後落幕蘋果公司與三星電子專利權著名訴訟案可謂近年來最精彩高科技智財大戰，專利案背後更高層的意義是全世界智慧型手機盟主爭奪戰，相同戲碼蘋果自2010年3月2日在美國啟動與宏達電（HTC）之間長達32個月訴訟纏戰，從美國打到英國及德國，從智慧型手機打到平板機，從專利侵權到禁售令攻防萬箭齊發絕不手軟，最後雙方於2012年11月11日宏達電與Apple發布聯合聲明，解除長達32個月專利訴訟戰，HTC與Apple雙方達成

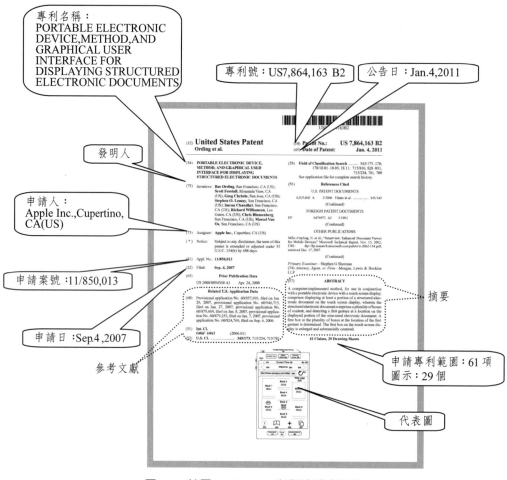

圖3-8　美國US7864163專利說明書首頁

和解，將撤銷全球所有專利訴訟糾紛，並簽署為期十年之專利授權契約，範圍涵蓋雙方現有與未來所持有的專利，雙方聯合聲明稿如下：

「臺灣臺北／美國加州（2012年11月11日）–HTC（宏達國際電子股份有限公司，以下簡稱『HTC』，股票代號2498）與Apple已達成全球和解協議，此協議包含雙方所有專利訴訟均撤銷並簽訂期間為十年之專利授權契約。本件專利授權範圍涵蓋雙方現有與未來所持有的專利；和解暨專利授權契約內容均保密。」

專利戰的背後是市場戰，2017年9月22日全球媒體皆有報導「宏達電與谷歌（Google）的交易案今（21）日終於塵埃落定，HTC宣布以11億美元的交易總價，將旗下2千人ODM團隊與IP轉移給Google，雙方交易預計於2018

年初完成」，宏達電曾經是智慧型手機的代表廠商，2000年至2010年期間有非常風光的業績，但2010年3月2日啟動專利戰爭及之後的禁制令讓她埋下漸失市場的先機，5年後智慧手機的代表宏達電竟將整個手機部門賣給谷歌退出曾是盟主且最火紅的行動手機市場，專利策略與市場機會的關係這也是非常典型深刻的案例。

案例四

美國佛羅里達州的科技公司Magic Leap打造一種能夠完美結合現實與虛擬世界的頭戴裝置的新創獨角獸公司，市值來到60億美元，公司以混合現實（Mixed Reality, MR）頭戴裝置混合現實頭戴裝置，與AR不同的地方在於，MR可以將現實中的實際物體與虛擬的內容相互作用，以呈現出最接近真實的虛擬物體，是VR（虛擬實境）與AR（擴增實境）混合的一種技術。

Magic Leap過去投資者可說是眾星雲集，包含阿里巴巴、高通、Google的母公司Alphabet等，都在Magic Leap的投資者行列，這家尚未有成功產品的創新公司，完全以成功智財策略吸引投資者。

從2010年創立至今，Magic Leap已獲得多項巨額投資，包括：

1. 2014年2月完成了5000萬美元A輪融資。
2. 2014年10月完成5.42億美元B輪融資，Google領投，凱鵬華盈、安德森·霍洛維茨、高通風投、傳奇影業、Obvious Ventures。
3. 2016年2月完成7.935億美元C輪融資，阿里巴巴領投，華納兄弟、富達管理研究公司、摩根大通、摩根士丹利投資管理公司、高通風投、Google。
4. 2017年10月，完成新加坡淡馬錫控股領投5.02億美元輪融資。

迄今為止Magic Leap的總融資金額已經超過23億美元，可以說除了谷歌的Google Glass、微軟HoloLens，Magic Leap是世界上最受關注的MR眼鏡廠商了，但目前還沒有推出任何一款真正廣泛被採用的產品。

但從美國專利商標局（USPTO）網站使用Magic Leap為申請人的關鍵字查尋，至2019年3月底此公司已取得114專利案專利權，包括：95項發明

專利案、19項設計專利案，圖3-9即為專利號US9874749名稱為「Virtual and Augmented Reality Systems and Methods」的關鍵性專利案，八年中已獲有114項專利案及正申請中專利案可窺知這新創公司的智財策略及實力，也許這正是世界級創投公司投資眼光獨到之處，未來高科技的資產評估當以無形智慧財產為主要核心，這種顛覆性概念的建立是高科技經營技術的重心。

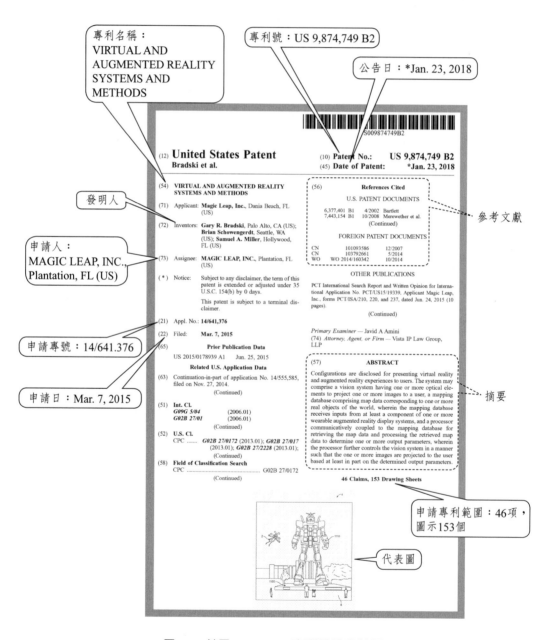

圖3-9　美國US9874749專利說明書首頁

　　廣義的智慧財產權包括八種法律，但最重要者為專利法中的發明專利，本章所提的成功案例皆屬此類，當然案例中的Apple及Magic Leap也有部分少數的設計專利，產業的智財策略當以發明專利為主，本書第二篇各章也是以發明專利為核心，所謂智慧財產權最最中心的部分即指發明專利，各種創新實力分析的重點也是以發明專利為主，智慧財產權最重要文件即發明專利說明書，智慧財產權權力的依據即發明專利說明書中申請專利範圍（Claims），發明專利說明書各種標準更是本書的重點。

第 4 章

智慧財產權的
國際發展

　　智慧財產權概念是人類基本人權，企業跨國經營應重現智財權策略，多年國際化交流及國際組織的推動下，智財權制度有一致性的標準，這對企業經營者當然是好的消息，智財權的屬地主義，經營者必須到多國申請專利，才能享有跨國專利權，原本多國申請的麻煩，因國際智財制度的標準化而變得單純，本章希望利用全球過往十年相關智財權及經濟活動的統計資料，了解智財權與經濟發展的密切關係。

　　本章相關統計的基礎定義如下：1.本章所指智慧財產權包括發明專利（Patents）、商標（Trademarks）、工業設計（Industrial designs）、實用新型（Utility model）等四種類型，其中美國、歐盟沒有實用新型（Utility model）資料；2.本章統計的區間從2005年至2016年，是目前為止可取得最新資料；3.利用各國國內生產總值（GDP）即全年的經濟活動中所生產出的市場價值顯示該國經濟實力，GDP統計的單位是兆時值美元；4.以全球五大智財局包括美國專利商標局（USPTO）、歐洲專利局（EPO）、中國大陸知識產權局（SIPO）、日本特許廳（JPO）、韓國智慧財產局（KPO）為比較基礎，另也以此架構分析我國智財權的趨勢，希望這些統計數據可了解當前智慧財產權國際發展趨勢與經濟活動的相關性。

4.1　WIPO全球趨勢統計分析

　　依據全球智慧財產權組織（World Intellectual Property Organization, WIPO）統計資料顯示，各國智慧財產權發展與經濟活動有深切關係，依據WIPO有關智慧財產權申請活動統計，包括發明專利（Patents）、商標（Trademarks）、工業設計（Industrial designs）、實用新型（Utility model）等智慧財產權的活動，2015年全球發明專利申請288萬8800件數，2005年全球發明專利申請170萬2800件數，10年成長1.6倍；2015年全球商標申請844萬5306件數，2005年全球商標申請483萬6456總件數，10年成長1.7倍；2015年全球工業設計申請114萬4800件數，2005年全球工業設計申請64萬4800總件數，10年成長1.77倍；2015年全球實用新型申請120萬5300件數，2005

年全球實用新型申請24萬7700總件數，10年成長4.86倍；2015年全球GDP 74.29兆美金，2005年全球GDP 47.39兆美金，10年成長1.57倍，如圖4-1所示，全球發明專利（Patents）、商標（Trademarks）、工業設計（Industrial designs）申請案件數的成長倍數，與GDP成長倍數頗一致，由此圖可印證智財活動與生產力的相關性。

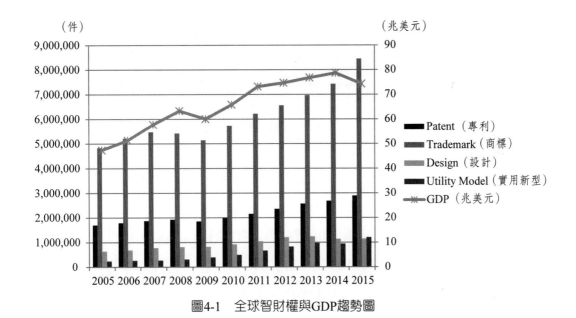

圖4-1　全球智財權與GDP趨勢圖

　　如圖4-2所示，2015年全球發明專利申請288萬8800總件數（年成長7.8%），依件數排名為中國110萬1864件、美國58萬9410件、日本31萬8721件、韓國21萬3694件、歐盟16萬0028件，2005年全球專利申請170萬4836件數，中國9萬7948件、美國39萬733件、日本42萬7078件、韓國16萬921件、歐盟12萬8713件，10年間中國發明專利申請案成長11.2倍，這驚人的成長率跟中國這10年的GDP成長很相符，這圖的數據再次映證智慧的活動與GDP的相關性。

　　另以發明專利2015年申請案為例，各國占比專利申請中國110萬1864件、占全球38.1%、美國58萬9410件占20.4%、日本31萬8721件占11%、南韓21萬3694件占7.4%、歐盟16萬0028件占5.5%，如圖4-2所示，智財權的申請

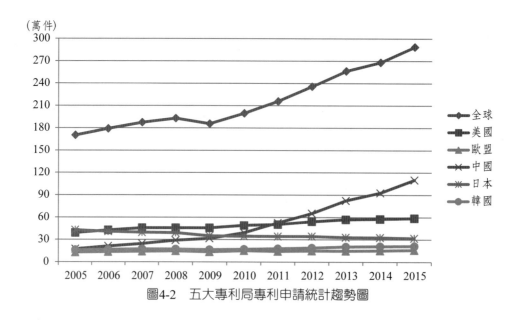

圖4-2　五大專利局專利申請統計趨勢圖

案件逐年成長，其中中國近幾年申請案件突飛猛升其與該國經濟實力增長密不可分。

　　另2015年全球商標844萬5306總件數（年成長13.7%），依件數排名為中國282萬8124件、美國51萬7134件、日本34萬4979件、韓國24萬438件、歐盟12萬7887件，全球工業設計114萬4800件（年成長0.6%），依件數排名中國56萬9059件、歐盟9萬8162件、韓國9萬8016件、美國4萬0128件、日本3萬0351件，全球實用新型120萬5300總件數（年成長27%），依件數排名為中國112萬7577件、韓國8711件、日本6860件，美國與歐盟沒有資料，由這些資料顯示全球智財權皆為非常活躍。

　　如以智財權中最重要的發明專利權的申請案而論，近幾年成長的勢頭也是非常明顯，這10年間各國專利權統計全球發明專利權取得比率約為42.9%，五大專利局取得率分別為美國50.6%、歐盟42.8%、中國32.6%、日本59.4%、韓國47.7%，五大專利局取得率平均46.62%高於全球3.7%，如圖4-3所示統計為五大智財局發明專利發證（Grant）率，即發明專利申請最後通過審查取得專利權的比例，這資料可為企業至各國申請專利的參考。

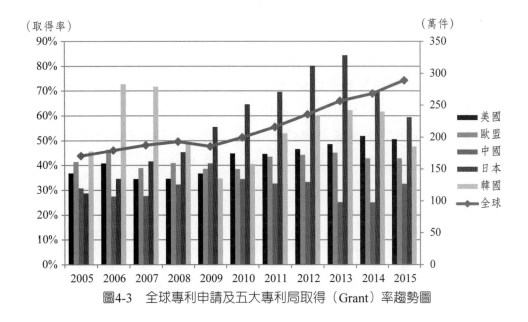

圖4-3　全球專利申請及五大專利局取得（Grant）率趨勢圖

全球各智財局目前仍擁有效（in Force）智財權的件數共約5358萬7700件，如圖4-4所示，其中發明專利權約為1061萬8000件、實用新型約302萬8500件、商標約3653萬8300件、工業設計約340萬2900件，這5千多筆有效的智財權再加上已公開為公眾可使用的智財權形成產業界巨大的智慧資料庫，這是人類數十年全球千千研發人員累積的心血，研發人員如能好好利用此已公開可數位化使用的智財資料庫，好比站在巨人肩膀上進行創新可達事半功倍。

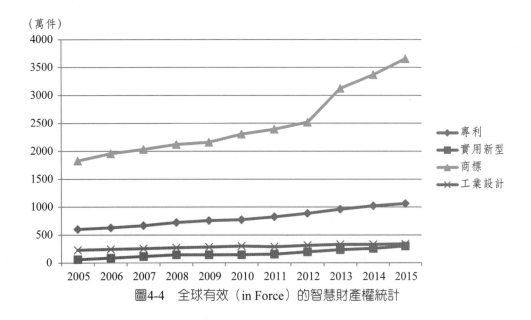

圖4-4　全球有效（in Force）的智慧財產權統計

PCT（Patent Cooperation Treaty）國際申請制度，是跨國專利申請較一致性標準化的程序，此制度漸漸將會成衡量各國智財實力的重要指標，我國不是WIPO簽約國故也無法參入PCT的統計系統，我國的企業僅能透過其他國家的智財局申請，2015年全球利用PCT制度發明專利申請案共有21萬7236件，如圖4-5所示，依序包括美國5萬6595申請件、日本4萬5239件、歐盟3萬4158件、中國4萬3168件、韓國1萬5560件等五大智財局。

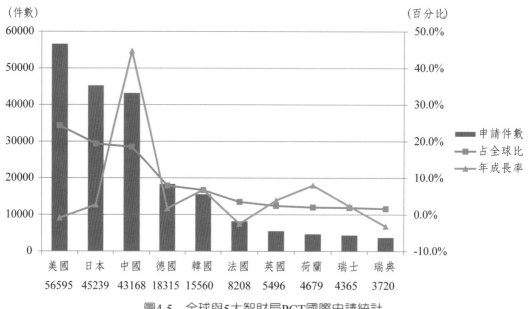

圖4-5　全球與5大智財局PCT國際申請統計

Source: WIPO, 2017/03

另如依企業利用PCT國際申請制度，如圖4-6所示，包括中國中興（ZTE）4123申請件、中國華為（Huawei）3692件、美國高通（Qualcomm）2466件、日本三菱（Mitsubishi）2053件、韓國LG1888件、美國HP 1742件、美國INTEL1692件、中國京東方（BOE）1673件、韓國三星（Samsung）1672件、日本Sony1665件等全球前十大申請企業，這些皆屬高科技跨國企業，可窺見其利用PCT國際申請制度的積極性，另也可看到中、韓、日等亞洲國家已露鋒頭甚成領頭羊，這些新興的高科技企業利用智財權策略建構起全球性的企業品牌。

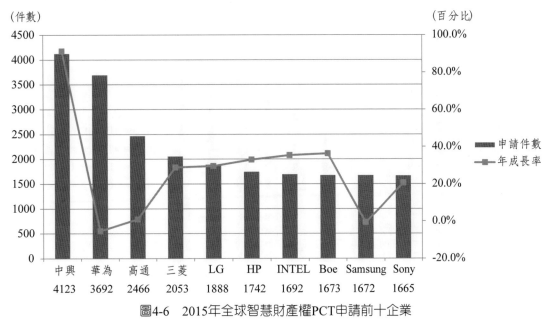

圖4-6　2015年全球智慧財產權PCT申請前十企業

Source: WIPO, 2017/03

　　由以上的統計資料顯示，美國、日本、歐洲皆傳統智財權的大國，但近幾年中國、韓國不管整個國家或個別公司皆有非常大量的數量與增長量，臺灣非WIPO的會員，所以相關的統計沒有看到臺灣的數字，相較下有關美國專利分析，將可看到一些現況，智慧財產已經國家軟實力綜合表現，像中國、韓國、臺灣，這些新興剛成為OECD的國家有非常大實力與增長，已漸成領導者，相信傳統美日等國應深感壓力。

4.2　美國專利商標局趨勢統計分析

　　2015年全球GDP統計74.292兆美金，美國18.037兆美金（占24.3%），歐盟16.315兆美金（占22%），中國為11.065兆美金（14.9%），日本為4.383兆美金（5.9%），韓國為1.378兆美金（1.9%），美國GDP約占比全球總額1/4仍為當今最大的單一市場，智慧財產權的屬地主義使企業的智財案皆需到美國申請最有效果，美國智慧財產權的現況將為世界智財權指標，2015年統計美國發明專利申請58萬9410件，發明專利發證（Grants）共有29萬8407項專利，發明專利申請合格發證率約50.6%，從2005年到2015年美國GDP成長

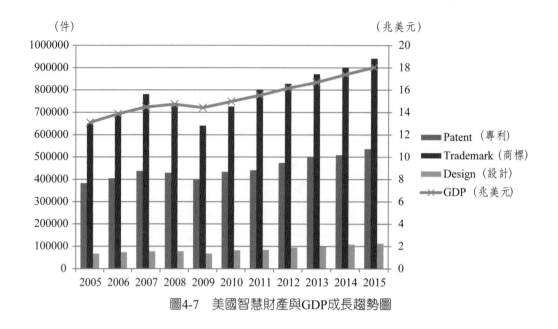

圖4-7　美國智慧財產與GDP成長趨勢圖

1.37倍其專利申請數為1.39倍兩者關聯性很相似。

　　依申請企業的國家排名，美國本地公司占41%，日本公司占28%，南韓公司15%，臺灣公司4%，德國公司2.6%，中國公司2.5%，其中有50%的申請書來自亞洲企業，中國的公司持續增加，若以公司分析，IBM以8088項專利蟬聯24年榜首，二至五名分別為三星、佳能、高通和Google，台積電以2288件排名第9，鴻海803件排名44名，傳統專利排名前50名的日本公司，例如日本企業兄弟工業、佳能、電裝（Denso）、富士軟片、本田、松下、理光、SELC、夏普、索尼、東芝和豐田皆呈現下滑趨勢，美國西岸科技呈現成長趨勢，包含亞馬遜、蘋果、AT&T、波音、思科、福特、IBM、英特蘭、微軟和德州儀器都呈現成長趨勢，以相較前一年成長幅度排名，第一名Nokia（成長率74%）、第二名現代汽車（成長率59%）、第三名中國華為（成長率50%）、第四名亞馬遜（成長率46%）、第五名英特爾（成長率36%）。

　　依產業市值分析，科技業市值29930億美元，為全球市值最大產業，第二大為金融業27070億美金，第三大為消費性商品26120億美元，第四名為生技業，總市值23100億美元，第五名為消費性服務業，市值約16800億美元。公司市值以2018年11月23日為例蘋果市值為7468.2億美元，亞馬遜市值為

7366.2億美元，Google市值為7255.2億美元；微軟市值為7533.4億美元，這些最高市值的企業也是長期運用智慧權策略的企業。

另2015年美國有5600件專利訴訟，平均賠償金為1020萬美全，判決最高侵權金額者Smartflash LLC v. Apple一案之5.33億美元，平均訴訟期間為2.5年，2015年最受專利權人青睞之前5家法院，為德拉瓦州、德州東區、維吉尼亞州東區、威斯康辛州西區以及佛羅里達州中區聯邦地方法院，這些資料也可了解美國智財活動活躍的狀況。

4.3　歐洲專利局趨勢統計分析

2016年歐盟GDP為16.315兆美金，占比全球GDP統計74.292兆美金總額22%，是全球第二大經濟體，2016年歐盟專利局（EPO）受理的所有專利申請案達16萬9950千件，年成長6.2%，獲得發明專利達9萬6千件，較2015年增加40%，此外歐盟專利局（EPO）受理了16萬28件歐洲發明專利申請，即申請人已提出審查請求，與前一年所創紀錄相當，2005年到2015年間GDP成長1.13倍而專利申請件數成長1.24倍，專利活動稍勝經濟成長。

全球發明人持續向EPO提出大量的歐洲專利申請案中，EPO的38個成員國占總數近一半，中國（+24.8%）和韓國（+6.5%）申請案再度強勁成長，中國申請案首度超越韓國，日本申請案延續過去幾年小跌趨勢（-1.9%），美國申請案在2015年因美國專利法修正（America Invents Act of 2013）的一次性效應而暴增（42597件），現已恢復正常至40,076件（-5.9%），歐洲發明專利申請案前五大國為美國、德國、日本、法國和瑞士。

各國的專利申請情形如下，在申請量較多的國家中，比利時領先，年成長7%，義大利（+4.5%），其他包括奧地利（+2.6%）、西班牙（+2.6%）、瑞士（+2.5%）和英國（+1.8%）申請量也都上升，最大申請國德國則微幅增加（+1.1%）反轉了前3年的下降趨勢，法國下跌（-2.5%），荷蘭亦下滑（-3.6%）。

專利申請案以公司排名如下，飛利浦再度蟬聯第1，華為第2（3年內由

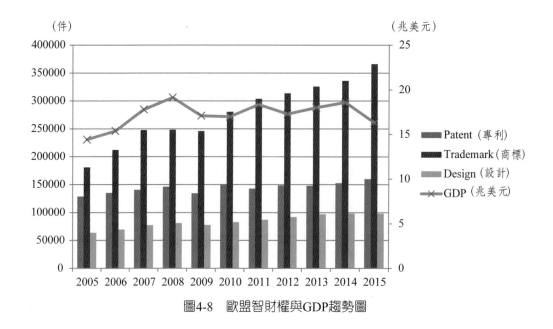

圖4-8　歐盟智財權與GDP趨勢圖

11名躍升），接著是三星、LG和聯合技術公司（United Technologies），前10大中，4個來自歐洲，3個來自美國，2個來自韓國，1個來自中國，獲准最多歐洲專利的公司前3名為羅伯特博世（Robert Bosch）、LG和三星，前10大中，5個來自歐洲、2個來自美國、2個來自韓國、1個來自中國大陸。

專利申請案最多的領域依然是醫療技術類（雖微降2.1%），第2名仍是電子通信與電腦技術類，在前10大領域中，成長最多的是電機／設備／能源類（+5.1%），接著是運輸（+3.6%）和電腦技術（+2.9%），在前10大技術領域中，歐洲公司申請量在其中9個領先，醫療技術類已超越美國，僅在電腦領域落後美國，歐洲提出的申請案在運輸類占比最高，其次是量測及有機化學。

4.4 中國知識產權局趨勢統計分析

隨著中國經濟發展，2015年中國的GDP為11.065兆美金，約占全球占比14.9%，中國已經是全球第三大市場（歐盟第二），這幾年中國智慧財產權也有非常驚人的發展，以2015年為例，發明專利（Patent）申請案件有110萬1864件，實用新型（Utility model）112萬7577件，外觀設計（Design）56萬

9059件，共有279萬8500件，而2005年的統計數字為發明專利申請案件有9萬7948件，實用新型13萬9566件，外觀設計15萬5236件，共有39萬2750件，十年間成長7.1倍，中國智慧財產權的發展可謂突飛猛進，智財權國家策略非常成功。

以發明專利來說，2005年中國的申請案才9萬7948件，到2015年已經高達110萬1864件，十年間已經成長近11.2倍，而其他發達國幾乎沒有成長，可窺中國這十年間智慧財產權活動之發達，這十年中國國家總所得GDP，也成長近4.84倍，這些數據某種程度可說明經濟發展與智財權活動的關係，相同人口規模的印度、印尼2005年專利申請分別為2萬4382件、4304件，到2015年專利申請案才成長至分別為4萬5658件、2萬4382件，這些統計數據顯示相同未開發國家不同的智財策略經十年過後不同的經濟成果，中國於智財權的成長是非常成功的典範。

統計顯示中國專利密集型產業經濟拉動能力強，極具創新活力和市場競爭優勢，2015年中國專利密集型產業增加值合計為3.88兆美金，年均實際增長16.6%，是同期GDP年均實際增長速度（8%）的兩倍以上，專利密集型產業平均每年提供2631萬個就業機會，以占全社會3.4%的就業人員創造了超過

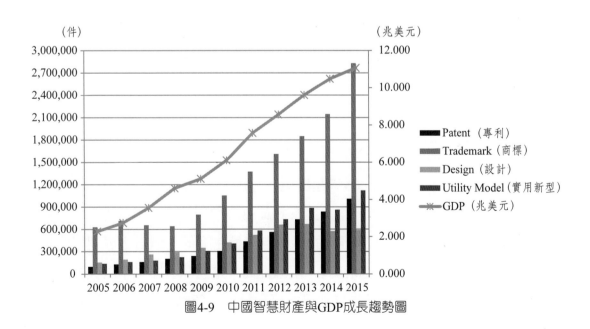

圖4-9　中國智慧財產與GDP成長趨勢圖

全國1/10的GDP，勞動者報酬占比為9.4%，從盈利能力來看，專利密集型產業總資產貢獻率近幾年年平均為15.4%，比非專利密集型產業高出1.2個百分點，從產品競爭力來看，專利密集型產業新產品銷售收入占主營業務收入的比重為20.7%，出口交貨值占銷售產值的比重是19.3%，分別是同期所有工業產業平均水平的1.8倍和1.7倍。

四成以上的企業專利權人表示，其研發經費占主營業務收入比例在5%以上，另有16.4%的企業專利權人研發經費占主營業務收入比例超過10%，而內資企業的研發投入強度要稍大於外資企業，以華為公司為例，其2015年的研發投入占主營業務收入比例達15%，近87億美元，比2014年的59億美元增加了28億美元，同比增長46.1%。華為目前已經累計申請了52萬550萬件國內專利和30萬613萬件外國專利。

以國際貿易談判而言，早期美國對外貿易談判常以匯率及智慧財產權保護為兩個非常重要手段，但近年來美國在智慧財產的創新能力從數量觀察不見有絕對優勢，所以較不再見美國用智慧財產權為貿易談判的手段，高科技的創新已全球化了，美國已沒有絕對優勢，綜觀WIPO統計中，有關發明專利、商標、設計（Industrial design）、實用新型（Utility model）皆有察覺很明顯的世界各國國力消長的情況，這同時也說明智慧財產權的申請量，對國家或企業而言，皆是所有創新活動最佳的商業保護，甚至是商場最佳攻擊的武器，當今的商業活動創新與研究發展必須要緊密綑綁智財策略才能發揮功效。

4.5 日本特許廳趨勢統計分析

日本的專利申請量自2005年起出現了逐漸下降的趨勢，至2016年該下降趨勢仍在持續，2016年專利申請案有31萬8381件，請求實體審查案也是逐年有減少至24萬455件，儘管日本的專利申請量在降低，但日本專利局的專利授權率在2010年到2014年間卻有了明顯提高，這意味著日本申請人對專利的提交更為慎重，2015年日本專利局的專利授權率達到了71.5%，即其發明

專利的閒置率僅為28.5%，對日本申請者而言，超過八成日本專利申請由本國申請者提交，其更注重專利品質而非數量，並且已經通過採取許多方法減少不必要的專利申請提交，並將持續減少在日本的專利提交量，外國人申請案依序是美國、韓國、中國、法國、瑞士、荷蘭、英國、臺灣、瑞典，如依企業別依序是Panasonic、Canon、三菱、豐田、富士通、Denso、Seiko、本田、JFE鋼鐵皆為日本企業顯見其智財權的狀況較為封閉。

　　除了日本特許廳（JPO）的授權率有明顯提升之外，其平均審查週期也得到改善，日本特許廳於2004年制定了一項長期計畫，到2013年末，日本特許廳要將「第一次審查通知書」（First action）審查週期縮短至11個月，日本特許廳於2014年成為了最快做出終審決定（如授權或駁回決定）的專利局。

　　2016年日本特許廳透過PCT國際申請制度4萬4495件，尚不是很普遍，另日本特許廳實用新型（Utility model）案共6480件，意匠（Design）3萬879件，商標（Trademarks）16萬1859件，有關不服審判請求案件特許（Patents）1萬8898件，意匠384件，商標514件，這些統計資料可了解日本近幾年智財權的發展與國家經濟發展持續清冷的狀況有密切關係。

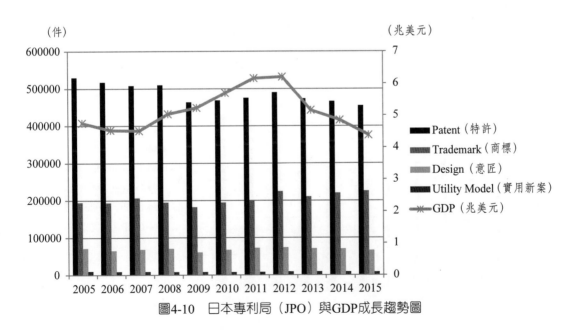

圖4-10　日本專利局（JPO）與GDP成長趨勢圖

4.6　韓國專利局趨勢統計分析

　　2015年韓國GDP為1.378兆美金，專利局共收到58萬5180件新申請較前一年增加6.5%，其中發明專利21萬3694件增加1.6%、商標24萬438、實用新型8711件減少5.2%、工業設計9萬8016件，外國申請人2015年一共向韓國知識產權局提交了4萬6412件發明專利申請，占總申請量的21.1%，向韓國提出發明專利申請案最多的國家前10名分別是日本（1萬5283件）、美國（1萬4655件）、德國（4087件）、法國（1984件）、中國（1947件）、瑞士（1365件）、英國（922件）、臺灣（920件）、荷蘭（824件）和瑞典（659件），與2005年發明專利申請案16萬921件GDP為0.898兆美金比較，GDP成長1.53倍而發明專利申請成長1.46倍，。

　　2015年韓國專利局智慧財產權案件核准共27萬4423件，較前一年減少4.9%；其中發明專利共10萬1873件，減少21.5%，新型專利共3,253件，減少了34.3%，設計專利共5萬4551件，增加了1.0%。

　　2015年韓國專利局對發明和新型專利申請案發出首次審查意見通知書的待審期間為10個月，較2014年縮短1個月，而平均待審期間為16個月，設計專利申請案發出首次審查意見通知書的待審期間為4.4個月，較2014年縮短

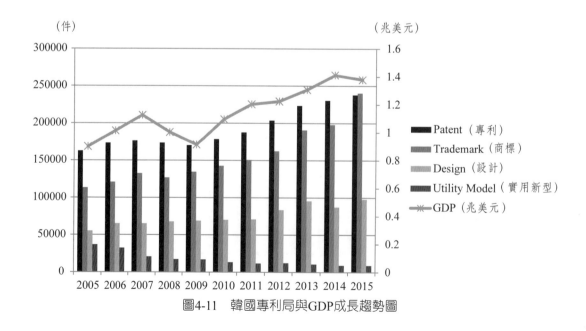

圖4-11　韓國專利局與GDP成長趨勢圖

1.1個月，平均待審期間爲6.8個月，韓國專利局在2015年發出的PCT（Patent Cooperation Treaty）國際檢索報告爲2萬8468件，較2014年減少5.6%，PCT國際初步審查報告爲208件，較2014年減少11.9%。

4.7　臺灣智慧財產局趨勢統計分析

　　隨著全球經濟發展低迷，2015年臺灣的GDP爲0.524兆美金，與2005年0.376兆美金，成長約1.39倍，但這幾年臺灣智慧財產權卻有些許萎縮，以2015年爲例，所有專利申請案件有7萬3626件，其中發明專利（Patent）4萬3847件、新型（Utility model）2萬1404件、設計（Design）8375件，另商標（Trademarks）7萬8523件，共15萬2149件，2005年所有專利申請案件有8萬885件，其中發明專利4萬9851件、新型2萬3226件、設計7808件，另商標5萬129件，共13萬1014件，其中發明專利十年間減少約12%，臺灣智慧財產權的成長似有隱憂，創新研發與智財權有絕對密切的關係，這十年我們創新研發嚴重的萎縮，臺灣智財權國家策略有加強的必要。

　　2015年智慧局受理專利申請7萬3626件，較上年略減1%；發明專利受理4萬3847件，較上年略降1%，減幅已見縮小，由於智慧局積極管控審查時

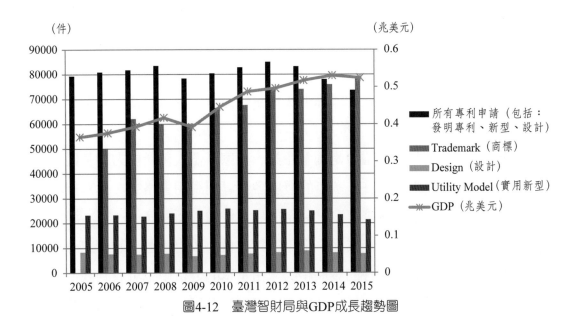

圖4-12　臺灣智財局與GDP成長趨勢圖

效，2016年發明專利平均首通期間已縮短至12個月，待辦件數降至5萬293件，智慧局受理4種專利申請件數，除商標權有成長以外，發明、設計，及新型專利均下降，整體較上年略減2%。

從專利申請人國籍來看，本國人申請4萬443件，年減3%，而外國人3萬1999件，微增1%。本國人三種專利中，發明專利1萬6866件，爲第5年衰退，但2016年減幅已降至2%；設計4579件，則小幅成長3%。外國人申請發明2萬6970件，較上年略減1%，新型1163件，減幅較大（9%），但設計3866件，則大幅成長15%。另近3年發明專利占比，在本國人申請件數逐年減少，而外國人申請件數大致維持約2.7萬件的情形下，本國人比重自2014年41%下降至2016年38%。

進一步觀察在我國申請專利的國家，仍以日本及美國爲大宗，日本三種專利申請1萬3349件，仍穩居第1，其次依序是美國（7972件）、中國大陸（2202件），此外，日本在申請發明專利（1萬2006件）及設計專利（1258件），續居前五大申請國家（地區）之首，而中國大陸在新型專利（551件）件數最多。

當然智慧財產權有許多面貌，從申請數量觀察有客觀、結構化分析的基礎，西方智慧財產權有較長的歷史，此制度與生活態度有密切關係。西方的日常生活中可發現很少有非法拷貝、仿冒、作弊、抄襲等侵犯智財行爲，智慧財產權的精神有很強社會公益及維護產業秩序的意義，這也就爲何本書一開始即用水波效應圖，來解釋新科技對人們生活的逐漸影響的意思。法律、科技、生活是非常複雜的互動關係無法用量化分析，西方生活中有關對智慧財產權的尊重是值得深入了解的。

概括性說，智慧財產權會是衡量企業、國家、個人創新能力的基礎，尤其是發明專利，歷經世界許許多年的發展各國專利說明書格式、撰寫技巧、實體審查標準、申請與審查程序、甚至於專利侵權判斷程序……等，漸漸發展出世界性一致的標準，企業家、市場行銷人員、政府主管、教育家……等要非常留意這種全球一至性的發展趨勢，由本章的分析中也可看到我們的危機，本人一直鼓勵同學或年輕人要創業，可先從撰寫一份好的發明專利說明

書開始，把創新用國際標準方式寫下來。創意文件化是我們高等教育最弱的一環，文件化的過程中即是實踐，這其中包括：標的（發明專利）名稱、摘要、申請專利範圍、請求項、技術特徵、二段及三段式撰寫技巧、……等等細節，本書隨後第二篇四章中將會接續介紹這些重點。

第 2 篇

專利權保護

第 5 章

專利權概論

　　全球五大專利局與我國專利制度比較，如圖5-1所示，全球專利活動愈來愈頻繁，專利制度的目的在於鼓勵民眾從事發明，保護發明人的權利，並指導專利權人與民眾以合法適當的方式利用發明，以促進產業發展，專利制度讓專利權人在法定期間內享有專利技術的排他權，使其享有商業上的特權利益，以鼓勵其將公開分享，當專利權法定期間屆滿，專利權即告消滅，民眾即可根據專利說明書所揭露的內容，自由運用其專利技術，可促進產業升級，我國的專利可分發明、新型及設計類型。

國　家	類　型	年　限	採用制度	審查時間（約）
臺　灣	發明	20年	實審制	18～24月
	新型	10年	登記制	4～6月
	設計	12年	實審制	12～18月
美　國（USPTO）	Utility patents	20年	實審制	12～18月
	Design patents	14年	實審制	12～18月
	Plant patent	20年	實審制	12～18月
中　國（SIPO）	發明（Invention）	20年	實審制	12月
	實用新型（Utility model）	10年	登記制	12月
	外觀設計（Design）	10年	登記制	12～18月
日　本（JPO）	特許專利（Invention Patent）	20年	實審制	24～36月
	實用新案專利（Utility model）	10年	登記制	4～6月
	意匠專利（Design）	15年	實審制	12～18月
歐洲專利局（EPOS）	Patents	20年	實審制	24～48月
	Design	5年	登記制	12月
韓　國（KIPO）	Patents	20年	實審制	18～24月
	Utility model	10年	實審制	12～18月
	Designs	15年	實審制	12～18月

圖5-1　5大專利局專利類型、年限、採用制度、審查時間比較表

專利法　第2條

本法所稱專利，分為下列三種：

一、發明專利。

二、新型專利。

三、設計專利。

專利有三大種類分別為：1.發明專利、2.新型專利、3.設計專利，發明專利有三大要件：1.產業利用性、2.新穎性、3.進步性，另有關專利說明書中技術特徵撰寫，尤其是摘要、專利範圍部分要符合二段式、三段式撰寫技巧，故有關專利的學習要注意，專利三大種類、三大要件、三段式撰寫技巧等重點。

5.1　專利權特性

因為專利權是一種無形財產，是經由國家的智慧財產專責機關依據專利法規及相關法定程序審查後，認為專利申請人所提出的專利申請符合專利法之規定而授予專利權人在一定法定期限內的專有權，即公權力要求專利權人充分揭露技術特徵再給予專利權，有下列獨特的特點。

一、專有性

> **專利法　第58條**
>
> 發明專利權人，除本法另有規定外，專有排除他人未經其同意而實施該發明之權。
>
> 物之發明之實施，指製造、為販賣之要約、販賣、使用或為上述目的而進口該物之行為。
>
> 方法發明之實施，指下列各款行為：
>
> 一、使用該方法。
>
> 二、使用、為販賣之要約、販賣或為上述目的而進口該方法直接製成之物。……（略）

專有性也稱獨占性，依專利法第58條，規定專利權人對其發明創造享有的是專有排除他人未經其同意而實施的權利，有關物的實施包括製造、為販賣之要約、販賣、使用或為上述目的而進口該物之行為。有關方法的實施為使用該方法、使用、為販賣之要約、販賣或為上述目的而進口該方法直接製成之物。

二、公開性

專利法　第26條

說明書應明確且充分揭露，使該發明所屬技術領域中具有通常知識者，能了解其內容，並可據以實現。……（略）

專利法　第37條

專利專責機關接到發明專利申請文件後，經審查認為無不合規定程式，且無應不予公開之情事者，自申請日後經過十八個月，應將該申請案公開之。……（略）

　　專利制度是以授予專利權人一定年限的排他權來換取發明人將原本保密的技術公開，使大眾可以做進一步的改良，能避免重複研發的資源浪費，甚至避免特定技術隨其持有人過世而消失，專利權的前提，即必須公開發明之技術特徵，專利法第26條規定，專利說明書應明確且充分揭露，使該發明所屬技術領域中具有通常知識者，能了解其內容，並可據以實現公開且充分揭露是專利的特性，專利法第37條規定，自申請日後經過十八個月應將該申請案公開。

三、地域性

專利法　第25條

申請發明專利，由專利申請權人備具申請書、說明書、申請專利範圍、摘要及必要之圖式，向專利專責機關申請之。……（略）

　　專利權採屬地主義，意即在某國取得的專利權不及於他國，欲在某國取得專利權，及必須向該國政府申請專利，並通過該國智財局的專利審查，研究開發只在有取得專利權的國家或地區享有專有權或獨占權，如果有人在其

他未取得專利權的國家或地區生產、使用或銷售相關產品,則不屬於侵權行為,因專利權的地域性特性,如果有國際市場前景的發明創造,除應及時申請國內專利外,而且還應不失時機地在擁有良好市場前景的其他國家和地區申請專利,否則國外的市場就得不到保護,專利法第25條規定專利申請權人備具申請書、說明書、申請專利範圍、摘要及必要之圖式,向專利專責機關申請之。

四、國際性

> **專利法　第22條**
> 無下列情事之一,得依本法申請取得發明專利:
> 一、申請前已見於刊物者。
> 二、申請前已公開實施者。
> 三、申請前已為公眾所知悉者。……(略)

　　專利權是有地域性,但專利審查是有國際性的,專利法第22條規定,專利新穎性的審查指專利範圍內容,不可申請前已見於刊物、公開實施,或公眾所知悉等事情,一般專利審查皆會查詢全世界規定刊物或資料庫,故專利審查是要參考全世界資料,判斷是否有符合專利新穎性要件的參考。

五、時效性

> **專利法　第52條**
> 發明專利權期限,自申請日起算二十年屆滿。

> **專利法　第114條**
> 新型專利權期限,自申請日起算十年屆滿。

專利法　第135條

設計專利權期限，自申請日起算十二年屆。

　　專利權期限太短將不利於專利權人透過行使專利權而獲益，太長則不利於民眾無償利用，專利權期限時專利權人擁有製造、使用、銷售和進口的排他權力，期限後本受法律保護的發明創造就成之社會的公共財富，公眾可無償使用，如圖5-2可了解相關智財的權力年限，保護期限自申請日起計算一般在10至20年不等。

專利類型	專利法條	專利要件	專利審查	專利年限
發明專利	發明：指利用自然法則之記述思想之創作。（專利法第21條）	1. 產業利用性 2. 新穎性 3. 進步性 （非顯而易知性） （專利法第22條）	實體審查 （專利法第36條）	20年 （專利法第52條）
新型專利	新型：指利用自然法則之技術思想，對物品之形狀、構造或組合之創作。（專利法第104條）	1. 產業利用性 2. 新穎性 （專利法第115條）	形式審查 （專利法第109條）	10年 （專利法第114條）
設計專利	設計：指對物品之全部或部份之形狀、花紋、色彩或其結合，透過視覺述求之創作。（專利法第121條）	1. 產業利用性 2. 新穎性 3. 創作性 （專利法第122條）	實審制 （專利法第142條）	12年 （專利法第135條）

圖5-2　專利三類型、三要件、審查方式、年期比較圖

六、高訴訟性

　　專利法第七節（損害賠償及訴訟）第96條至第103條。

專利法　第96條

發明專利權人對於侵害其專利權者，得請求除去之。有侵害之虞者，得請求防止之。

發明專利權人對於因故意或過失侵害其專利權者，得請求損害賠償。……（略）

第二項及前項所定之請求權，自請求權人知有損害及賠償義務人時起，二年間不行使而消滅；自行爲時起，逾十年者，亦同。

專利法　第97-4條

前三條規定之申請查扣、廢止查扣、檢視查扣物、保證金或擔保之繳納、提供、返還之程序、應備文件及其他應遵行事項之辦法，由主管機關會同財政部定之。

專利法　第103條

法院爲處理發明專利訴訟案件，得設立專業法庭或指定專人辦理。

司法院得指定侵害專利鑑定專業機構。

法院受理發明專利訴訟案件，得囑託前項機構爲鑑定。

　　智慧財產權已經是貿易攻擊與防禦的武器，透過專利授權及侵權賠償，可創造新的利潤來源，公司如欠缺專利保護傘，將在專利訴訟及侵權賠償的壓力下，支付高額賠償金，專利法第七節損害賠償及訴訟即第96條至第103條有相關規範。以美國爲例，2015年專利訴訟案件數量5600件，平均賠償金額1020萬美元，判決最高侵權金額是Smartflash v. Apple一案爲5.3億美元，每案平均訴訟時間爲2.5年，2008年7月臺灣成立智慧財產法院，近幾年訴訟案件約133～211件之間，訴訟期每案約2～3年。2012年全球智慧權市場價值有2542億美金，臺灣55.3億美金，其中支出46億美金，收入9.32億美金。

七、產業利益

> **專利法　第26條**
> 說明書應明確且充分揭露，使該發明所屬技術領域中具有通常知識者，
> 能了解其內容，並可據以實現。……（略）

　　全世界每個有2.9百萬件申請案，專利法第26條規定，專利說明書應明確且充分揭露，使該發明所屬技術領域中具有通常知識者，能了解其內容，並可據以實現專利說明書，除應載明申請專利範圍外，並應載明有關之先前技藝、發明目的、技術內容、特點及功效，使熟習該技術者能了解其內容並可據以實施，各國及全世界5大智慧財產局巨大智財之說明書，是人類智慧最大財產，這是產業的公共財產，研發人員可站在這基礎上向上發展，創造人類更大更好的福祉。

八、人類最大智慧資料庫

　　如圖4-3：全球有效（in Force）的智慧財產權統計顯示目前全球有效或已公開的專利說明書數量，另每年約2.9百萬的專利說明書新申請，這些專利資料庫是人類最大公開技術資料庫，研發人員如能好好利用專利資料庫就如站在巨人的肩膀上做研究發展，依WIPO統計，若善用專利情報，研發人員可節省研發費40%以上，在研發成果的揭露比重上，專利說明書中含90～95%之研發成果，其他技術文獻（如：論文或期刊等）中只僅含5～10%之研發成果，專利說明書所發表之技術，80%尚未出現在其他技術文獻中，現代的研發工程師一定要學習如何擴展利用這個資料庫。

5.2　專利制度的起源

　　西元前三世紀古希臘都市希巴里斯（Syburis）之居民，由於熱衷的品味飲食，為期能有新的、具有特色之美色佳餚持續推出，以滿足口腹之慾，對

新食品之創作賦予其創作人第一年之獨占特權，在該一年之特權期間內，僅允許該創作人烹製其所獨創之菜餚，早期西方文明直至文藝復興時代，才對專利權之授與、頒發有計畫、組織性之操作與運用。

隨著人類文明與科技發展，近代專利制度的雛形萌芽於中世紀的歐洲，十五世紀中期，在商品經濟關係初步發展的英國和義大利，最早產生了專利制度的雛形，由封建君主政府，以特許的方式，授予一些商人或工匠的某項技術以獨眾經營的壟斷權，例如1594年，義大利佛羅倫薩共和國授予著名科學家伽利略（Galileo）發明的「揚水灌溉機」20年的專利權，「威尼斯專利法」為現代專利制度奠定了基礎，是現代專利法的雛形，如果以「威尼斯專利法」為專利制度的起源，則迄今已有500年歷史。

西元十七世紀，英國伊莉莎白女王（Queen Elizabeth）時代，當時因為國家財政窮困，政府廣闢財源，以彌補國家財政需要之不足，開始濫發專利權以收取相關的規費，充實國庫，結果對鹽、酒、玻璃、鐵、帆布等生活必需品，即便未加以顯著的改良、創新，亦容許個人對之加以獨占，結果造成物價飆漲，民怨四起，君主在授予這種特權時，用一份公開的文件（拉丁文學，Literae Patens），英文中的「patent」（專利權）便來於此。

為了弭平前者造成之抗議聲音，英國政府乃於西元1624年由英王詹姆士一世（James I）頒布著名之「專賣條例」（Statute of Monopolies），該條例確認了授與專利權之基本原則，亦即認定獨占即違反普通法（Common law），因此原則上不允許之，僅發明係有益於公益且發明者乃最先且係真正為新穎製造物之發明者（True and first inventor），方由國家給予其獨占之專利權，此即近代專利制度源起之濫觴。

現代專利制度，世界第一部較完整的專利法產生於英國，英國1623年頒布的「壟斷法」，已初步具備了現代專利法的基本要素，西方其他國家紛紛效法英國，相繼建立了專利制度，美國、法國分別於1790年和1791年頒布了該國第一部專利法，隨後荷蘭、奧地利、法國、日本等國相繼頒布了該國的「專利法」。

我國專利法的根源始於1912年的「獎勵工藝品暫行章程」現行的制度主

要來自1944年制定的專利法，該法深受當時外國專利法制之影響，如從臺灣的專利法制度觀察，可溯源於日治時期之日本專利法，因為當時臺灣已有實際發明創造活動力及適用當時專利法的事實發生，當時日本特許法，實用新案法及意匠法，亦有不少參考外國法制之處，因此談今日專利法規範，不論由何種方向溯源，均見我國專利法深受西方的制度直接或間接影響。

從十九世紀以來，幾乎所有國家的「專利法」即是國內法，由於「專利法」具有地域性只在本國範圍內有效，其他外國必須重新申請並取得專利權，否則該項技術在另一個國家就得不到保護，各國為了吸引更多的發明創造成果，促進產業升級，各國的「專利法」皆跨越了地域性的限制，對外國人申請專利的權利不做特殊限制，1883年各國締結的保護工業《巴黎公約》，是全球第一個有關工業產權（包括專利、商標等）保護的國際公約，公約規定「國民待遇」和「國際優先權」原則，《巴黎公約》是專利制度國際化的萌芽階段。

二十世紀，1967年成立了世界智慧產權組織（WIPO），並於1970年生效，1970年簽署《專利合作條約》，該條約規定，同一項發明需要的幾個國家申請專利的，申請人可通過PCT（The patent Cooperation Treaty）的制度提出申請，由單一機構進行檢索和初步審查，之後可同時在幾個國家進行實體審查專利權，WIPO也整合各國智財資料庫與統計資料，這可是專利制度國際化的第一步。

另外一些地區性專利合作組織也相繼成立，如1973年簽訂，1977年生效，但《歐洲專利公約》，非洲法語國家1962年簽訂的《利伯維爾協定》，英語非洲國家的《盧薩卡協定》等，1993年12月16日結束的關稅的貿易總協定烏拉圭回合談判也將國際貿易有關的智慧產權列入談判議題，並達成了「與貿易有關的知識產權協議（Agreement on Trade-Related Aspects of Intellectual Property Rights, TRIPS）」，讓智慧財產權的保護變成了國際貿易的基礎。

5.3　發明專利

　　我國專利法從1944年5月29日立法，至2017年1月18日共有14版本，其中1994年至今有9個版本，最新版本共有5章159條，其中第二章為發明專利，包括第一節專利要件、第二節申請、第三節審查及再審查、第四節專利權、第五節強制授權、第六節納費、第七節損害賠償及訴訟，重要條文解釋以發明專利為主，相關條文的副註為有關新型或設計專利說明如下。

一、發明專利的定義

> 專利法第21條
> 發明，指利用自然法則之技術思想之創作。

　　發明專利必須具有**技術性**（Technical character），即發明專利解決問題的手段必須是涉及技術領域的**技術手段**，申請發明專利是否具有技術性，係其是否符合發明專利之定義的判斷標準，專利說明書的申請專利範圍的**請求項**的**技術特徵**即為專利權最基本單位。

　　發明專利分為物之發明及方法發明兩種，以「應用」、「使用」或「用途」為標的名稱之用途發明視同方法發明，物之發明包含物質及物品，方法發明包括物的製造方法及無產物的技術方法，至於用途發明包括物的新用途：例如化合物A作為殺蟲之用途（或應用、使用）。

二、發明專利的要件

專利法　第22條

可供產業上利用之發明，無下列情事之一，得依本法申請取得發明專利：

一、申請前已見於刊物者。

二、申請前已公開實施者。

三、申請前已為公眾所知悉者。

發明雖無前項各款所列情事，但為其所屬技術領域中具有通常知識者依申請前之先前技術所能輕易完成時，仍不得取得發明專利。……（略）

發明專利要件是審查的標準，包括：實用性、新穎性、進步性，如圖5-2所示專利三要件。

【相關條文】專利法第120、122條、專利法細則第13、14、15、16、45、46、47、48、49條。

三、法定不予發明專利之項目

專利法　第24條

下列各款，不予發明專利：

一、動、植物及生產動、植物之主要生物學方法。但微生物學之生產方法不在此限。

二、人類或動物之診斷、治療或外科手術方法。

三、妨害公共秩序或善良風俗者。……（略）

法律規範不予發明專利之項目。

【相關條文】專利法第105、124條。

四、專利申請書、說明書

> **專利法　第25條**
>
> 申請發明專利，由專利申請權人備具申請書、說明書、申請專利範圍、摘要及必要之圖式，向專利專責機關申請之。
>
> 申請發明專利，以申請書、說明書、申請專利範圍及必要之圖式齊備之日為申請日。……（略）

　　有關專利申請書、說明書的撰寫技巧第6、7、8章將詳細說明。

　　【相關條文】專利法第44、145條、細則第3、11、16、17、18、19、20、21、23、24條、專利以外文本申請實施辦法、大陸地區人民申請專利及商標註冊作業要點第4點。

五、專利說明書明確且充分揭露原則

> **專利法　第26條**
>
> 說明書應明確且充分揭露，使該發明所屬技術領域中具有通常知識者，能了解其內容，並可據以實現。
>
> 申請專利範圍應界定申請專利之發明；其得包括一項以上之請求項，各請求項應以明確、簡潔之方式記載，且必須為說明書所支持。……（略）

　　充分揭露原則乃是專利權基本原則，揭露的程度是**使該發明所屬技術領域中具有通常知識者，能了解其內容，並可據以實現**，實務上專利審查官常以此原則要求申請人公開更詳盡細節。

　　【相關條文】專利法施行細則第17、18、19、20、21、22、23條。

六、專利先申請原則

> **專利法　第31條**
>
> 相同發明有二以上之專利申請案時，僅得就其最先申請者准予發明專利。
>
> 但後申請者所主張之優先權日早於先申請者之申請日者，不在此限。
>
> 法律規範先申請原則。

　　法律規範先申請原則，優先權日及申請日相關規定。

七、專利申請案早期公開原則

> **專利法　第37條**
>
> 專利專責機關接到發明專利申請文件後，經審查認為無不合規定程式，且無應不予公開之情事者，自申請日後經過十八個月，應將該申請案公開之。
>
> 專利專責機關得因申請人之申請，提早公開其申請案。
>
> 發明專利申請案有下列情事之一，不予公開：
>
> 一、自申請日後十五個月內撤回者。
>
> 二、涉及國防機密或其他國家安全之機密者。
>
> 三、妨害公共秩序或善良風俗者。
>
> 第一項、前項期間之計算，如主張優先權者，以優先權日為準；主張二項以上優先權時，以最早之優先權日為準。……（略）

　　法律規範早期公開原則、優先權主張。

　　【相關條文】專利法第24、25、28、30、51條、細則第31條，專利閱卷作業要點。

八、專利審定書之原則

> 專利法　第45條
>
> 發明專利申請案經審查後,應作成審定書送達申請人。
>
> 經審查不予專利者,審定書應備具理由。
>
> 審定書應由專利審查人員具名。再審查、更正、舉發、專利權期間延長及專利權期間延長舉發之審定書,亦同。……(略)

　　法律規範審定書之原則。

　　【相關條文】專利法第50、55、71、111、142準用45條、行政程序法第95至97、102、103條。

九、審定不予發明專利之事由

> 專利法　第46條
>
> 發明專利申請案違反第二十一條至第二十四條、第二十六條、第三十一條、第三十二條第一項、第三項、第三十三條、第三十四條第四項、第四十三條第二項、第四十四條第二項、第三項或第一百零八條第三項規定者,應為不予專利之審定。
>
> 專利專責機關為前項審定前,應通知申請人限期申復;屆期未申復者,逕為不予專利之審定……。(略)

　　法律規定不予發明專利之事由。

十、專利案公告及申請閱覽原則

> **專利法　第47條**
>
> 申請專利之發明經審查認無不予專利之情事者，應予專利，並應將申請專利範圍及圖式公告之。
>
> 經公告之專利案，任何人均得申請閱覽、抄錄、攝影或影印其審定書、說明書、申請專利範圍、摘要、圖式及全部檔案資料。……（略）

　　法律規定公告及申請閱覽原則。

　　【相關條文】專利法第113條、第142條準用第47條、細則第83條、專利閱卷作業要點。

十一、專利權之效力

> **專利法　第58條**
>
> 發明專利權人，除本法另有規定外，專有排除他人未經其意而實施該發明之權。
>
> 物之發明之實施，指製造、為販賣之要約、販賣、使用或為上述目的而進口該物之行為。
>
> 方法發明之實施，指下列各款行為：
>
> 一、使用該方法。
>
> 二、使用、為販賣之要約、販賣或為上述目的而進口該方法直接製成之物。發明專利權範圍，以申請專利範圍為準，於解釋申請專利範圍時，並得審酌說明書及圖式。……（略）

　　法律規定專利權之效力及權力的種類和範圍，包括物之發明、方法發明。

　　【相關條文】專利法第120、142條、細則第21條。

十二、舉發之申請

> 專利法　第73條
>
> 舉發，應備具申請書，載明舉發聲明、理由，並檢附證據。
>
> 專利權有二以上之請求項者，得就部分請求項提起舉發。
>
> 舉發聲明，提起後不得變更或追加，但得減縮。
>
> 舉發人補提理由或證據，應於舉發後一個月內為之。但在舉發審定前提出者，仍應審酌之。……（略）

　　法律規定舉發之程序。

　　【相關條文】專利法第73、79條、細則第72、73條。

十三、強制授權事由

> 專利法　第87條
>
> 為因應國家緊急危難或其他重大緊急情況，專利專責機關應依緊急命令或中央目的事業主管機關之通知，強制授權所需專利權，並儘速通知專利權人。
>
> 有下列情事之一，而有強制授權之必要者，專利專責機關得依申請強制授權：
>
> 一、增進公益之非營利實施。
>
> 二、發明或新型專利權之實施，將不可避免侵害在前之發明或新型專利權，且較該在前之發明或新型專利權具相當經濟意義之重要技術改良。
>
> 三、專利權人有限制競爭或不公平競爭之情事，經法院判決或行政院公平交易委員會處分。……（略）

　　法律規定強制授權事由。

　　【相關條文】專利法施行細則第77條。

十四、損害賠償之計算

專利法　第97條

依前條請求損害賠償時，得就下列各款擇一計算其損害：

一、依民法第二百十六條之規定。但不能提供證據方法以證明其損害
　　時，發明專利權人得就其實施專利權通常所可獲得之利益，減除受
　　害後實施同一專利權所得之利益，以其差額爲所受損害。

二、依侵害人因侵害行爲所得之利益。

三、依授權實施該發明專利所得收取之合理權利金爲基礎計算損害。
　　依前項規定，侵害行爲如屬故意，法院得因被害人之請求，依侵
　　害情節，酌定損害額以上之賠償。但不得超過已證明損害額之三
　　倍。……（略）

　　法律規定損害賠償之計算。

　　以上爲發明專利重要原則、條文、要點解釋，及有關條文。

5.4　新型專利

一、新型之定義

專利法　第104條

新型，指利用自然法則之技術思想，對物品之形狀、構造或組合之創
作。

　　占據有一定空間的物品實體，爲其形狀、構造或組合上具體的創作，並
非僅屬抽象的技術思想或觀念，因此申請專利之新型必須1.利用自然法則之
技術思想，2.標的爲物品，且3.具體表現於形狀、構造或組合。

　　法律規定新型之定義。

二、不予新型專利事由

> **專利法 第105條**
>
> 新型有妨害公共秩序或善良風俗者，不予新型專利。

　　法律規定不予新型專利事由。

　　【相關條文】專利法第24、124條。

三、新型專利申請程序

> **專利法 第106條**
>
> 申請新型專利，由專利申請權人備具申請書、說明書、申請專利範圍、摘要及圖式，向專利專責機關申請之。
>
> 申請新型專利，以申請書、說明書、申請專利範圍及圖式齊備之日為申請日。
>
> ……（略）

　　法律規定新型專利申請程序。

　　【相關條文】專利法第25、125條。

5.5　設計專利

一、設計之定義

> **專利法 第121條**
>
> 設計，指對物品之全部或部分之形狀、花紋、色彩或其結合，透過視覺訴求之創作。
>
> 應用於物品之電腦圖像及圖形化使用者介面，亦得依本法申請設計專利。……（略）

法律規定設計專利。

【相關條文】專利法第21、104條。

二、設計專利要件

專利法　第122條

可供產業上利用之設計，無下列情事之一，得依本法申請取得設計專利：

一、申請前有相同或近似之設計，已見於刊物者。

二、申請前有相同或近似之設計，已公開實施者。

三、申請前已為公眾所知悉者。

設計雖無前項各款所列情事，但為其所屬技藝領域中具有通常知識者依申請前之先前技藝易於思及時，仍不得取得設計專利。……（略）

法律規定設計專利要件。

三、法定不予設計專利之項目

專利法　第124條

下列各款，不予設計專利：

一、純功能性之物品造形。

二、純藝術創作。

三、積體電路電路布局及電子電路布局。

四、物品妨害公共秩序或善良風俗者。

法律規定不予設計專利之項目。

【相關條文】專利法第24、105條。

四、設計專利之揭露

> **專利法　第126條**
>
> 說明書及圖式應明確且充分揭露，使該設計所屬技藝領域中具有通常知識者，能了解其內容，並可據以實現。
>
> 說明書及圖式之揭露方式，於本法施行細則定之。

法律規定設計專利之揭露原則。

【相關條文】專利法施行細則第50至54條。

5.6　專利權申請的正當法律程序

正當法律程序（Due Process）即人民可上訴的權力，憲法第十六條所規定之訴訟權，係以人民於其權利遭受侵害時，得依正當法律程序請求法院救濟為其核心內容，而訴訟救濟應循之審級、程序及相關要件，基本上為三級三審並以法律為正當合理之規定，有關專利審查的程序包括下列步驟：

1. 申請
2. 程序審查
3. 公開前審查
4. 初審實體審查
5. 公告
6. 再審查實體審查
7. 訴願
8. 行政訴訟第一審
9. 行政訴訟上訴審

如圖5-3、5-4、5-5所示，這三個流程中發明專利前六個程序、新型專利前四個程序、及設計專利前五個程序為智慧財產局內部審查程序，另後三個步驟的救濟流程皆符合憲法正當法律程序（Due Process）的三級三審原則包括：經濟部的訴願、智慧財產法院的行政訴訟第一審、最高行政法院的行政訴訟上訴審，過程中專利人如審查被駁回時有權再往上級訴願。

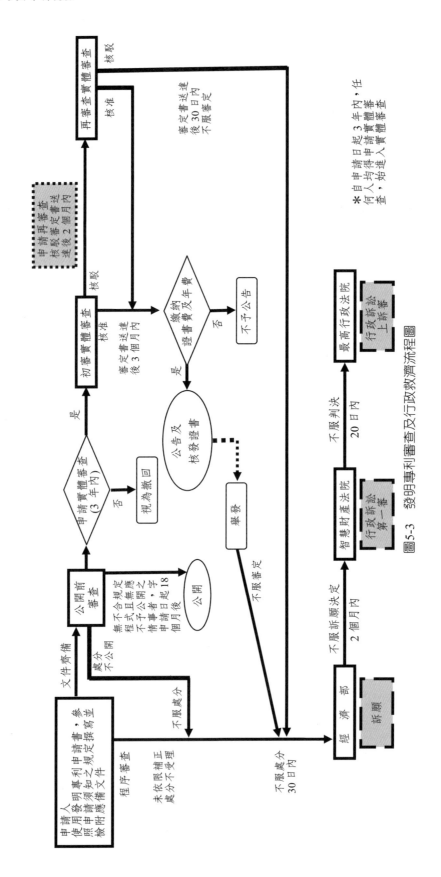

圖 5-3　發明專利審查及行政救濟流程圖

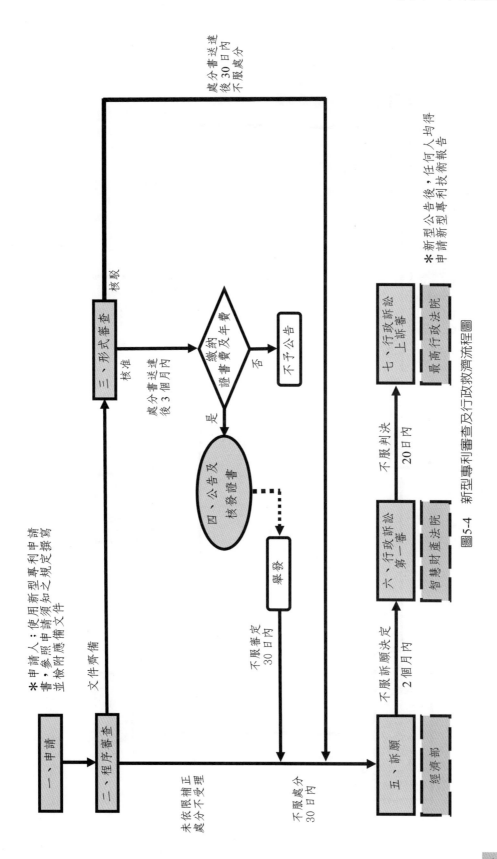

圖5-4　新型專利審查及行政救濟流程圖

智財策略與專利攻防

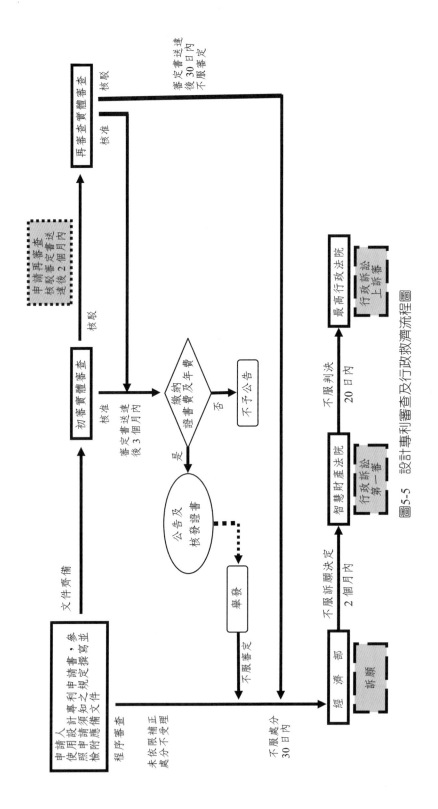

圖5-5 設計專利審查及行政救濟流程圖

112

專利權種類、標的、要件與請求

　　我國專利法包含發明專利、新型專利、設計專利三類型，如圖6-1所示，第一章總則、第二章發明專利、第三章新型專利、第四章設計專利、第五章附則；國外英美法系國家這三類型是分別立法，而我國將此三類型立於同一法律中。

專利類型	專利定義	專利要件（狹義）	專利要件（廣義）	專利年限
發明專利	發明：指利用自然法則之技術思想之創作。（專利法第21條）	1. 產業利用性 2. 新穎性 3. 進步性 （專利法第22條）	1. 發明專利定義（專利法第21條） 2. 先申請原則（專利法第23條） 3. 不予發明專利（專利法第24條） 4. 書面申請原則（專利法第25條） 5. 明確充分揭露、可據以實現、支持性等原則（專利法第26條）	20年 （專利法第52條）
新型專利	新型：指利用自然法則之技術思想，對物品之形狀、構造或組合之創作。（專利法第104條）	1. 產業利用性 2. 新穎性 （專利法第115條）	1. 新型專利定義（專利法第104條） 2. 不予新型專利（專利法第105、112條） 3. 書面申請原則（專利法第106條）	10年 （專利法第114條）
設計專利	設計：指對物品之全部或部份之形狀、花紋、色彩或其結合，透過視覺訴求之創作。（專利法第121條）	1. 產業利用性 2. 新穎性 3. 創新性 （專利法第122條）	1. 設計專利定義（專利法第121條） 2. 先申請原則（專利法第123條） 3. 不予設計專利（專利法第124條） 4. 書面申請原則（專利法第125條） 5. 明確充分揭露、可據以實現等原則（專利法第126條）	12年 （專利法第135條）

圖6-1　專利類型、定義、要件、年期比較圖

6.1　專利權種類

專利法　第2條

本法所稱專利，分為下列三種：

一、發明專利。

二、新型專利。

三、設計專利。

專利法　第21條

發明，指利用自然法則之技術思想之創作。

專利法　第104條

新型，指利用自然法則之技術思想，對物品之形狀、構造或組合之創作。

專利法　第121條

設計，指對物品之全部或部分之形狀、花紋、色彩或其結合，透過視覺訴求之創作。

應用於物品之電腦圖像及圖形化使用者介面，亦得依本法申請設計專利。

　　專利法第2條規定了專利有三類型，第21條定義發明專利、第104條定義新型、第121條定義設計專利。

　　發明專利與新型專利都是保護利用自然法則之技術思想的創作，著重於功能、技術、製造及使用方便性等方面之改進，但發明標的較廣，包括物質、物品、方法、生物材料及其用途，新型的標的則僅及於物品之形狀、構造或組合的創作。

　　設計專利是針對物品全部或部分之形狀、花紋、色彩或其結合，透過視覺訴求的創作，著重於物品質感、親和性、高價值感之視覺效果表達，以增進商品競爭力及使用上視覺之舒適性，與技術性無關。

　　發明專利及設計專利都需經過實體審查才能取得專利權，但新型專利則不經過實體審查，而採形式審查即登錄即可。

　　全球各國專利法的種類略有不同，例如：美國（US）、歐盟（EP）無新型類別，英美法系各類別分別立法，大陸法系如我國單一專法包含三類別，有關我國與世界五大專利局專利種類、年限、審查方式比較如下：

美國（US）：發明（20，審查）、及設計（14年，審查）。

日本（JP）：特許（20年，審查）、實用新案（10年，登錄）、意匠（15年，審查）。

中國（CN）：發明（20，審查）、實用新型（10年，登錄）、外觀設計（10年，登錄）。

歐盟（EP）：發明（20，審查）、設計（25年，登錄）。

韓國（KR）：發明（20，審查）、新型（10年，登錄）、設計（15年，審查）。

臺灣（TW）：發明（20，審查）、新型（10年，登錄）、設計（12年，審查）。

6.2 發明專利的標的

專利法　第21條

發明，指利用自然法則之技術思想之創作。

專利法第21條中自然法則係指物理定律，不是數學方法、人造規則，或演算法，所以違反物理能量守恆定律的永動機不算是發明，而數學定理或棋藝、牌藝等規則或遊戲，並未利用自然法則不算發明，另技術思想係指可以工業技術重現，所以偶然發生的事物不算發明，而文章、繪畫等屬藝術創作，不屬發明，發明係利用自然法則所產生的技術思想，表現在物、方法、物的用途，或新科技者，即指為產生具體非抽象的結果，包括實施中的過程或步驟。

專利法第21條規定準確的解釋不屬發明之類型，可歸納如下：

1. 自然法則本身：例如能量不減定律、萬有引力定律，或質能轉換公式（$E = MC^2$）等自然法則本身，並未有顯著之技術特徵，不屬於發明之類型。

2. 單純的發明：因創作是發明之要素，故如天然物、自然現象或自然法

則的發現等行為，無創作努力或行為，亦非利用自然法則之技術思想之創作，而僅為一種發現行為，故為不屬發明之類型。

3. 違反自然法則者：如申請專利之標的所利用的技術內容，有一部分係違反自然法則者，亦不屬發明之類型，例如：永動機。

4. 非利用自然法則者：利用自然法則以外方法則創作，例如：原理或學習方法、遊戲或運動之規則、或其他必須藉助推理力、記憶力等心智活動始能執行之方法，該發明本身不具技術思想之創作，不符合發明之定義。

5. 非有技術思想者：包括技能，純依個人之天分及熟練程度始能達成之個人技能；單純資訊之揭示，僅揭示有資訊內容，而無技術思想及特徵者；單純美術之創作物、繪畫、雕刻等物品係屬美術創作，其與技術思想無關，故這些技能、資訊揭示、美術創作等行為皆非屬發明之類型。

專利法　第24條

下列各款，不予發明專利：

一、動、植物及生產動、植物之主要生物學方法。但微生物學之生產方法，不在此限。

二、人類或動物之診斷、治療或外科手術方法。

三、妨害公共秩序或善良風俗者。

　　動、植物屬自然界中透過生物學方法所繁衍出來的物種，故動、植物不可做為申請專利的標的，包含基因改造、轉植之動、植物，然而隨著科技的日新月異，人類科技已發展到可透過非生物學方法來生產動、植物。

　　專利法第24條第2款規定「人類或動物之診斷、治療或外科手術方法」是屬不予專利的項目，指的診斷、治療或外科手術方法，尊重生命、醫療權益、及人道主義，讓醫護人員可以視狀況判斷選擇對患者最有利的診斷、治療或外科手術方法。

人類或動物之治療方法，是指使有生命的人體或動物體恢復、獲得健康的方法，並包含以治療為目的或具有治療性質的方法，在活體外製造人造器官、假牙或義肢等方法因不涉及有生命之人體或動物體，或對已死亡之人體或動物體的處置方式也不在此限。

人類或動物之外科手術方法必須是使用器械對有生命的人體或動物實施的侵入性方法，例如剖切、切除、縫合、注射、採血等，外科手術包含非以診斷、治療為目的的整型、美容方法，為進行外科手術而是事先作的預處理，例如皮膚消毒、麻醉等等，也都屬於法定不予專利的標的。

專利法第24條第3款規定「妨害公共秩序或善良風俗者」屬不予專利的標的，此款之規定是為基於維護倫理道德，排除社會混亂、失序、犯罪以及其他違法行為。

6.3　專利權申請與充分揭露原則

> 專利法　第25條
> 申請發明專利，由專利申請權人備具申請書、說明書、申請專利範圍、摘要及必要之圖式，向專利專責機關申請之。
> 申請發明專利，以申請書、說明書、申請專利範圍及必要之圖式齊備之日為申請日。……（略）

依據專利法第25條規定，由專利申請權人具備1.**申請書**、2.**說明書**、3.**申請專利範圍**、4.**摘要**，及5.**圖示**，向經濟部智慧財產局申請之。

另依據專利法施行細則第16條規定，**申請書**應載明1.**發明名稱**、2.**發明人**、3.**申請人**、4.**委任代理**。

同法第17條規定，**說明書**應載明1.**發明名稱**、2.**技術領域**、3.**先前技術**、4.**發明內容**、5.**圖示簡單說明**、6.**實施方式**、7.**符號說明及段落編號**。

同法第18條規定，**申請專利範圍**，包括**獨立項**、**附屬項**。

同法第19條規定，圖示**請求項**之**技術特徵**得引用圖示中對應之符號，該

符號應附加於對應之技術特徵後，並置於括號內。

專利法　第26條

說明書應明確且充分揭露，使該發明所屬技術領域中具有通常知識者，能了解其內容，並可據以實現。

申請專利範圍應界定申請專利之發明；其得包括一項以上之請求項，各請求項應以明確、簡潔之方式記載，且必須為說明書所支持。

摘要應敘明所揭露發明內容之概要；其不得用於決定揭露是否充分，及申請專利之發明是否符合專利要件。……（略）

依據專利法第26條規定，**說明書應明確且充分揭露，使該發明所屬技術領域中具有通常知識者，能了解其內容，並可據以實現**，充分揭露原則是專利權的特色，公權與私權的交換，公權授予專利權人排他性的財產權，同時公權要求專利權人**充分揭露**專利權所擁有的**技術特徵**，公權強迫專利權人揭露技術特徵以促進產業升級，故充分揭露與排他權的設計，乃是專利權設計最深奧之處，深信專利權愈活躍產業愈興盛。

6.4　發明專利的要件

專利法　第22條

可供產業上利用之發明，無下列情事之一，得依本法申請取得發明專利：

一、申請前已見於刊物者。

二、申請前已公開實施者。

三、申請前已為公眾所知悉者。

發明雖無前項各款所列情事，但為其所屬技術領域中具有通常知識者依申請前之先前技術所能輕易完成時，仍不得取得發明專利。……（略）

發明專利申請說明書需滿足專利法各項規範外,專利在進行實體審查時,需滿足**專利三要件**,即產業利用性、新穎性與進步性,尤其進步性的絕大部分申請案被駁回的理由,專利三要件說明如下:

一、產業利用性

依專利法第22條第一項之規定,「**凡可供產業上利用之發明得依本法申請取得發明專利**」,要求申請專利之發明必須在產業上能夠實際利用,才具備取得專利權之要件,此要件稱為「**產業利用性**」,亦常稱為「**實用性**」,為專利三要件中第一項審查要件。

二、新穎性

專利制度授予申請人專有排他使用之獨占權利,以鼓勵大家將發明公開,使公眾能利用該發明,對於申請專利前已公開而能為公眾得知,或該發明已揭露於另一較早的申請案,由於已非最早之技術創新,並無授予專利之必要,申請專利之發明於**申請前已見於刊物、已公開使用,或已為公眾所知悉者**,依專利法第22條第二項之規定,不得取得發明專利。

三、進步性

進步性又稱為「非顯而易知性（non-obvious）」,**申請發明專利為其所屬技術領域中具有通常知識者依申請前之先前技術所能輕易完成**,依專利法第22條第三項規定,不得取得發明專利,此要件所指「所屬技術領域中具有通常知識者」最直接的例子即指實體審查官,可依專利說明書的技術特是否為**輕易完成**,許多實務上發明專利被駁回也常以進步性理由,故申請者要熟悉此要件,高科技業者能掌握趨勢與時機,很容易快速建立技術保壘,才能處於不敗之地。

產業利用性、**新穎性**、**進步性**是發明專利三要件,其中又以進步性最重要,申請案雖能滿足產業利用性、新穎性,但審查官如果以為申請案是可

「依申請前之先前技術所能**輕易完成**者」即可駁回，這要件是判斷是否給予專利的關鍵，進步判斷是審查官非常主觀的判斷，近來我國最高法院廢棄第二審比例甚高，有達72%，這也說明進步性的判斷常引爭議。

依據專利法第22、25、26條規定，廣義的專利取得要件包括：**專利適格標的**（patentable subject matter）、**產業利用性**（utility）、**新穎性**（novelty）、**進步性**（non-obviousness），與**充分揭露**（Full or Adequate Disclosure）等5個要件，有關專利申請書，說明書的撰寫要件，這個標準全世界的智慧財產局皆相似，所以申請人可用某一國規定的申請書及說明書格式，很容易翻譯或撰寫成另一國家的申請書與說明書格式。

6.5　專利權請求

專利法　第58條

發明專利權人，除本法另有規定外，專有排除他人未經其同意而實施該發明之權。

物之發明之實施，指製造、為販賣之要約、販賣、使用或為上述目的而進口該物之行為。

方法發明之實施，指下列各款行為：

一、使用該方法。

二、使用、為販賣之要約、販賣或為上述目的而進口該方法直接製成之物。

發明專利權範圍，以申請專利範圍為準，於解釋申請專利範圍時，並得審酌說明書及圖式。……（略）

發明專利權範圍的請求，以申請專利範圍為準，申請人具體請求保護的發明必須記載於**申請專利範圍**，即**申請專利範圍**應界定申請專利之發明，而申請專利範圍得包括一項以上之**請求項**，**各請求項應以明確、簡潔之方式記載，且必須為說明書所支持**，請求項係用於記載申請人認為是界定申請專利

之發明的必要**技術特徵**，且為決定是否符合專利要件、提起舉發或主張專利權等的基本單元（Basic unit）。

專利法施行細則第18條規定，發明之申請專利範圍，得以一項以上之**獨立項**表示，其項數應配合發明之內容，必要時得有一項以上之**附屬項**，獨立項應敘明申請專利之標的名稱及申請人所認定之發明之**必要技術特徵**，附屬項應敘明所依附之項號，並敘明**標的名稱**及所依附**請求項**之**技術特徵**，同法第20條規定**獨立項之撰寫，以二段式為之**，前言部分應包含申請專利之標的名稱及與先前技術共有之必要**技術特徵**，法律規定請求項以二段式撰寫，另摘要部分可以三段式撰寫，故習慣二段式、三段式結構撰寫對專利技術特徵了解非常有幫助，之後幾章將有介紹。

專利權力的依據是專利說明書的申請專利範圍（Claims），申請專利範圍為請求項組成，請求項分獨立項及附屬項，各請求項的技術手段由技術特徵組成，技術特徵為申請專利權力最基本的單位，分析專利權力可透過解析請求項及解析技術特徵等程序完成，故分析專利說明書中申請專利範圍、請求項、獨立項、附屬項、技術特徵等項目，乃了解與閱讀專利說明書重中之重。

第 7 章

發明專利說明書撰寫

　　專利權的先申請及充分揭露等原則，使專利權的主張（Claims）必須以專利說明書為基礎，熟悉專利說明書各項目的撰寫及閱讀技巧，是現代從事創作發明者必備的技能，尤其二段式、三段式撰寫是專利說明書的核心，也是了解發明專利技術特徵必備的能力，另利用細分克服法（Divide and conquer）進行技術特徵的解析，例如：系統解析成數子系統、裝置解析成模組或元件、方法解析成數步驟等技巧，專利工程師們一定要反覆的練習才能運用自如。

　　專利權的最深層的意義，是有公共利益及促進產業升級的重大意義，我們利用水波效應說明新科技對個人、社會及政治層面漸次影響，專利權與產業秩序與基本人權有關係，市場秩序是需要管理的，創新首先要文件化，專利說明書的格式有非常嚴格的規範，即專利權的價值是有要件、有規定、符合法律的規定，當今的創新研究嚴格要求文件化，專利說明書、請求項、技術特徵的撰寫乃專利權最基本的要求。

7.1　發明專利說明書的架構

專利法　第25條

申請發明專利，由專利申請權人備具申請書、說明書、申請專利範圍、摘要及必要之圖式，向專利專責機關申請之。

申請發明專利，以申請書、說明書、申請專利範圍及必要之圖式齊備之日為申請日。……（略）

專利法　第26條

說明書應明確且充分揭露，使該發明所屬技術領域中具有通常知識者，能了解其內容，並可據以實現。

申請專利範圍應界定申請專利之發明；其得包括一項以上之請求項，各請求項應以明確、簡潔之方式記載，且必須為說明書所支持。

摘要應敘明所揭露發明內容之概要；其不得用於決定揭露是否充分，及申請專利之發明是否符合專利要件。……（略）

專利法施行細則　第16條

申請發明專利者，其申請書應載明下列事項：

一、發明名稱。

二、發明人姓名、國籍。

三、申請人姓名或名稱、國籍、住居所或營業所；有代表人者，並應載明代表人姓名。……（略）

　　依據專利法第25條、第26條，專利法施行細則第16條規定，如圖7-1、7-2，有關發明專利申請書及說明書撰寫皆有一些法律規定的項目及格式，這些規定與格式有國際一定的標準。如圖7-3所示，專利申請書及說明書很容易跨國轉換，即用中文撰寫好的文件利用語文翻釋可快速轉成其他國家專利局申請文件，其實全球專利制度在國際智慧權組織（WIPO）不斷努力下跨國的專利申請障礙愈來愈少。

　　專利文件的撰寫非常關鍵，也是創新的必要步驟，能將創作的程序結構化並提供專利申請者參考，結構化程序可讓專利文件的撰寫更有效率。當然創作源頭先要有創意、有動機、有初步構想，甚至要所屬技術領域中具有通常知識者。本書提出專利說明書撰寫十步驟，讓構想文件化的步驟如下：

第一步驟：訂定「發明名稱」

第二步驟：專利檢索

第三步驟：填寫「發明專利申請書」

第四步驟：撰寫「發明摘要」

第五步驟：撰寫「技術領域」

第六步驟：撰寫「先前技術」

第七步驟：撰寫「發明內容」

第八步驟：撰寫「實施方式」

第九步驟：繪製「圖示」及撰寫「圖示簡單說明及符號說明」

第十步驟：撰寫「申請專利範圍」

發明專利申請書範例

※ 申請日：

☑ 本案一併申請實體審查

[一、發明名稱]

一、發明名稱：(中文/英文)

　　運動裝置　EXERCISE APPARATUS

[三、申請人姓名或名稱、國籍、住居所或營業所。]

二、申請人：(共　1　人)

國　　籍：　　□中華民國 □大陸地區（□大陸、□香港、□澳門）

　　　　　　　☑外國籍：　　美國　　　　　

身分種類：　　□自然人　　　　　　☑法人、公司、機關、學校

ID：　　C123456789

名稱：　　(中文) 美商…..股份有限公司

　　　　　(英文) TORSO….., INC

　　　　　　　　　　　　　　　　　　　　　　　　　　　　(簽章)

代表人：(中文) 保羅 D 弗樂

　　　　(英文) FULLER, PAUL D

　　　　　　　　　　　　　　　　　　　　　　　　　　　　(簽章)

地址：　　(中文) 美國麻州諾伍市科技路 25 號

　　　　　(英文) 25 TECHNOLOGY WAY, NORWOOD, MA

[四、委任代理人者，其姓名、事務所。]

　　◎代理人：(多位代理人時，應將本欄位完整複製後依序填寫)

　　ID：　A123456789

　　姓名：　　陳○○

　　　　　　　　　　　　　　　　　　　　　　　　(簽章)

　　證書字號：　台代字第　1234　號

　　地址：106 臺北市大安區 XX 路 XXXX

　　聯絡電話及分機：02-12345678

[二、發明人姓名、國籍。]

三、發明人：(共 1 人)(多位發明人時，應將本欄位完整複製後依序填寫)

　　ID：　　　　　　　　　　　　國籍：

　　姓名：姓：　弗樂　　　　　　名：　保羅 D

　　　　　Family name：FULLER　　　　　Given name：PAUL D

圖7-1　發明專利申請書範例（智財局範例）

　　　　　　　　　　一、發明名稱　　　　　發明專利說明書
　　　　　　　　　　　　　　　　　　　（本說明書格式、順序，請勿任意更動）
【發明名稱】運動裝置
　　　　　EXERCISE APPARATUS　　　　　二、技術領域
【技術領域】
　　　　　　　　　　　　　　　　　　　連續四位數段落編號
　　【0001】本發明係關於一種運動裝置；特別關於一種運動裝置，該裝置係利用阻力與重力運動使用者之肌肉，特別其上半身與下半身之肌肉。
【先前技術】　　　　　　　　　　　　　三、先前技術
　　【0002】已知技術之運動裝置具有一框架，供戶由跪姿位置至俯臥位置方式伸展其上半身軀幹，以增強與拉伸上半身軀幹各部位之肌肉。例如19XX年X月XX日公告之美國專利公報第XXXXXXX號中披寫之一典型裝置係包括一雙人工滑動構件，該滑動構件係可藉用戶由跪姿位置至俯臥位置或由俯臥位置至跪姿位置伸展其軀幹方式沿一滑動表面推動。
【發明內容】　　　　　　　　　　　　　四、發明內容
　　【0003】已知之運動裝置僅限於數項功能。例如，一裝置必須加施阻力方能止住一雙人工滑動構件之運動，該阻力不能依使用者之體力立即變化。而且，已知技術之裝置不能藉以提高雙人工滑動構件在其上運動之導軌方式調整阻力。此外，該已知技術之裝置不適於提供一運動方法，即特別與個別指向手臂，胸部，或腿部肌肉之方法。最後，該已知技術之裝置相當笨重及難在小儲存區儲存。
　　【0004】因此，需要發展一成本低，能提供連續阻力運動方法，可攜帶之運動裝置，其不僅能使腹部肌肉收縮，也可使使用者之肩部，手臂，胸部，背部，腿部及臀部肌肉在任何體能狀況下收縮。
　　【0005】本發明之運動裝置包括一導軌，一以滑動方式安裝在該導軌上之導軌托架，及一提供該導軌托架單一方向之不同阻力選擇的阻力系統。當加施於該導軌托架之力足以克服該阻力系統之阻力時，該導軌托架可沿該導軌以一第一方向滑動；當加施之力消失時，該導軌托架可沿該導軌以相反於第一方向之方向滑動。
　　【0006】本發明之效果能提供連續阻力運動方法，及一可攜帶之運動裝置，其不僅能使腹部肌肉收縮，也可使使用者之肩部、手臂、胸部、背部、腿部及臀部肌肉在任何體能狀況下收縮。
【圖式簡單說明】　　　　　　　　　　　五、圖示簡單說明
　　【0007】
　　第1圖係根據本發明之一運動裝置透視圖。
　　第2圖係本發明之剖視圖。
　　第3圖係本發明之局部立體分解圖。
　　第4圖係本發明之側視圖。
　　第5圖係本運動裝置底部之剖視圖。
　　第6圖係本發明使用狀態之示意圖。
　　第7圖係本發明局部輔助狀態示意圖。
　　第8圖係本發明另一使用狀態之示意圖。
　　第9圖係本發明另一之輔助使用狀態立體圖。
【實施方式】　　　　　　　　　　　　　六、實施方法
　　【0008】通常根據本發明，該最佳運動裝置包括一導軌及一導軌托架以滑動方式安裝於其上。該導軌包括一長形導軌托架，一支柱，及一穩定支撐構件。請參考第1圖與第2圖，運動裝置10包括一導軌12及一導軌托架14。導軌12包括一長形導軌構件16，其一端連接至一支柱20。穩定支撐構件17最好係安裝至導軌12，以限制運動裝置10之橫向移動。
【符號說明】　　　　　　　　　　　　　七、符號說明
　　【0009】
　　10　運動裝置　12　導軌　　14　導軌托架　16　導軌構件　17　支撐構件　20　支柱
　　32　阻力裝置　34　滑輪組件　36　導軌組件　38　環圈　41　框架組件　40　框紐
　　42　滑輪　44　把手　48　輔助裝置　52　腳踏墊　118　直立桿　124　旋紐　126　凸端
　　　　　　　　　　　　　　　　　　　申請專利範圍（包括獨立項、附屬項）
申請專利範圍
1.　一種運動裝置，包括：
　　　一基座，其至少設有一大體上平坦且形成某一角度之表面，用以放置一使用者雙腳之至少一部份；
　　　一把手，其係定位遠離該基座上；與用以提供一阻力之機構，以抵抗該把手與基座間距離之增加。
2.　根據申請專利範圍第1項之運動裝置，其進一步包括一對定位在該基座和把手間之臂狀物，該二臂狀物係可旋轉地連接至該基座。
3.　根據申請專利範圍第2項之運動裝置，其中用以在該把手和基座之間提供一阻力之機構是一條彈性繩帶，該繩帶係可鬆開地連接至該把手，且延伸穿過臂狀物和該基座。
4.　根據申請專利範圍第3項之運動裝置，其中該基座包括用以調整該彈性繩帶阻力之機構。
5.　根據申請專利範圍第4項之運動裝置，其中用以調整該彈性繩帶阻力之機構包括至少一個張力支柱，該張力支柱係由基座之一較低表面伸出。
6.　根據申請專利範圍第4項之運動裝置，其中用以調整該彈性繩帶阻力之機構包括至少一個張力掛鉤，該張力掛鉤係坐落在該基座之一較低表面上。
7.　根據申請專利範圍第1項之運動裝置，其中該把手包括多數把手砝隔。
8.　根據申請專利範圍第1項之運動裝置，其中有三個大體上平坦且形成某一角度之表面，每一表面定義一個不同之平面，用以運動不同之肌肉組合。

圖式

圖7-2　發明專利說明書範例（智財局範例）

臺灣	美國	中國	日本	歐洲	韓國
發明／創作名稱	Title of the Invention	發明名稱	發明的名稱	發明名稱	The title of Invention
摘要	Abstract	說明書摘要	摘要（課題、解決手段）	摘要	Abstract
發明／創作所屬技術領域	Field of the Invention	技術領域	發明所屬之技術領域	相關的技術領域	Technical Field
先前技術	Background of the Invention	背景技術	習知技術	背景技術	Background Art
發明／創作內容	Summary of the Invention	發明內容	發明所欲解決課題	發明內容	A detailed description Summary of Invention (Means to solve the problem, effects of invention)
實施方式	Detailed Description of the Invention	具體實施	解決課題的手段	實施方法	Description of Embodiments
圖示簡單說明	Brief Description of the Figures	附圖說明、附圖符號	圖面的簡單說明	簡要說明圖號	The brief description of drawing
主要元件符號說明	X	摘要附圖說明	符號的說明	說明圖號	X
申請專利範圍	Claim(What is claimed is)	權利要求書	申請專利範圍	請求項	Scope of claims
圖示（代表圖）	Figure	說明書附圖	圖示（代表圖）	圖示	Drawings(Representative drawing)

（臺灣欄中「發明／創作所屬技術領域」至「主要元件符號說明」合稱為「發明說明」）

圖7-3 我國與全球五大智財局專利說明書比較

　　申請者除了填寫申請書外，最重要即撰寫說明書，我們依據多年撰寫專利說明書的經驗，提出發明專利說明書撰寫十步驟，如圖7-4所示，希望建構一個標準化的步驟，創新者可容易將研究創新文件化，並可融入全球化國際化智慧財產的規範，從圖7-4，希望這般的架構能有助於創新者有效率的

步驟	步驟名稱	說　明	法律依據
一	訂定「發明名稱」	物的發明，方法的發明，用途發明，資訊科技，參考圖7-5。	專利法第58條，專利法施行細則第17條。
二	專利檢索	我國專利資訊檢索系統（twpat.tipo.gov.tw） 世界五大專利局 1. 美國專利商標局（patft.uspfo.gov） 2. 中國知識產財局（cpquery.sipo.gov.cn） 3. 歐洲專利局（worldwide.espacent.com） 4. 日本特許廳（www.j-plafpat.inpit.go.jp） 5. 韓國專利局（kipris.or.kr） WIPO資料庫（patentscope.wipo.int） Google Pateuts	
三	填寫「發明專利申請書」	申請書應載明下列事項：一、發明名稱。二、發明人姓名、國籍。三、申請人姓名或名稱、國籍、住居所或營業所；有代表人者，並應載明代表人姓名。四、委任代理人者，其姓名、事務所。	專利法施行細則第16條
四	撰寫「發明摘要」	參考圖7-12三段式撰寫法	專利法施行細則第21、22條
五	撰寫「技術領域」		專利法施行細則第17條
六	撰寫「先前技術」	申請人所知之先前技術，並得檢送該先前技術之相關資料	專利法施行細則第17條
七	撰寫「發明內容」	發明所欲解決之問題，解決問題之技術手段及對照先前技術之功效。	專利法施行細則第17條
八	撰寫「實施方式」	記載一個以上的實施方式，必要時得以實施例說明，有圖示者，應參照圖是加以說明。	專利法施行細則第17條
九	繪製「圖示」及撰寫「圖示簡單說明及符號參考」	有圖示者，應以簡明之文字依圖示之圖號順序說明圖示，應依圖號或符號順序列出圖示之主要加以說明。	專利法施行細則第17、23條
十	撰寫「申請專利範圍」	得以一項以上之獨立項表示，其項數應配合發明之內容；必要時，得有一項以上之附屬項。獨立項、附屬項應以其依附關係，依序以阿拉伯數字編號排列。獨立項應敘明申請專利之標的名稱及申請人所認定之發明之必要技術特徵。附屬項應敘明所依附之項號，並敘明標的名稱及所依附請求之技術特徵，其依附之項號並應以阿拉伯數字為主，應包含所依附請求項之所有技術特徵。	專利法第26條，專利法施行細則第18、19、20條

圖7-4　發明專利文件撰寫十步驟

撰寫說明書，各步驟說明如下：

第一步驟

訂定「發明名稱」，依據專利法第58條及專利法施行細則第17條，如圖7-5所示，專利名稱可為物的發明（包括：物品、物質），方法的發明（包括：產品製造方法、無產品的技術方法），用途發明（包括：已知物質新用途、新物質用途、物品用途），及資訊科技（包括：通訊協定、人機介面、商業模型）等共10類。一個專利名稱可屬一項，或可屬多項，如圖7-6所示，即一個專利名稱可是一種機器裝置，也同時是一種方法。

發明專利	分類		說明（範例）
物的發明	物品		具有一定空間之機器、裝置或產品等。
	物質		蛋白質、微生物機因、化學物質，或醫藥品等。
方法發明	產品製造方法		酵素、生物晶片、化合物、聚合物、醫藥、疫苗、中藥、微生物、機能食品等。
	無產品的技術方法		篩選方法、檢測方法、使用方法，例如：檢測生物晶片上螢光反應的方法。
用途發明	物質用途	已知物質新用途	舊化合物質的新醫藥用途。
		新物質用途	新化合物質新醫藥用途。
	物品用途		例如：美國專利案US6071896阿斯匹靈新用途。
資訊科技	通訊協定		例如：美國專利案US5371734「無線網路的媒體存取控制協定」。
	人機介面		例如：Apple與Samsung訴訟的三大專利案 US7469381（滾動回彈效果）、US7844915（捏掐縮放）、US7864163（占連縮放）
	商業模型		例如：1.amazon創業最重要專利，US5960411（點連構物） 2.MercExchange網上拍賣的專利 US5845265、US6085176、US6202051

圖7-5　專利名稱四大類範例與說明

類別	專利公告號	公告日期	名　　稱	申請人（個人、公司名）
物的發明－物品	I568348	2017/02/01	鴨蛋之全自動潔蛋、檢測及分類裝置	個人
	I568374	2017/02/01	拉鏈用拉頭的加壓裝置	YKK股份有限公司
	I568413	2017/02/01	生物訊號感測器	交通大學
	I568596	2017/02/01	具基合墨水位準感測器之流體賣出裝置	惠普發展公司有限責任合夥企業
	I569087	2017/02/01	攝像裝置與光場攝像鏡頭	財團法人工業技術研究院
	I1704802	2017/02/01	光學攝像鏡組、取像裝置及電子裝置	大立光電股份有限公司
	I568449	2017/02/01	油中水型乳化防曬化妝料	資生堂股份有限公司
	I568726	2017/02/01	吡啶酮衍生物及含其之醫藥品	科研製藥股份有限公司
	I568735	2017/02/01	新穎化合物	吉斯藥品公司
物的發明－物質	I568824	2017/02/01	保護黏著劑用襯料	特隆股份有限公司
	I1703639	2017/02/01	含多單位活性載體的口香糖	美佳勝肽科技股份有限公司、陳威成
	I1703798	2017/02/01	包含可酶解之基團的結合劑-活性物質共軛物（ADC）及結合劑-前藥共軛物（APDC）	拜耳製藥公司
方法發明－產品製造方式	I1703213	2017/01/16	半導體元件安裝用引線框架與半導體裝置及其製造方法	友立材料科技股份有限公司
	I1633487	2016/09/16	複合焊球、半導體封裝、半導體裝置及製造方法	聯發科技股份有限公司
	I1628567	2016/08/16	用於製造一實體牙模之方法	排列工業技術公司
	I565515	2017/01/11	從廢氣移除汙染物之方法	坎農科技公司
方法發明－無產品的技術方法	I566257	2017/01/11	將核能電廠中所含反應冷卻劑除汙之方法	電力研究協會公司
	I563916	2017/01/01	活性物質組合物用於控制動物有害物之用途	拜耳智慧財產有限公司
	I564384	2017/01/01	清潔方法及製造保養液的方法	富士軟片股份有限公司
	I564386	2017/01/01	水中鹼性組合物及處理矽基板表面之方法	巴地斯顏料化工廠
	I563252	2016/12/21	用以在不同深度位置辨認鎖相熱點的鎖相熱成像方法	DCG系統公司

類別	專利公告號	公告日期	名稱	申請人（個人、公司名）
用途發明-物質用途-已知物質新用途	I568709	2017/02/01	四氟丙烯及氫氟碳化物之似共沸組合物及其用途	哈尼威爾國際公司
	I568790	2017/02/01	用於簡易製造具有高光澤與無光澤組份之低溫韌性組份之經衝擊改質聚碳酸酯組成物	科思創德意志股份有限公司
	I566699	2017/01/21	生物膜崩裂性組成物及其用途	麥內玉潔公司
	I567061	2017/01/21	用於治療成癮之化合物	吉李德科學股份有限公司
	I567093	2017/01/21	用於膜應用的長鏈分枝分聚丙烯	柏列利斯股份有限公司
	I566699	2017/01/21	生物膜崩裂性組成物及其用途	麥內玉潔公司
用途發明-物質用途-新物質用途	I565480	2017/01/11	羽扇豆醇醋酸酯微脂體及其於製備抑制蝕骨細胞生成藥物的應用	國立陽明大學
	I565709	2017/01/11	雜環矽化合物及其用途	英菲尼提製藥股份有限公司
	I565710	2017/01/11	有機矽化合物及含該化合物之矽烷偶合劑	日產化學工業股份有限公司
	I565711	2017/01/11	吡唑衍生物的多晶型物	江蘇天士力帝益藥業有限公司
用途發明-物品用途	I565646	2017/01/11	藉由張聚交插材料捲繞玻璃帶	康寧公司
	I565863	2017/01/11	防水屋頂中脊裝置	強屋塑膠工業股份有限公司
	I565968	2017/01/11	小形狀因子攝遠相機	蘋果公司
	I564022	2017/01/01	利用IL-17拮抗劑治療牛皮癬的方法	諾華公司
	I559883	2016/12/01	具麥格纖毛線之除塵布	個人
	I560134	2016/12/01	防水透濕豬皮製成方法	連順皮革股份有限公司
資訊科技-通訊協定	I565310	2017/01/01	無線通訊系統中的視訊流送	高通公司
	I565334	2017/01/01	測量無線網路區域錯率之系統和方法	英特爾智財公司
	I561048	2016/12/01	無線通訊的方法及電子裝置	宏達國際電子股份有限公司
	I559788	2016/11/21	在無線通訊裝置中針對多重用戶身分再使用無線電路之方法及設備	蘋果公司
	I557421	2016/11/11	定位輔助方法及其電子移動裝置	金寶電子工業股份有限公司

類別	專利公告號	公告日期	名稱	申請人（個人、公司名）
資訊科技-人機介面	I545496	2016/08/11	用於調整控制件外觀之裝置、方法及圖形使用者介面	蘋果公司
	I531956	2016/05/01	用於調整控制項外觀之裝置、方法及圖形使用者介面	蘋果公司
	I563965	2017/01/01	可攜式系統及在一可攜式裝置處用於獲取一個或多個生理學量測之方法	瑞爾萊特公司
	I560607	2016/12/01	堅固附接至手持行動裝置之手持附屬裝置之顯示內容之自動旋轉	萬國商業機器公司，縮寫IBM
	I530884	2016/04/21	具有小寬幅生物感測器之分段式導引功能的電子設備及其導引方法	茂丞科技股份有限公司
資訊科技-商業模型	I545447	2016/08/11	網路表演站埠及以網路表演分享之方法	個人
	201629871	2016/08/16	結合多媒體及社群整合之APP商業方法及其裝置	漁歌展業股份有限公司
	I549731	2016/09/21	涉及累積點數的娛樂裝置及其方法	CFPH有限責任公司
	I545446	2016/08/11	與一公用雲端網路之一同使用之方法及系統	金士頓數位股份有限公司
	I482116	2015/04/21	分散式交通工具派遣方法、分散式交通工具派遣系統與分散式交通工具派遣服務商業方法	財團法人資訊工業策進會

圖7-6 最近我國各分類公告發明名稱範例

近年來隨著新的科技的發展，例如資訊科技、通訊科技、電子商務等，一些高科技公司也有非常多的專利，例如依據citiclaims網站統計，2016年美國最多專利公司排行為第一名IBM，第二名Samsung，第4名Qualcomm，第5名Google，第6名Intel，第7名LG，第8名Microsoft，第9名台積電，第10名Sony，第11名Apple，第12名Samsung Display，第13名Toshiba，第14名Amazon。如圖7-7，約有74%與資料科技有關，傳統用物、方法、用途分類非常不合適，當前專利申請案有約74%與資通訊（ITC）公司有關，資通訊（ITC）公司有的技術核心與protocol（協定）、Algorithm（演算法）、操作程序、使用者操作步驟有關，如圖7-5所示，這也是為什麼專利權的議題隨著科技的變化總是有爭議的。

本書大膽的提出新的大分類，即資通訊（ITC）科技，此領域的創新可再細分為通訊協定、人機介面及商業模型，在圖7-6中，是我國最近一年的公告專利的大類分類，希望這樣的分類讓使用者在發明創作的取名時，更能符合實際，依據專利法第58條規定，當然專利的權利是在「申請專利範圍」規定，專利名稱在法律上幾乎沒有特別的意義，但依實際創作過程中有合適的名稱，像是有明確的目標，於創作過程，可達事半功倍的效果，依據專利法第26條「充分揭露」的原則，專利說明書各請求項應明確、簡潔且必須為說明書所支持，因明確的專利名稱於審查員審查時也較容易獲得支持，資訊科技改變許多創作邏輯與程序，法律在規範這方面的智慧財產權要非常小心，這也是本書一開始，即利用水波效應來說明新科技的用心，這些衝突要透過不斷衝突解決，與人類不停思考、反省、解決，也許這過程即是一場進步，專利權的最優先目標是公共利益，希望讀者能在實踐過程中，了解與建構有益產業發展的有效率、友善的環境，本書所舉的案例皆屬此類別。

名次	申請企業	2016專利取得	2015專利取得	成長	前年名次	排名變化
1	IBM	8088	7355	9.97%	1	none
2	Samsung	5518	5072	8.79%	2	none
3	Canon KK	3665	4134	-11.34%	3	none
4	Qualcomm	2897	2900	-0.10%	4	none
5	Google	2835	2835	0.00%	5	none
6	Intel	2784	2048	35.94%	9	+3
7	LG Electronics	2428	2242	8.30%	8	+1
8	Microsoft	2398	1956	22.60%	10	+2
9	TSMC	2288	1774	28.97%	13	+4
10	Sony	2181	2455	-11.16%	7	-3
11	Apple	2102	1938	8.46%	11	none
12	Samsung Display	2023	1838	10.07%	12	none
13	Toshiba	1954	2627	-25.62%	6	-7
14	Amazon	1662	1136	46.30%	26	+12
15	Seiko Epson	1647	1620	1.67%	16	+1
16	General Electric	1646	1757	-6.32%	14	-2
17	Fujitsu	1568	1467	6.88%	19	+2

圖7-7　2016年美國專利取得件數排行榜

7.2　專利檢索：INID與IPC

第二步驟

　　專利檢索，最簡單方式用公告號、申請號、證書號檢索，此方式需已知案號，另也可用關鍵字串檢索，再搭配布林條件（例如：AND、OR、NOT）進行已公開專利說明書的全文檢索。

　　再深入可用INID代碼加關鍵字串，專利說明書各欄位有一國際標準的INID代碼，即用INID代碼以識別不同的欄位，INID是Internationally agreed Numbers for the Identification of Data的縮寫，INID代碼係以兩位數字編號，一般都會加上方括弧或圓括弧，隨後緊跟著適當的資訊內容，世界智財組織

（World Intellectual Property Organization, WIPO）專責智慧財權之相關標準工作，為使專利說明及其相關資訊有一致的用法和外觀，以利不同語言或文字間能互通資訊，即用INID代碼來標示專利說明書之書面資訊項目，如圖7-8、7-9、7-10所示，專利檢索可全文關鍵字檢索或用INID特定欄位檢索，當前WIPO、五大專利局網站，或我國智財局網站皆提供非常友善免費的檢索系統。

另依據WIPO，1971年「斯特拉斯堡協定（Strasbourg Agreement）」建立的International Patent classification（IPC），分8部（Sections），近70,000件子目（Subgroup），使用者可利用部（Sections）、類（Class）、次類（Subclass）、目（Group）、次目（Subgroup）五層架構分門別類，使用者也可用

INID Code書目資料欄位代碼	內容說明	英文說明
10	刊物的識別	Identification of the patent,SPC or patent document
11	專利號、公開號	Number of the patent,SPC or patent document
12	公報種類	Kind of document
19	國別	Office or organization publishing the document
21	申請號	Appl. No
22	申請日	Date of filing the application
30	優先權	Date relating to priority
43	公開日	Pub. Date
45	公告日	Date of Patent
51	國際專利分類號	International patent classification,IPC
54	專利名稱	Title
56	參考文獻	References Cited
57	摘要或申請專利範圍	Abstract or claim
60	法律上有關之其他國內專利文獻表示	Reference to other legally or previously domestic patent documents
71	申請人	Applicants
72	發明人、創作人	Inventors
74	代理人	Attorneys or agents

‧書目資料欄位代碼依據WIPO ST.9標準規定，
‧INID(Internationally agreed Numbers for the Identification of bibliographic Data)。

圖7-8　INID Code書目資料欄位代碼

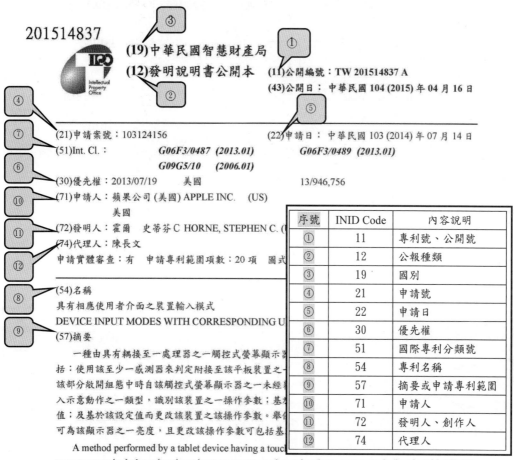

圖7-9 我國專利INID範例

A method performed by a tablet device having a touch [...]
to a processor includes using the at least one sensor to determine that a cover attached to the tablet device
is in a partially open configuration, receiving a touch input gesture from an uncovered portion of the touch
screen display when the cover is in the partially open configuration, identifying, based upon a type of the
input gesture, an operating parameter of the device, determining, based upon the input gesture, a setting
value for the operating parameter, and altering the operating parameter of the device based upon the setting
value. For example, the gesture can be a swipe, the operating parameter can be a brightness of the display,
and altering the operating parameter can include adjusting the brightness of the display based upon the value.

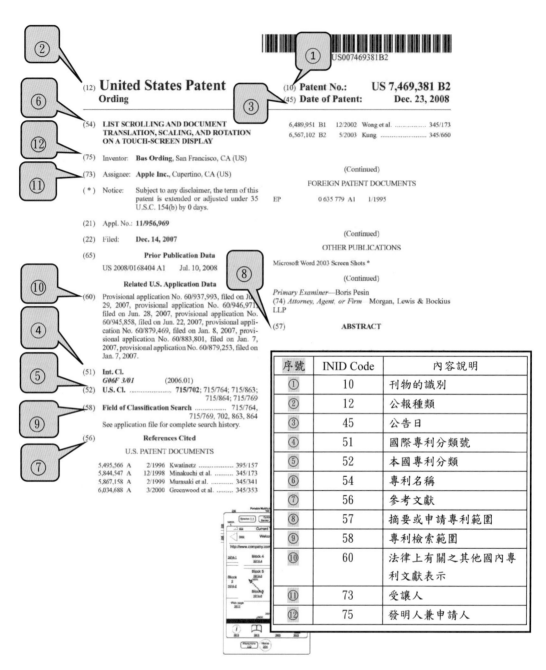

圖7-10 美國專利INID範例

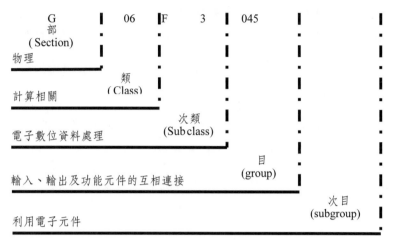

International Patent Classification(IPC)五層架構

五階階層結構，各階層具從屬關係(例如美國專利 US88094135,G06F3/045)

例如利用一個連續性的表面或是利用兩個平行的表面來產生接觸(using resistive elements ,e.g. a single continuous surface or two parallel surfaces put in contact) 。

將這五階層的解釋組合起來，相關領域的人即很容易聯想到這應該是屬於電阻式觸控面版的應用，即該專利的主要應用領域。

圖7-11　以美國US8094135 IPC分類範例

IPC的五層架構，檢索相關的專利案。如圖7-11，可用關鍵字找類似本案所屬技術領域的IPC，再用IPC找到本案的先前技術。

　　總結專利檢索，可運用包括各種案號、INID碼、IPC碼、布林條件，及關鍵字等等技巧或組合，交叉反反覆覆檢索與查詢找到目標專利案，可到我國、WIPO、全球五大智慧財產權資料庫，或各種搜尋引擎，檢索新案是否有進步性，另在「先前技術」步驟可撰寫先前相關技術特徵與缺失，申請者可依檢索的資料自己證明新申請案符合「進步性」的要件。

7.3　摘要撰寫、技術領域、發明內容

第四步驟：撰寫「發明摘要」

　　依專利法施行細則第17條規定，摘要，應簡要敘明發明所揭露之內容，並以所欲解決之問題，解決問題之技術手段及主要用途為限；其字數，以不

超過二百五十字爲原則。如圖7-12，摘要的撰寫可採三段式模式，包括**前言**（包含標的、所欲解決之問題），**主體**（包括連接詞、與一個或多個解決問題之技術手段，即技術特徵），及**主要用途**三階段的描述方式，發明專利撰寫者，應多練習這種三段式的描述方式，依專利法施行細則第17條規定發明摘要應採三段式撰寫方式，二段式撰寫與三段式結構一致僅差少了「**主要用途**」，此方式也可應用於其他步驟的內容描述。

　　主體包括連接詞、與一個或多個解決問題之**技術手段**（即技術特徵），如何將發明標的解析成一個或多個解決問題之技術特徵，可用細分克服（Divide and conquer）的解析，例如：系統解析成數子系統、裝置解析成模組或元件、方法解析成數步驟等技巧，工程師要反覆練習技術特徵解析技巧。

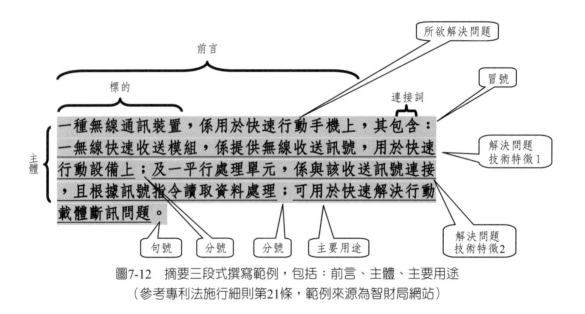

圖7-12　摘要三段式撰寫範例，包括：前言、主體、主要用途
（參考專利法施行細則第21條，範例來源爲智財局網站）

第五步驟：撰寫「技術領域」

　　技術領域（Field of Invention），技術領域用來簡要描述發明的相關技術領域，利用IPC的五層架構，包括部（Sections）、類（Class）、次類（Subclass）、目（Group）、次目（Subgroup），共有70,000個目（Group）及次目

（Subgroup），可找到很細的技術領域，另外如果採用美國專利碼中次類以及所有次目加起來，共有約150,000個分類，比IPC的分類更細，更容易找到相關「技術領域」。

第六步驟：撰寫「先前技術」

依專利法施行細則第17條規定，先前技術（Background of the Invention）為申請人所知之先前技術，並得檢送該先前技術之相關資料，盡可能記載申請人所知之先前技術，並客觀指出先前技術的問題或缺失，本內容雖未直接涉及發明的實質技術，卻是據以判斷本發明之技術特徵是否具備可專利性的重要指標，在許多國家的相關規定中均有明示，**先前技術的檢索與揭露是發明人應盡的義務**，即使完全找不到任何的先前技術可供比較，**相關技術的揭露與發明動機的描述仍然不可或缺**，對於先前技術不需對其技術內容，如結構組成再做一次詳盡的描述，只需針對本發明差異的關鍵處作一簡要的描述即可，不必冗長描述其技術內容。

第七步驟：撰寫「發明內容」

依專利法施行細則第17條規定，發明內容包含發明所欲解決之問題，解決問題之技術及對照先前技術之功效，發明內容有三個主要的核心，包括 1.**所欲解決之問題**，作為判斷必要的記述特徵的依據，應記載一個或一次以上申請專利之發明所欲解決的問題；2.**技術手段**，由技術特徵組成，作為申請專利範圍，明確且充分記載；3.**發明功效**，可被認定申請專利之發明具有進步性的重要依據，即對照先前技術之有關功效（Advantageous effect）。所謂**技術手段**，即**申請人為解決問題獲致功效所採取之技術方案**，係技術特徵所構成。所謂技術特徵，通常於物之發明為各構件及聯絡關係，於方法發明為各步驟及限制條件，亦為界定申請專利範之限定條件（Limitation）。發明內容撰寫，也可利用圖7-12三段式的架構，於第一段前言中提所欲解決之問題，於第二段主體中提出一個或一個以上的**技術特徵**，於第三段中提出發明

的主要功效（或用途），專利申請人如能多多利用這種三段式，二段式的撰寫技巧，重複練習，很容易將創意轉換成專利文件，這是非常關鍵與重要的能力。

第八步驟：撰寫「實施方式」

依專利法施行細則第17條規定，實施方式記載一個以上之實施方式，必要時得以實施例說明；有圖示者，應參照圖示加以說明，實施方式的說明要愈詳細愈好。當然若是發明人對其部分技術希望保留為營業秘密則另當別論，但保留程度應不至違反「充分揭露原則」。此部分將申請案之裝置、方法的細部構件、連接關係、操作方式予以說明，配合圖示詳細陳述申請案之細部關係，方便閱讀者自行找出所列出多個圖示中其中一個元件。發明之技術特徵除了陳述外，對於其所產生效果之原因，以及與習知技術之比較功效上予以說明，即藉此以突顯出本申請案相對於習知技術在除了在「手段」上的差異外，在「功能」與「效果」上與習知技術的不同。

第九步驟：繪製「圖示」及撰寫「圖示簡單說明及符號說明」

依專利法施行細則第17條規定，有圖者應以簡明之文字依圖示之圖號順序說明圖示，且應依圖號順序列出圖示之主要符號並加以說明。專利法施行細則第23條規定，發明之圖示應參照工程製圖方法以墨線繪製清晰，於各圖縮小至三分之二時，仍得清晰分辨圖示中各項細節，圖示應註明圖號及符號，並依圖號順序排列，除必要註記外，不得記載其他說明文字。發明專利申請案之圖示無法以工程製圖方法繪製者，若能直接再現並符合圖示所適用之規定，得以照片取代。同法第19條規定，**請求項**之**技術特徵**得引用圖示中**對應之符號**，該符號應附加於對應之技術特徵後，並置於括號內；該符號不得作為解釋請求項之限制，同法第21條亦規定，**申請人應指定最能代表該發明技術特徵之圖為代表圖**。並列出其主要符號，簡要加以說明。

7.4　申請專利範圍

專利法施行細則　第18條

發明之申請專利範圍，得以一項以上之獨立項表示；其項數應配合發明之內容；必要時，得有一項以上之附屬項。獨立項、附屬項，應以其依附關係，依序以阿拉伯數字編號排列。

獨立項應敘明申請專利之標的名稱及申請人所認定之發明之必要技術特徵。……獨立項或附屬項之文字敘述，應以單句為之。……（略）

第十步驟：撰寫「申請專利範圍」

依專利法第26條規定，申請專利範圍應界定申請專利之發明，其得包括一項以上之**請求項**，**各請求項應以明確、簡潔之方式記載，且必須為說明書所支持**。專利法施行細則第18條規定，發明之申請專利範圍，得以一項以上之**獨立項**表示，其項數應配合發明之內容；必要時，得有一項以上之**附屬項**。**獨立項**、**附屬項**，應以其依附關係，依序以阿拉伯數字編號排列，獨立項應敘明申請專利之標的名稱及申請人所認定之發明之必要**技術特徵**，附屬項應敘明所依附之項號，並敘明標的名稱及所依附請求項之**技術特徵**，其依附之項號並應以阿拉伯數字為之；於解釋附屬項時，應包含所依附**請求項**之所有**技術特徵**，依附於二項以上之附屬項為多項附屬項，附屬項僅得依附在前之獨立項或附屬項，獨立項或附屬項之文字敘述，應以單句為之。

專利法施行細則第20條規定，**獨立項**之撰寫，以二段式為之者，如圖7-13所示，**前言部分應包含申請專利之標的名稱**及先前技術共有之必要技術特徵；特徵部分應以「其特徵在於」、「其改良在於」或其他類似用語，敘明有別於先前技術之必要技術特徵，解釋獨立項時，特徵部分應與前言部分所述之技術特徵結合。

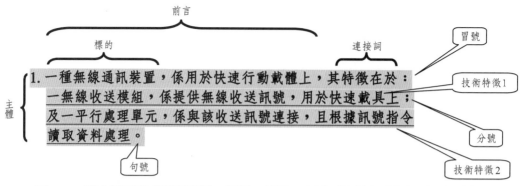

圖7-13　獨立項二段式撰寫範例，包括：前言、主體（範例來原為智財局網站）

7.5　發明專利說明書範例（一）

以本人申請專利案為例，利用「專利說明書撰寫十步驟」示範如何撰寫發明專利說明書，本人原始構想為利用掃描筆為輸入端螢幕、喇叭為輸出端，利用紙與螢幕、喇叭之間超連結如圖7-14，接下二章（即第七、八兩章）將以此例示範十步驟撰寫技巧。

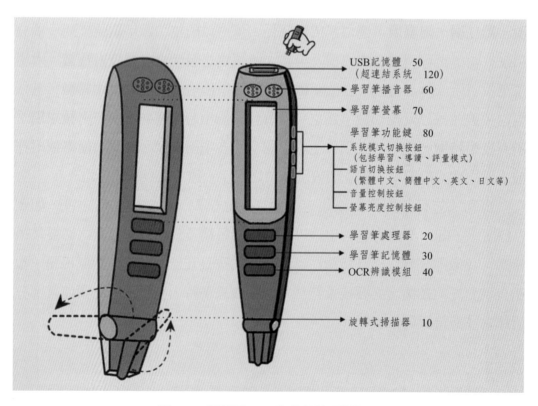

圖7-14　範例圖(1)：發明專利原始構想

第二步驟：專利檢索

搜尋已發表專利（以歐盟專利局為例，Step 2）

進入歐洲專利局網頁：http://ep.espacenet.com/?locale=en_ep

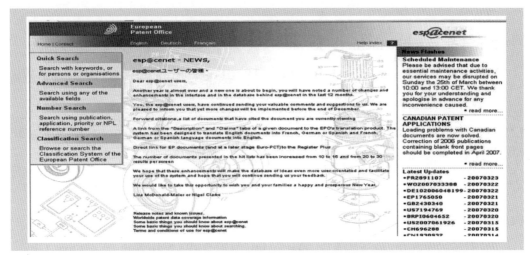

圖7-15　範例圖(2)：專利快速檢索

進入Quick Search網頁：初學者可用關鍵字查詢。

圖7-16　範例圖(3)：檢索條件輸入

　　搜尋結果找到五筆已公開專利案（包括案號、日期、發明人）與本案最相近，但比對結果有進步性：

(1) Scanning apparatus with the appearance of pen Reference

　　PN: US 2002/0158135 A1，Date: Oct. 31, 200，Inventor: Hsiu-O Hsu, (TW)

(2) Pen-type portable memory device

　　PN: US 6,522,534 B1，Date: Feb. 18, 2003，Inventor: Kuei-Turng Wu, (TW)

(3) Learning remote controller, remote control function learning system, and remote control function learning method

　　PN: P2003-87881 A，Date: Mar. 20, 2003，Inventor:野上耕治

(4) USB mobile disk-pen

　　PN: US 2005/0009388 A1，Date: Jan. 13, 2005，Inventor: Henry Chao, Taipei (TW)

(5) Speech sound learning unit having USB mobile disk interface

　　PN: CN 1619477 A，Date: Sep. 25, 2005，Inventor: ZHANG ENDI.

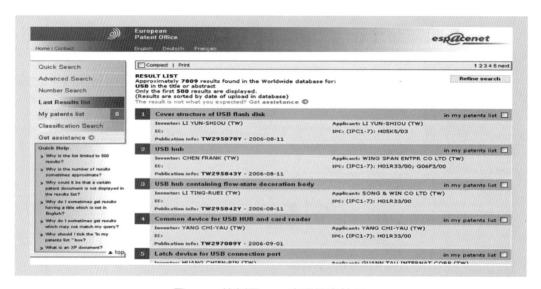

圖7-17　範例圖(4)：專利檢索結果

發明名稱、摘要及專利範圍

　　專利權攻防不僅是科技法律事務，更是企業重要經營策略，專利說明書是專有排除他人未經其同意而實施該發明之權的重要法律文件，說明書應**明確且充分揭露**，使該發明所屬技術領域中具有通常知識者能了解其內容並可據以實現，其中1.發明名稱應簡明表示所申請發明之內容；2.摘要敘明發明**所揭露之內容**及**所欲解決之問題**、**解決問題之技術手段**及**主要用途**；3.申請專利範圍為專利權的核心，界定申請專利之發明其得包括一項以上之**請求項**，各請求項應以明確、簡潔之方式記載且必須為說明書所支持，發明名稱、摘要、申請專利範圍這三部分更是專利說明書撰寫的重中之重，新學習者要重點練習。

　　第七章介紹專利說明書撰寫十步驟，其中第二步驟的發明名稱、第四步驟的發明摘要、第十步驟的申請專利範圍，為專利說明書最重要部分，初學者二段式、或三段式撰寫更為專利說明書有關技術特徵敘述最主要技巧。

8.1　發明名稱

專利法　第58條

發明專利權人，除本法另有規定外，專有排除他人未經其同意而實施該發明之權。

物之發明之實施，指製造、為販賣之要約、販賣、使用或為上述目的而進口該物之行為。

方法發明之實施，指下列各款行為：

一、使用該方法。

二、使用、為販賣之要約、販賣或為上述目的而進口該方法直接製成之物。……（略）

專利法施行細則　第17條

申請發明專利者，其說明書應載明下列事項：

一、發明名稱。

……（略）

發明名稱，應簡明表示所申請發明之內容，不得冠以無關之文字。……
（略）

　　訂定「發明名稱」，依據專利法第58條及專利法施行細則第17條，如圖7-5所示，專利名稱可為物的發明（包括：物品、物質），方法的發明（包括：產品製造方法、無產品的技術方法），用途發明（包括：已知物質新用途、新物質用途、物品用途），及資訊科技（包括：通訊協定、人機介面、商業模型）等共10類，一個專利名稱可屬一項，或可屬多項。如圖7-6所示，即發明名稱可為裝置、系統或是方法。

　　發明名稱如為裝置，則其技術特徵可為該裝置包含多個模組；發明名稱如為系統，則其技術特徵可為該系統包含多個子系統；發明名稱如為方法，則其技術特徵可為該方法中包含多個步驟，有關技術特徵的描述可用電腦科學演算法中常用細分克服法（Divide and conquer），將裝置細分成多個模組或元件、系統細分成多個子系統，或是方法細分成多個步驟。圖7-6及現成專利資料庫皆有許多範例，初學者重複練習熟能生巧讓創新撰寫成文件的效率好點。

8.2　二段式、三段式、技術特徵解析

　　二段式：包括前言、主體，二段式撰寫技巧。

　　三段式：包括前言、主體、主要用途，三段式撰寫技巧。

　　其中前言包括：標的、所欲解決問題，主體包括：連接詞、技術特徵（或解決問題技術手段），如圖7-12、7-13，以摘要的三段式中前言的標的可

為發明名稱。

二段式又稱為吉普森式（Jepson Type Claim），包括前言（Preamble）、請求主體（Body of claim），二段式撰寫前言時，必須先確定**標的**及**技術特徵**（或解決問題技術手段），然後以一**連接詞**，如包含、包括、其特徵在於、其改良在於等，來定義該專利的技術特徵（或解決問題技術手段）。這種撰寫方式明確定義出發明技術特徵，即解決問題技術手段。

三段式的撰寫方式將標的、技術特徵及用途分為三個部分，包括**前言**（Preamble）、請求**主體**（Body of claim），以及結尾的**主要用途**（Whereby clause）。

連接詞用以承接前言與主體，可分為：開放式、半開放式、封閉式、其他型式，四種方式連接詞說明如下：

1. 開放式連接詞：通常以如「包含」、「包括」表示之，英文可譯為include（including）、comprise（comprising）、或comprising essentially of。表該專利要件至少包含了主體中的元件、模組、子系統、或步驟，例如A包含B、C和D，即表示B+C+D+X都可做為A的組成方式，其中X可為任意元件或步驟。

2. 半開放式連接詞：通常以「基本上（或主要、實質上）由……組成」表示之，英文譯為consist（consisting）essentially of，表示除了主體中的元件、模組、子系統、或步驟，可以再加入其他的要件而仍包含於專利範圍之內，但重點是該要件不能改變原來專利主體所具有的特性。

3. 封閉式連接詞：通常以「由……組成」、「僅包含」表示之，英文可譯為consist of、be composed of，意指該專利主體剛剛好由主文中所描述的元件或步驟所組成，不能多也不能少，例如A由B、C和D組成，即表示B+C+D+X不可做為A的組成方式，其中X可為任意元件或步驟。

4. 其他型式連接詞：請求項若以其他連接詞記載，如「由……組、構成」（composed of）、「具有」（having）、「是」（being）等連接詞，究竟屬於開放式、封閉式或半開放式連接詞，應參照說明書上、

下文意，依各個案例予以認定，例如「一種具有二氧化碳成分之碳酸飲料」，由說明書中若可了解該碳酸飲料尚包含其他部分，則認定該連接詞「具有」為開放式連接詞。

二段式、三段式中的**主體**，主體除了**連接詞**就是**技術特徵**，如何將標的分**解成技術特徵**即**技術特徵解析**，解析可利用細分克服法（Divide and conquer），例如：系統解析成數子系統、裝置解析成模組或元件、方法解析成數步驟等技巧，例如美國US8448084 B2專利案的摘要（ABSTRACT），標的為methods包括5個技術特徵，解析圖如圖8-1，美國US5960411專利案的摘要、標的為Method and Systen包括7個技術特徵，解析圖如圖8-2，解析如下：

圖8-1為US8448084摘要解析圖，圖8-2為US5960411摘要解析圖，即將摘要的標的及各技術特徵找出來。依專利法施行細則第21條規定，專利摘要應以圖7-12三段式型式撰寫，但實務上查看大部分專利摘要仍有些許誤差，但初學者希望能遵循圖7-12三段式的架構，包括：逗號、冒號、分號、句號等標點符號，方能養成正確快速的專利說明書撰寫技巧。

以上實際案例透過三段式及技術特徵解析技術，包括：US8448084 B2專利案；US5960411專利案的摘要個案中有許多標點符號、結構沒按圖7-12、7-13的標準，但對初學者強烈建議養成習慣按圖7-12、7-13的標準結構包括：逗號、冒號、分號、句號等標點符號。

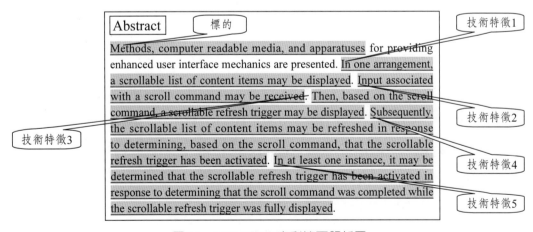

圖8-1　US8448084專利摘要解析圖

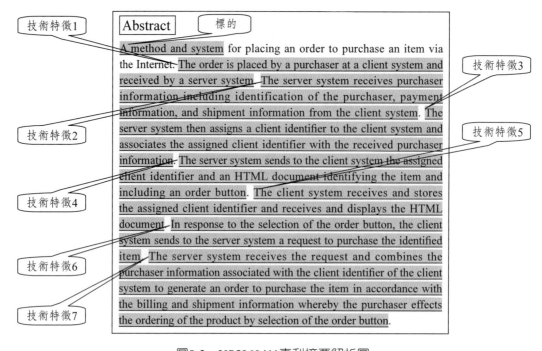

圖8-2　US5960411專利摘要解析圖

8.3　發明摘要

專利法施行細則　第21條

摘要，應簡要敘明發明所揭露之內容，並以所欲解決之問題、解決問題之技術手段及主要用途為限；其字數，以不超過二百五十字為原則；⋯⋯。（略）

依專利法施行細則第21條規定，摘要，應簡要敘明發明所揭露之內容，並以所欲解決之問題，解決問題之技術手段及主要用途為限。摘要的撰寫，可採三段式模式，包括前言（包含標的、所欲解決之問題），主體〔包括連接詞、與一個或多個解決問題之技術手段（即技術特徵）〕，及主要用途三段式的描述方式摘要三段式架構，可分析如下：

1. 解決之問題：即前言部分，包括標的，所欲解決問題。
2. 解決問題之技術手段：即主體部分，包括連接詞及一個或以上的解決

技術特徵。

　　3. 主要用途：即三段式架構中第三段，為摘要之結尾。

　　解決之問題、技術手段（即技術特徵）、主要用途三段式架構為專利法施行細則第21條規定的摘要架構，專利申請書、說明書皆為法定文件，國際上皆有嚴格規定與架構，申請人應該熟悉與了解，多多練習，包括標點符號，使創新發明容易產生有效的文件。

　　如圖7-12所示，以下為一些從我國智財局資科庫隨機選擇的案例，這些案例有三段式的樣式但仍有些缺陷，尤其是標點符號，建議初學者如圖7-12其中逗號、冒號、分號、句號嚴格遵守規範：

案例1：本發明描述了一種研磨頭，其具有：底座元件、定位環組件、夾持環和柔性膜，該夾持環具有環形上部分和環形下部分……。

案例2：一種具有噴槍的熱噴塗設備之資料管理系統，其中系統包含具有記憶體的分散配置的裝置……。

案例3：一種方法，包括提供對應至一溫度的一第一電壓；提供一第二電壓……；以及利用……；其中複數個該溫度係大體與該等數位碼呈線性關係。

案例4：本發明係有關於一種三維量測系統，係包括：有一組一維光學位移感測裝置、一組二維影像量測裝置、一成像透鏡、一第二發光源、一非偏極分光鏡、一第二偏極分光鏡及一顯微物鏡……。

案例5：一種高溫爐爐壁厚度非破壞性量測方法，包含：一……步驟、一……步驟、一……步驟，以及一……步驟。

案例6：一種導航裝置包含：一顯示幕、一記憶單元及一處理單元，記憶單元……。

案例7：一種測試系統及其放電裝置，測試系統包含：至少一電源供應模組、測試機台以及放電裝；。電源供應模組……：測試機台用以與待測元件相連接……；放電裝置包含：……；第一定電流放電單元……；第二定電流放電單元……；控制模組控制第

一及第二定電流放電單元於上……，分別自待測元件以及自電源供應模組……。

案例8：一種高頻量測裝置之轉接組件，係包含：一轉接頭，……另一端具有一環牆、一容槽及一訊號探針……且…………。

8.4　申請專利範圍

專利法施行細則　第18條

發明之申請專利範圍，得以一項以上之獨立項表示；其項數應配合發明之內容；必要時，得有一項以上之附屬項。……

獨立項應敘明申請專利之標的名稱及申請人所認定之發明之必要技術特徵。……（略）

專利法施行細則　第19條

請求項之技術特徵，除絕對必要外，不得以說明書之頁數、行數或圖式、圖式中之符號予以界定。

請求項之技術特徵得引用圖式中對應之符號，該符號應附加於對應之技術特徵後，並置於括號內；該符號不得作為解釋請求項之限制。……（略）

專利法施行細則　第20條

獨立項之撰寫，以二段式為之者，前言部分應包含申請專利之標的名稱及與先前技術共有之必要技術特徵；特徵部分應以「其特徵在於」、「其改良在於」或其他類似用語，敘明有別於先前技術之必要技術特徵。……（略）

申請專利範圍為專利權力主張的依據，非常重要，申請人應該非常用心的練習，全球每年近三百萬的申請案，其專利權力的憑據即**申請專利範**

圍，依據專利法施行細則第18條規定，「發明之申請專利範圍，得以一項以上之獨立項表示；其項數應配合發明之內容；必要時，得有一項以上之附屬項，獨立項、附屬項，應以其依附關係」，同法第20條規定，「獨立項之撰寫，以**二段式**為之者，**前言**部分應包含申請專利之**標的**名稱及與先前技術有之必要技術特徵；特徵部分應以『其特徵在於』、『其改良在於』或其他類似用語，敘明有別於先前技術之必要技術特徵。」，有關二段式撰寫方法如圖7-13包括**前言、標的、主體、連接詞、技術特徵**，其中**標點符號**（包括冒號、分號、逗點、句點），為使讀者更快速了解獨立項（請求項）及附屬項的架構。

假設一組申請專利範圍如下所示：

1. 一種拖鞋（A），包括鞋底（B）；鞋面（C）；及釘扣（D）等構件。

2. 如申請專利範圍第1項所述之鞋底，包括前底（E）、底根（F）。

3. 如申請專利範圍第1項所述之釘扣，包括前底釘扣（G）及底根釘扣（H）。

由上例可知，申請專利範圍請求項為1+2+3，其中1為獨立項，第一項（A）前言（Preamble）、轉折語（Transition）為「包括」，主體（Body of claim）、技術特徵包括B、C、D，2及3項為附屬項，其特徵分別為E+F，及G+H。

前言與技術特徵之間，一般都是用轉折語，包括包含，至少包含，主要包含（Comprise/Comprising/including），組成元素（Consisting/Consist of/Consisting of），主要組成元素為（Consisting essentially of），特別有關係，其特徵在（Characteristic in）。

專利法施行細則第18條第2項，「獨立項應敘明申請專利之標的名稱及申請人所認定之發明之必要技術特徵。」第5項「複數技術特徵組合之發明，其請求項之技術特徵，得以手段功能用語或步驟功能用語表示。」第6項「獨立項或附屬項之文字敘述，應以單句為之。」第20條「獨立項之撰寫，以二段式為之者，前言部分應包含申請專利之標的名稱及與先前技術共有之必要技術特徵；特徵部分應以『其特徵在於』、『其改良在於』或其他類似用語，敘明有別於先前技術之必要技術特徵。解釋獨立項時，特徵部分應與前言部分所述之技術特徵結合。」

由以上的法條規定，獨立項撰寫要注意下列事項：

1. 敘明申請專利**標的**及發明之必要技術特徵。

2. 敘明有別於先前技術之**必要技術特徵**。

3. **技術特徵組合**，得以手段功能或步驟功能。

另外，也規定獨立項應以單句爲之，並建議得以二段式又可稱爲吉普森式（Jepson Type claim），另一般技術特徵，如果是「物」的發明，說明的是其結構等特徵；若爲「方法」的發明，說明的是條件及步驟，若爲「資訊科技」，說明可是系統的子系統，或步驟的流程圖等，圖8-3爲US8448084申請專利範圍（Chaims）第一項的解析標的爲方法（Method）及4個技術特徵，圖8-4爲US5960411申請專利範圍（Claims）第一項的解析標的爲方法（Method）及7個技術特徵。

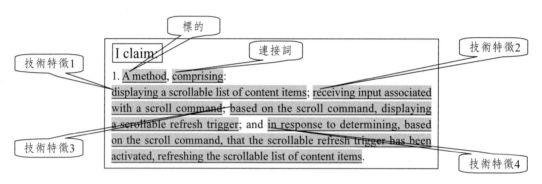

圖8-3　US8448084專利申請專利範圍第一請求項解析圖

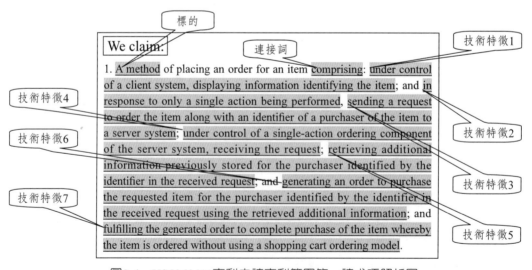

圖8-4　US5960411專利申請專利範圍第一請求項解析圖

　　依專利法第26條第2項規定，「申請專利範圍應界定申請專利之發明；其得包括一項以上之請求項，各請求項應以明確、簡潔之方式記載，且必須爲說明書所支持。」**明確、簡潔、充分揭露**爲**申請專利範圍**各**請求項**（包括**獨立項、附屬項**）撰寫的原則，注意架構（如獨立項、附屬項、二段式等），不用太多描述或形容詞，更能建構出明確且較無限縮的專利權，言簡意賅，明確簡潔，且又要充分揭露，這中間拿捏乃**申請專利範圍**撰寫最精深技巧所在，要不斷多次嘗試才可領略其中奧祕，另**附屬項**，包括其所**依附之獨立項**的所有技術特徵外，另外增加的技術特徵，依據其所依附的獨立項所載的技術手段進一步的限定，故附屬項之保護範圍必然落在所依附之獨立項的範圍內，獨立項及附屬項皆爲申請專利範圍的請求項，專利說明書中「專利申請範圍」是最核心最重要的部分，是專利權力的依據，甚至是往後專利訴訟權力主張的基礎，企業的專利布局，專利迴避，專利保壘建構也是依此爲基石，是最關鍵的部分，所以104年第11次修法即將**申請專利範圍**獨立於說明書其他項目之外，可見其重要性，國際有關專利檢索也是將**申請專利範圍**（claims）置於首頁之後，也可見其重要性。

【申請專利範圍・範例1】

　　1. 一種空調裝置，包含有風向情節；及風量調節機構……。（獨立項）

　　2. 如請求項1之空調裝置，其中之風向調節機構係……。（單項附屬方式記載之附屬項）

　　3. 如請求項1或2之空調裝置，其中之風量調節機構係……。（多項附屬方式記載之附屬項）

【申請專利範圍・範例2】

　　1. 一種用於自制程氣流部分移除汙染物之方法，其包含以下步驟：
　　　將製程氣流分離……，饋入臭氣……，及將……饋入洗滌器……。
　　　（獨立項）

　　2. 如申請專利範圍第1項之方法，其包括……。（附屬項）

【申請專利範圍‧範例3】

　　1.一種背光板，包含一玻璃基板……。（獨立項）

　　2.一種液晶顯示元件，包含如請求項1之背光板。（附屬項）

【申請專利範圍‧範例4】

　　1.一種高溫熔爐壁厚度非破壞性量測方法，包括測量步驟、加溫步驟、加料步驟，以及再調溫步驟。（獨立項）

　　2.如請求項1之測量步驟，其包含……。（附屬項）

【申請專利範圍‧範例5】

　　1.一種呼吸輔系統，包含：一呼吸偵測裝置……；一收音裝置……；一氣供應裝置……；以及一處理裝置……，該氣流供應裝置產生該氣流至該目標對象之一呼吸器官。（獨立項、系統）

　　2.如請求項1所述之呼吸輔助系統，其中該處理裝置內儲一演算法……。（附屬項）

　　……

　　5.一種呼吸輔助方法，該呼吸輔助方法，包含有以下步驟：步驟1：……；步驟2：……；步驟3：……；步驟4：……。（獨立項、方法）

　　6.如請求項5所述之呼吸輔助方法，其中步驟1……。（附屬項）

【申請專利範圍‧範例6】

　　1.一種藥物輸送裝置，包含：感測器裝置……；記憶裝置……；通訊裝置……。（獨立項、裝置）

　　2.如申請專利範圍第1項之感測裝置，其中……。（附屬項）

　　……

　　8.一種追蹤藥物輸送裝置之使用者行為的方法，包含下述步驟：偵測萬物輸送裝置的動作；將記錄裝置資料儲存……；和評估該使用者行為……。（獨立項、方法）

　　圖8-5這種傳統申請專利範圍的架構，尚無法精準描述附屬項的附屬項的關係，故提出申請專利範圍權力分析圖，如圖8-6，描述**請求項、獨立項、附屬項**（包含獨立項的附屬項，附屬項的附屬項，及各項的附屬項），如下範例：

【申請專利範圍‧範例7】

1. 一種行動購物資訊系統，包括人機界面模組……；資料處理模組……；及資料庫……，可供行動手機上購物的商務系統。（獨立項）

2. 如請求1之人機介面模組，包含單指下單介面資料運算等子模組，雙指下單介面。（附屬項）

3. 如請求1之資料處理模組，包含通訊協定模組，資料運算子模組。（附屬項）

4. 如請求2或3之資料運算模組，其中包含……。（2、3之附屬項）

5. 一種行動購物方法，包括步驟1……；步驟2……；步驟3……。（獨立項）

6. 如請求項5之步驟1，包括步驟1-1，步驟1-2之子步驟。（附屬項）

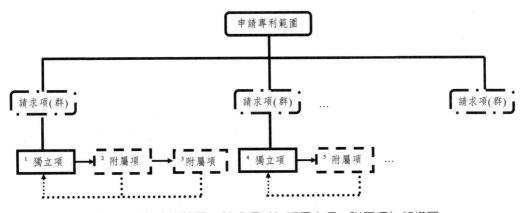

圖8-5　申請專利範圍，請求項（包括獨立項、附屬項）架構圖

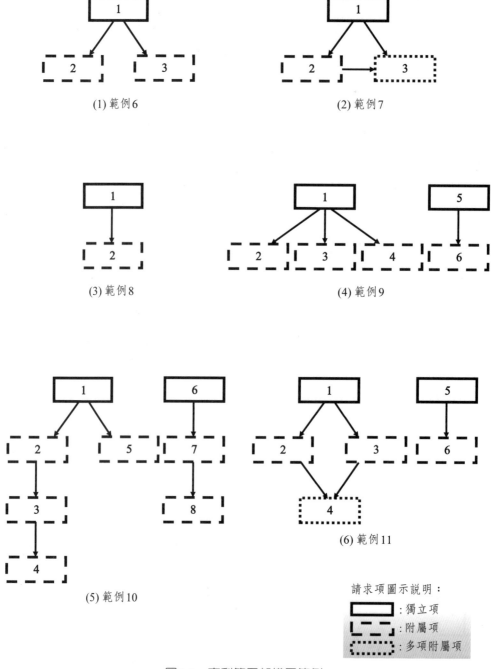

圖8-6　專利範圍架構圖範例

8.5　發明專利說明書範例（二）

　　延續上一章本人申請專利案為例，利用「專利說明書撰寫十步驟」示範如何撰寫發明專利說明書，包括：發明名稱、發明摘要、技術領域、先前技術、發明內容、繪製「圖示」及撰寫「圖示簡單說明及符號說明」、申請專利範圍的撰寫如下：

第一步驟：訂定「發明名稱」

> USB行動學習筆/ Method and Apparatus for USB Mobile Learning Pen

圖8-7　範例圖(4)：專利名稱訂定

第四步驟：撰寫「發明摘要」

　　採用三段式發明摘要撰寫方式，包括：前言（標的、欲解決之問題）、主體（連接詞，旋轉式掃描頭、學習筆、超媒體編輯器、超媒體教學系統等技術特徵）、主要用途：

> 五、中文發明摘要（Step4）
> 　　一種USB行動學習筆的系統與方法，特別有關於利用光學字元辨識系統（Optical Character Recognition: OCR）與通用序列匯流排（Universal Serial Bus: USB）為基礎的行動學習，包括：旋轉式掃描頭，適應各種文件呈現的環境可彈性旋轉的掃描頭，讓學習筆用戶在掃描文件時能與電腦編輯完成的超媒體教學系統互動播放數位內容；學習筆，內含處理器、學習筆記憶體、USB記憶體、學習筆播音器、學習筆螢幕、學習筆功能鍵等元件；超媒體編輯器，建構實體文件與數位內容超連結關係，讓實體文件可互動播放的數位內容；超媒體教學系統，包括教學與導讀資料庫、特徵與關鍵字資料庫、超連結關係等子系統，可提供學習筆互動數位內容的操作平臺。

圖8-8　範例圖(5)：發明摘要

第五步驟：撰寫「技術領域」

【發明所屬之技術領域】（Step5）

[xxxx]本發明系有關於一種USB行動學習筆的系統與方法，特別有關於利用光學字元辨識系統（OCR）與通用序列匯流排（USB）為基礎的行動學習筆的系統與方法，利用USB記憶體將電腦上編輯完成的超媒體教學系統插入學習筆的USB插槽上，亦可用無線通用序列匯流排（Wireless USB），依據學習筆上光學字元辨識系統所辨識的特徵字，讓學習筆用戶在掃描文件或實體時能與電腦編輯完成的超媒體教學系統互動播放更豐富的數位內容，使學習筆不僅於文字辨識也可進行超媒體教學與導讀功能，利用USB記憶體的傳遞與電腦的編輯，系統可將一般廣用的書本、文件、報章、雜誌、或實體等教學與導讀的超媒體內容置於USB記憶體上，插入USB記憶體學習筆可隨時、隨地、隨身使用，另適應各種文件呈現的環境本案特別設計可彈性旋轉的掃描頭，辨識器的掃描頭可多段式旋轉，讓學習筆擁有超媒體行動學習的功能，本案學習筆包括學習筆旋轉式掃描頭10，學習筆OCR辨識器20，學習筆處理器30，學習筆記憶體40，USB記憶體50，學習筆播音器60，學習筆螢幕70，學習筆功能鍵80；本案學習筆教學與導讀的超媒體內容是在電腦進行編輯包括教學與導讀資料庫90，特徵與關字資料庫100，超連結編輯器110，超媒體系統120等子系統，可提供學習筆更豐富互動數位內容的操作平臺，讓學習筆的應用更豐富更為有效率。

圖8-9　範例圖(6)：技術領域

第六步驟：撰寫「先前技術」

【先前技術】（Step6）

[xxxx]隨著消費電子產品的成熟，各種電子書、學習筆、掃描筆、電子學習玩具等有互動性的電子產品非常多樣且普及，習知電子書或學習筆為能更一般化提供多種各類書籍學習，對不同書本皆配有不同惟讀記憶體，但習知學習筆功能有限無法包含更豐富的有超連結功能的數位媒體內容，先前有關USB學習筆的專利如下：

1. 2005年1月13日公開的公告號為US2005009388號的專利，「USB mobile disk-pen」，揭示一種有光束行動USB記憶體光碟筆，將光碟筆可插入電腦USB槽，利用PCB上的LED光碟筆的燈泡可顯示USB的運作情形。

2. 2002年10月31日公開的公告號為US2002158135號的專利，「Scanning apparatus with the appearance of pen」，揭示一種利用OCR技術辨識箱上較小文件轉換成數位檔案，並傳送至電腦、PDA、手機等裝置編輯的系統。

3. 2003年2月18日公開的公告號為US6522534號的專利，「Pen-type portable memory device」，揭示一種行動筆型式的記憶體的媒體的傳送系統。

4. 2005年5月25日公開的公告號為CN1619477號的專利，「Speech sound learning unit having USB mobile disk interface」，揭示一種有USB的語言學習系統，包括有USB槽、USB介面、麥克風、D/A轉換器、電源器。

5. 2003年3月20日公開的公告號為JP2003087881號的專利，「Learning remote controller, remote control function learning system, and remote control function learning method」，揭示一種遠端學習、遠端控制系統、遠端控制方法，提供超友善性的學習遠端控制功能的系統。

[xxxx]習知各系統未考量用戶編輯超連結功能，及如何運用可攜性記憶體提供學習筆更豐富的媒體超連結的問題，提供使用者透過可攜性學習筆隨時、隨地、隨各種型式與紙上傳統媒體之間互動的平臺，提供紙上傳統媒體與可攜性學習筆上數位媒體之間的超連結功能，因此本發明針對上述之需求，乃特潛心研究並配合學理之運用，提出一種USB行動學習筆的系統與方法，特別有關於利用光學字元辨識系統（OCR）與通用序列匯流排（USB）為基礎的行動學習筆的系統與方法之發明。

圖8-10　範例圖(7)：先前技術

第七步驟：撰寫「發明內容」

【發明內容】（Step7）

[xxxx]鑒於以上所述的情況，本發明系有關於一種USB行動學習筆的系統與方法，特別有關於利用光學字元辨識系統（OCR）與通用序列匯流排（USB）為基礎的行動學習筆的系統與方法，利用USB記憶體將電腦上編輯完成的超媒體教學系統插入學習筆的USB插槽上，亦可用無線通用序列匯流排（Wireless USB），依據學習筆上光學字元辨識系統所辨識的特徵字，讓學習筆用戶在掃描文件時能與電腦編輯完成的超媒體教學系統互動播放更豐富的數位內容，使學習筆不僅於文字辨識也可進行超媒體教學與導讀功能，利用USB記憶體的傳遞與電腦的編輯，系統可將一般廣用的書本、文件、報章、雜誌等教學與導讀的超媒體內容置於USB記憶體上，插入USB記憶體學習筆可隨時、隨地、隨身使用，本案於學習筆包括學習筆旋轉式掃描頭10，學習筆OCR辨識器20，學習筆處理器30，學習筆記憶體40，USB記憶體50，學習筆播音器60，學習筆螢幕70，學習筆功能鍵80，本案學習筆教學與導讀的超媒體內容是在電腦進行編輯包括教學與導讀資料庫90，特徵與關鍵字資料庫100，超連結編輯器110，超媒體系統120等子系統，可提供學習筆更豐富互動數位內容的操作平臺，讓學習筆的應用更豐富更為有效率。

圖8-11　範例圖(8)：發明內容

第八步驟：撰寫「實施方式」

【實施方式】（Step8）

[xxxx]本發明系一種USB行動學習筆的系統與方法，特別有關於利用光學字元辨識系統（OCR）與通用序列匯流排（USB）為基礎的行動學習筆的系統與方法，利用USB記憶體將電腦上編輯完成的超媒體教學系統插入學習筆的USB插槽上，依據學習筆上光學字元辨識系統所辨識的特徵字，讓學習筆用戶在掃描文件或實體時能與電腦編輯完成的超媒體教學系統互動播放更豐富的數位內容，使學習筆不僅於文字辨識也可進行超媒體教學與導讀功能，利用USB記憶體的傳遞與電腦的編輯，如圖三所示，系統可將一般廣用的書本、文件、報章、雜誌、或實體等教學與導讀的超媒體內容置於USB記憶體上，插入USB記憶體使學習筆可隨時、隨地、隨身使用，讓學習筆擁有超媒體行動學習的功能，另適應各種文件呈現的環境本案特別設計可彈性旋轉的掃描頭，請參照第二圖，辨識器的掃描頭可為旋轉式掃描頭，本案

學習筆包括旋轉式掃描頭、OCR辨識器、處理器、記憶體、USB記憶體、播音器、螢幕、功能鍵、資料庫、編輯器、超媒體系統等，整體性的解決方案，提供紙上傳統媒體與學習筆上數位媒體之間的超連結功能，各子系統建構說明如下：

(1)學習筆旋轉式掃描頭10：……略。

(2)學習筆OCR辨識器20：……略。

(3)學習筆處理器30：……略。

(4)學習筆記憶體40：……略。

(5)USB記憶體50：……略。

(6)學習筆播音器60：……略。

(7)學習筆螢幕70：……略。

(8)學習筆功能鍵80：……略。

(9)教學與導讀資料庫90：……略。

(10)特徵與關字資料庫100：……略。

(11)超連結編輯器110：……略。

(12)超媒體系統120：……略。

圖8-12　範例圖(9)：實施方式

第九步驟：繪製「圖示」及撰寫「圖示簡單說明及符號說明」(1)

共有六張圖示，第一圖為代表圖：

【圖式簡單說明】

第一圖：USB行動學習筆的系統示意圖。

第二圖：各種文件呈現的環境示意圖。

第三圖：實體掃描學習範例示意圖。

第四圖：學習筆OCR辨識器執行步驟流程圖。

第五圖：超連結編輯器執行步驟流程圖。

第六圖：USB行動學習筆學習的系統流程圖。

【主要元件符號說明】

學習筆旋轉式掃描頭……10

學習筆OCR辨識器……20

學習筆處理器……30

學習筆記憶體……40

USB記憶體……50

學習筆播音器……60

學習筆螢幕……70

學習筆功能鍵……80

教學與導讀資料庫……90

特徵與關鍵字資料庫……100

超連結編輯器……110

超媒體系統……120

圖8-13　範例圖(10)：「圖示」及「圖示──說明」

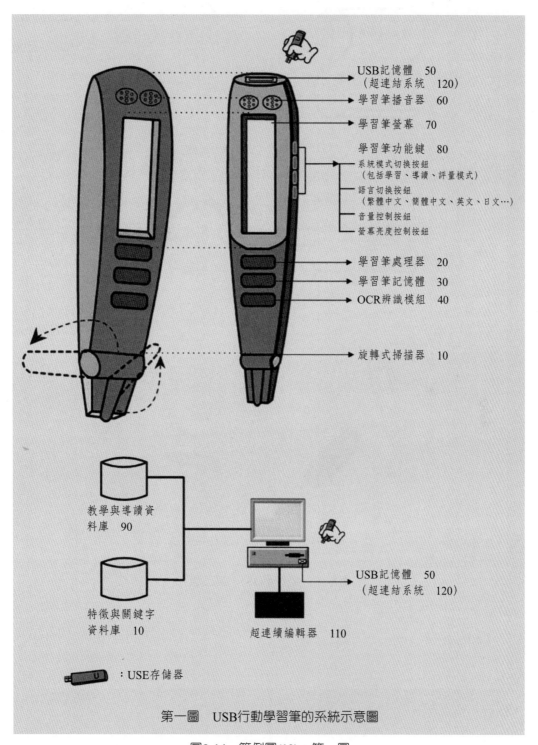

第九步驟：圖示(2)

第一圖　USB行動學習筆的系統示意圖

圖8-14　範例圖(12)：第一圖

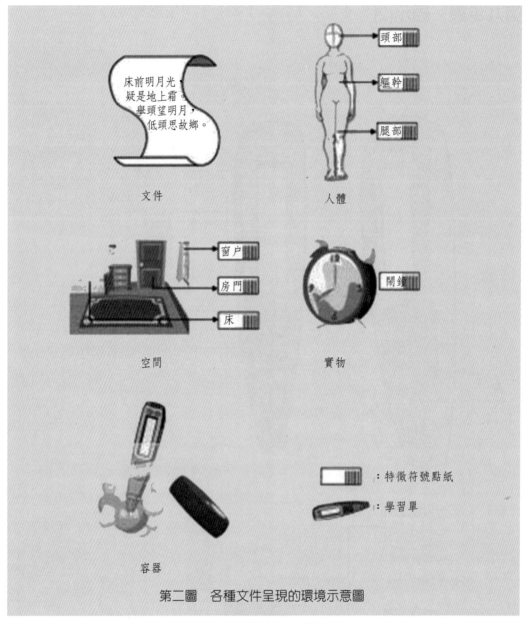

文件

床前明月光，
疑是地上霜。
舉頭望明月，
低頭思故鄉。

人體
頭部
軀幹
腿部

空間
窗戶
房門
床

實物
鬧鐘

容器

：特徵符號貼紙

：學習單

第二圖　各種文件呈現的環境示意圖

圖8-15　範例圖(13)：第二圖

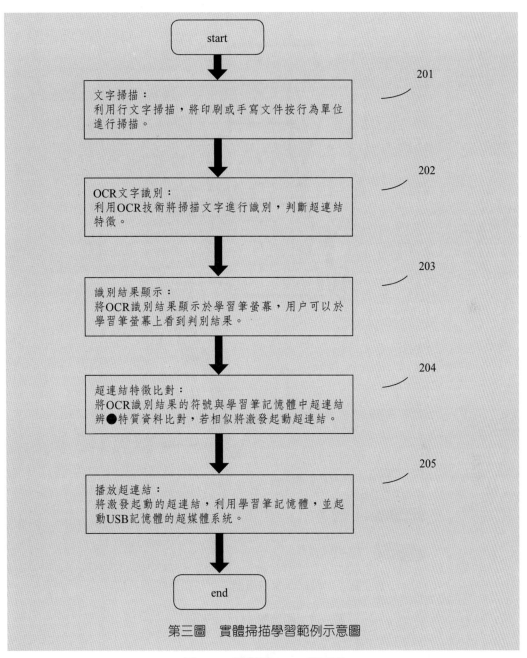

第三圖　實體掃描學習範例示意圖

圖8-16　範例圖(14)：第三圖

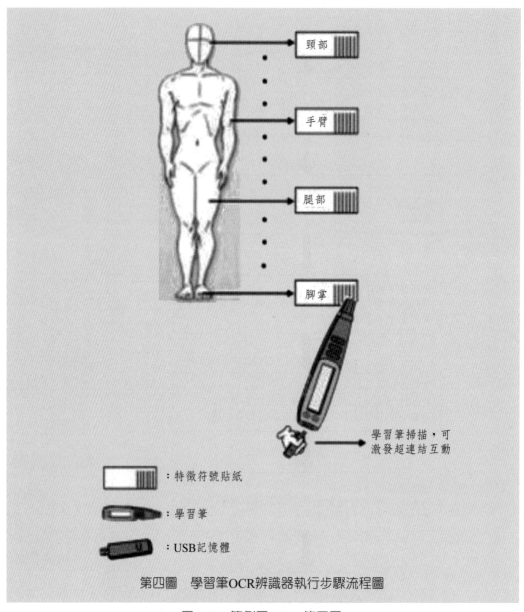

第四圖　學習筆OCR辨識器執行步驟流程圖

圖8-17　範例圖(15)：第四圖

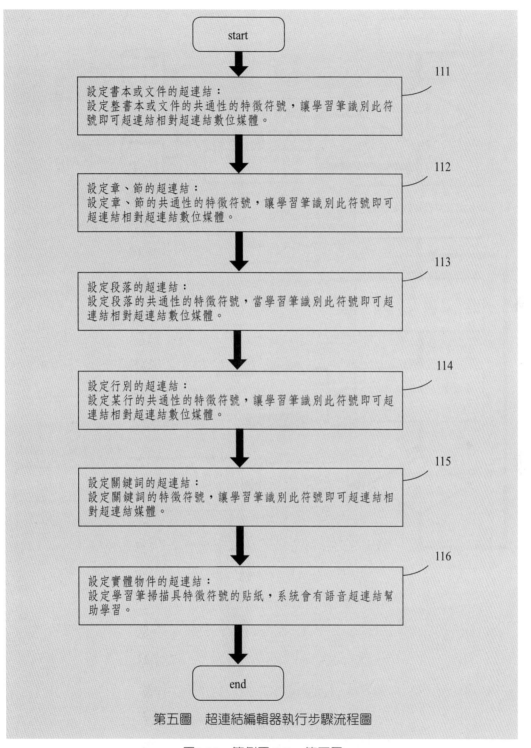

第五圖　超連結編輯器執行步驟流程圖

圖8-18　範例圖(16)：第五圖

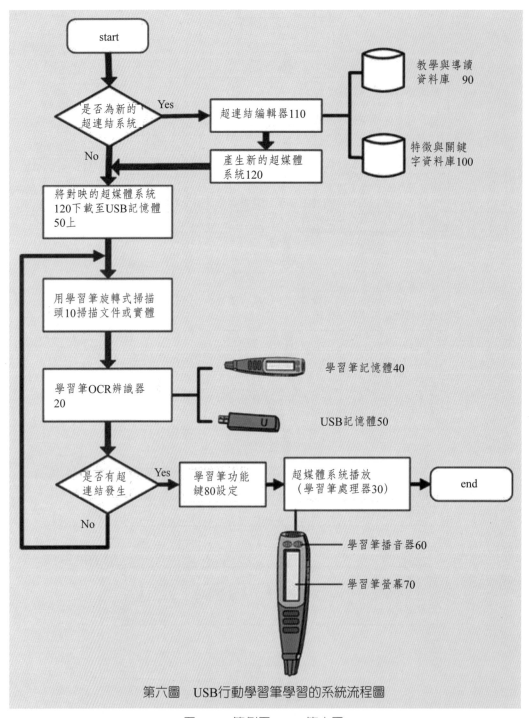

第六圖　USB行動學習筆學習的系統流程圖

圖8-19　範例圖(17)：第六圖

第十步驟：撰寫「申請專利範圍」，共有十二請求項，其中三項為獨立項，九項為附屬項，獨立項皆以二段式撰寫方式，包括：前言（標的、所欲解決問題）、主體（連接詞、多個技術特徵）。

1. 一種USB行動學習筆的系統，特別有關於利用光學字元辨識系統與通用序列匯流排為基礎的行動學習，包括：旋轉式掃描頭，適應各種文件呈現的環境可彈性旋轉的掃描頭，讓學習筆用戶在掃描文件時能與電腦編輯完成的超媒體教學系統互動播放數位內容；學習筆，內含處理器、學習筆記憶體、USB記憶體、學習筆播音器、學習筆螢幕、學習筆功能鍵等元件；超媒體編輯器，建構實體文件與數位內容超連結關係，讓實體文件可互動播放的數位內容；超媒體教學系統，包括教學與導讀資料庫、特徵與關鍵字資料庫、超連結關係等子系統，可提供學習筆互動數位內容的操作平臺。

2. 如申請專利範圍第1項所述一種旋轉式掃描頭，其中學習筆旋轉式掃描頭，為系統用戶端（Client）裝置，掃描頭為適應各種文件或實體呈現的環境本案可彈性旋轉的掃描頭，辨識器的掃描頭為旋轉式轉頭，可掃描任何角度的文件呈現方式，掃描頭為旋轉式轉頭可讓用戶彈性調整掃描頭與學習筆螢幕角度組合，如此即使不規則掃描平面上的特徵符號亦可識別。

3. 如申請專利範圍第1項所述一種學習筆，內含處理器、學習筆記憶體、USB記憶體、學習筆播音器、學習筆螢幕、學習筆功能鍵等元件，其中USB記憶體，為超媒體系統的儲存裝置，是學習筆與電腦之間數位媒體的傳送資訊的媒介，是跨學習筆與電腦之間通訊的機置。

4. 如申請專利範圍第1項所述一種超媒體編輯器，為建構實體文件和數位內容超連結系統，是學習筆與電腦之間數位媒體的傳送資訊的媒介，是跨學習筆與電腦之間通訊的機置，一端為傳送方則另一端則為接收方，本模組主要為超媒體系統的超媒體編輯器。

5. 如申請專利範圍第1項所述超媒體教學系統，包括教學與導讀資料庫、特徵與關鍵字資料庫、超連結關係等子系統，其中教學與導讀資料庫，系統將製作完成教學與導讀超連結系統、有結構的整理儲存成一個完整的資料庫，其可於閱讀筆與電腦之間超連結，閱讀筆用戶可經由無線網路即時下載教學與導讀超連結系統，讓傳統紙或實體上文件與電腦上數位媒體之間的具有超連結功能，系統有後台資料管理、維護模組：包括有(1)許可權功能：提供給不同的操作者管理及維護的各種許可權，高級操作者擁有最高的許可權，他可以修改已存在於資料庫中的所有資料值，(2)檢索功能：提供給各種許可權的操作者檢索的功能，檢索分為單一檢索及組合檢索。

6. 如申請專利範圍第5項所述一種特徵與關鍵字資料庫，系統利用超連結代號激發跨學習筆的超連結功能，本資料庫將有系統、有結構整理儲存成一個完整的超連結資料庫，將超連結編輯器所編輯製作新定義學習筆的超連結特徵符號，這些特徵與關鍵字包括書本或文件、章、節、段落、行別、關鍵詞等的超連結特徵符號，可為系統預定，亦可為用戶自訂，這些超連結特徵與關鍵字將儲存於此資料庫，學習筆超連結的判別將以此資料庫為依據，當前常用超連結特徵符號將儲存於學習筆的記憶體中，如此可建立紙上傳統媒體與學習筆上數位媒體之間的超連結功能。

7. 一種USB行動學習筆的方法，特別有關於利用光學字元辨識系統與通用序列匯流排為基礎的行動學習，包括：建置旋轉式掃描頭，適應各種文件呈現的環境可彈性旋轉的掃描

頭，讓學習筆用戶在掃描文件時能與電腦編輯完成的超媒體教學系統互動播放數位內容；建置學習筆，內含處理器、學習筆記憶體、USB記憶體、學習筆播音器、學習筆螢幕、學習筆功能鍵等元件；開發超媒體編輯器，建構實體文件與數位內容超連結關係，讓實體文件可互動播放的數位內容；開發超媒體教學系統，包括教學與導讀資料庫、特徵與關鍵字資料庫、超連結關係等子系統，可提供學習筆互動數位內容的操作平臺。

8. 如申請專利範圍第7項所述建置一種旋轉式掃描頭的方法，其中建置學習筆旋轉式掃描頭，為系統用戶端（Client）裝置，掃描頭為適應各種文件或實體呈現的環境本案可彈性旋轉的掃描頭，辨識器的掃描頭為旋轉式轉頭，可掃描任何角度的文件呈現方式，掃描頭為旋轉式轉頭可讓用戶彈性調整掃描頭與學習筆螢幕角度組合，如此即使不規則掃描平面上的特徵符號亦可識別。

9. 如申請專利範圍第7項所述開發一種超媒體編輯器的方法，為建構實體文件和數位內容超連結系統，是學習筆與電腦之間數位媒體的傳送資訊的媒介，是跨學習筆與電腦之間通訊的機置，一端為傳送方則另一端則為接收方，本模組主要為超媒體系統的超媒體編輯器。

10. 如申請專利範圍第7項所述開發一種超媒體教學系統的方法，包括教學與導讀資料庫、特徵與關鍵字資料庫、超連結關係等子系統，其中教學與導讀資料庫，系統將製作完成教學與導讀超連結系統、有結構的整理儲存成一個完整的資料庫，其可於閱讀筆與電腦之間超連結，閱讀筆用戶可經由無線網路即時下載教學與導讀超連結系統，讓傳統紙或實體上文件與電腦上數位媒體之間的具有超連結功能，系統有後台資料管理、維護模組：包括有(1)許可權功能：提供給不同的操作者管理及維護的各種許可權，高級操作者擁有最高的許可權，他可以修改已存在於資料庫中的所有資料值，(2)檢索功能：提供給各種許可權的操作者檢索的功能，檢索分為單一檢索及組合檢索。

11. 如申請專利範圍第10項所述開發一種特徵與關鍵字資料庫的方法，系統利用超連結代號激發跨學習筆的超連結功能，本資料庫將有系統、有結構整理儲存成一個完整的超連結資料庫，將超連結編輯器所編輯製作新定義學習筆的超連結特徵符號，這些特徵與關鍵字包括書本或文件、章、節、段落、行別、關鍵詞等的超連結特徵符號，可為系統預定，亦可為用戶自訂，這些超連結特徵與關鍵字將儲存於此資料庫，學習筆超連結的判別將以此資料庫為依據，當前常用超連結特徵符號將儲存於學習筆的記憶體中，如此可建立紙上傳統媒體與學習筆上數位媒體之間的超連結功能。

12. 一種USB行動學習筆的系統與方法的儲存媒體，特別有關於利用光學字元辨識系統與通用序列匯流排為基礎的行動學習，包括：建置旋轉式掃描頭，適應各種文件呈現的環境可彈性旋轉的掃描頭，讓學習筆用戶在掃描文件時能與電腦編輯完成的超媒體教學系統互動播放數位內容；建置學習筆，內含處理器、學習筆記憶體、USB記憶體、學習筆播音器、學習筆螢幕、學習筆功能鍵等元件；開發超媒體編輯器，建構實體文件與數位內容超連結關係，讓實體文件可互動播放的數位內容；開發超媒體教學系統，包括教學與導讀資料庫、特徵與關鍵字資料庫、超連結關係等子系統，可提供學習筆互動數位內容的操作平臺。

圖8-20　範例圖(11)：申請專利範圍

第3篇

專利權策略

第 9 章

專利檢索

　　世界各國的專利資料庫加總每年有幾百萬份的專利說明書的增加是人類最大的知識庫，是人類智慧最精華最具體的代表。如圖1-7，各階段各類研發人員皆需要有進行專利檢索，包括第一階段第二步驟，第二階段第四步驟，及第三階段第六步驟，各國皆有非常完整標準化、一致性、長期的、國際的、分類精細的電子資料庫，圖7-7、7-10，其完整性、方便性更勝任何學術期刊、雜誌，現今的研發人員一定要熟悉專利檢索，不管是創新發想，研究設計，市場策略，智財攻防等階段皆要依據各種公開專利說明書，而且這種趨勢愈來愈明顯。

9.1　WIPO及五大智財局資料庫

　　世界主要的專利資料庫，包括：世界智財組織（WIPO）、世界五大智財局〔美國（US）、歐州（EP）、中國（CN）、日本（JPO）、韓國（KR）〕、我國智慧財產局（TW），這些屬國際組織或政府支持的專利資料庫，內容很豐富也提供友善的介面，這些官方網站已經可提供各種專利檢索功能，這些資料庫是人類最大的知識庫，熟悉及快速查尋是創新者重要步驟。

一、世界知識產權組織（WIPO）資料庫（上網日期 2003/02/18）

　　智慧產權電子圖書館（Inlellectual Property Digital library）由世界智慧產權組織（WIPO）建立，主要在推動世界各國的智慧產權組織進行智慧產權信息的交流，為世界各國提供智慧產權資料庫檢索服務。

　　內容包括：PCT電子公報（PCTE1ectronic Gazette）、馬德里決報資料庫（Madrid Express Database）、美國專利資料庫、加拿大專利資料庫、歐洲專利資料庫和JOPAL科技期刊資料庫，該庫收錄了1978年以來PCT公布的專利申請原始資料，專利申請公布14天後即能免費查到全文。

專利網站名稱	中華民國專利資訊檢索系統 (TIPO)	美國專利和商標事務局 (USPTO)	歐洲專利局 (Espacenet)	中國專利信息檢索系統由國家知識產權局 (SIPO)	日本特許廳專利檢索網站 (JPO)	南韓 (KR) 專利檢索 (KIPRIS)	世界知識產權組織 (WIPO)	DelPhion 知識產權	Google Patent Search 美國專利搜尋網站
簡介	由經濟部智慧財產局建置專利之全文資料說明書資料查詢系統，提供專利國專資料查詢系統。	負責美國專利申請案件，同時也開放免費查詢所有的美國專利國專資料查索服務。	可檢索歐洲專利組織及歐洲專利組織成員國的許可專利文獻。	由中國國家知識產權局和中國專利信息中心開發提供。	提供檢索日本的特許專利，並可瀏覽所有日本專利全文說明書。	提供英文檢索、可顯示英文摘要，但是專利全文是書全文以韓文為主的專利說明書。	主要在推動世界各國的知識產權組織進行的交流，為世界各國提供知識產權服務。	源自IBM公司開發的知識產權網絡，現由Internet Capital Group (ICG) 和IBM公司聯合成立的專利搜尋網站。	檢索完整的美國專利資料，包括及美國專利之美國專圖書利、專利說明及引用此專利之圖表PDF影像檔。
資料庫特色	免費提供1940以後中華民國專利檢索。提供專利案件狀態資料查詢。	全文檢索：1976~迄今以專利號、護照國分日、美國專利號檢索：1790~1975	免費提供50多國英文及世界地區的3000萬件專利文獻，並且可瀏覽20多個國家專利全文影像檔，可說明專利全文說明。	收錄了1985年以來的中國專利信息，涵蓋國家有中國、美國、日本、歐洲、WIPO。	英文網站僅提供包括1976年以來的日本公開特許（發明申請公開）英文文摘數據庫（PAJ），PAJ從1993年1月開始包括法律狀態信息。	1979年之後專利，專利說明書及圖形檔部分。	收錄了1978年來PCT公佈的專利申請原始信息（含專利圖摘及地暗）。約21個國家和地區。	可以查到專利族與法律狀態。	資料涵蓋美國專利、專檔，可進行像索檢索。
資料庫檢索	分類瀏覽可依IPC分類號、專利展開狀況，另外有簡易、進階、表格式、布林等多種方式搜尋。	簡易檢索、進階檢索/指令檢索及專利授證號檢索。	簡易檢索、多欄位組合檢索。	提供快捷檢索、表格檢索、法律狀態檢索與IPC分類查詢。	特許實用型檢索、特許意匠檢索、商標檢索、外國文獻檢索、審查過情報檢索、經過情報文獻、其他範圍文獻。	簡易關鍵詞查詢、進階多位欄檢索。	檢索的功能十分與USPTO專利檢索相似。	簡易檢索、多欄位布林邏輯組合檢索、進階檢索/指令檢索。	檢索之全文資料欄位、布林運算符號進行使用。

圖9-1　世界各主要專利資料庫檢索方式比較表

專利全文影像連結至歐洲專利局的Espacenet影像檔，通過「Links」還可鏈接到知識產權機構的主機伺服器，如澳大利亞、巴西、加拿大、法國以及歐洲專利局等21個國家和地區。

WIPO Lex Search （IP Law Systems）智慧產權法律條文線上資料庫，提供近200個司法管轄區的智慧產權系統的查詢，擁有1.2萬篇法律文本以及約600個條約，可以用六種語言操作：英語、中文、阿拉伯語、法語、俄語和西班牙語。

WIPO Pearl：提供免費使用豐富的多語言科學和技術用語，資料庫初期收錄的術語包括專利合作條約（PCT）申請案中的術語，日後將增加其他領域，如商標、工業設計，以及WIPO所管理的其他條約中的術語。

WIPO「Global Design Database（全球設計專利資料庫查詢系統）」，全新的全球設計專利資料庫查詢系統，同時有Hague Express資料庫查詢系統上線內容。

WIPO「Global Brand Database（全球品牌資料庫）」，是WIPO所建置世界上最大的品牌資料庫，可檢索商標申請案或已註冊商標，及批次查詢有關這些商標的詳細資訊。

二、美國專利商標局（USPTO）資料庫（上網日期2003/02/10）

USPTO是美國專利和商標事務的專責行政機構，負責美國專利申請案件開放免費查詢所有的美國專利資料檢索服務，其中1976年1月以後的美國專利獲證文獻提供全文檢索，1976年前至1790年僅可以專利號及分類號查詢，僅提供專利全文影像，並且提供近兩年美國專利申請件查詢。

USPTO提供References Cited鏈結功能，可以立即連結到引用及被引用此專利之美國專利，提供專利分類號輔助檢索介面，以協助使用者檢索複雜的專利分類號系統，免費提供所有美國專利授證的專利全文影像檔，USPTO提供三種檢索方式：簡易檢索（Quick Search）、進階／指令檢索（Advanced Search）及專利授證號檢索（Patent Number Search）。

三、歐洲專利局專利資料庫（上網日期2003/02/11）

　　esp@cenet專利檢索網站，可檢索歐洲專利局及歐洲組織成員國的許可專利文獻，包括歐洲專利（EP）、英國、德國、法國、奧地利、比利時、意大利、芬蘭、丹麥、西班牙、瑞典、瑞士、愛爾蘭、盧森堡、塞普路斯、列支士登等歐洲專利局成員國的專利，另它還可以檢索世界知識產權組織資料（WIPO PCT）、日本公開特許專利（PAJ）

　　資料庫特色：可鏈結到專利家族（Equivalents Patent），提供專利分類號輔助檢索ClassPat，免費提供50多國家及地區以英文撰寫的3000萬件專利文獻，並且可瀏覽20多個國家專利全文說明書影像檔，esp@cenet提供兩種檢索方式，有簡易檢索（Quick Searches）、多欄位組合檢索。

四、日本特許廳專利資料庫（上網日期2007/08/12）

　　日本特許廳專利檢索網站，提供檢索日本的特許專利，並可瀏覽所有日本專利全文說明書，使更多的讀者便捷、高效地得到日本專利、商標及其他文獻。

　　資料庫免費提供所有日本特許專利全文影像檔，提供日本專利分類號FI-F Terms輔助檢索介面，以協助使用者檢索複雜的專利分類號系統，檢索八類，分別是：1.特許、實用型檢索（發明、實用新型）；2.意匠檢索（設計型）；3.商標檢索；4.外國文獻檢索（外國專利專利號查詢）；5.審判檢索（專利覆審）；6.經過情報檢索（專利審核經過及目前法律狀態）；7.其他文獻；8.文獻範圍，提供各種專利號查詢功能提供公開特許公報Front Page檢索，可同時搜尋專利權人、專利標題及專利前頁摘要。

五、中國知識產權局專利信息檢索系統（上網日期2003/09/01）

　　中國專利信息檢索系統由國家知識產權局和中國專利信息中心開發提供，具有較高的權威性和可靠性，該系統收錄了1985年以來的中國專利信息，並可免費下載中國專利說明書全文。

　　資料庫特色：免費提供所有中國專利的全文影像檔、提供專利法律狀態信息。

　　資料庫檢索：只提供一種菜單式檢索方式，直接鍵入關鍵字於檢索欄位檢索提供了專利申請號、申請日、公開／公告號、公開／公告日、IPC分類號等16個檢索項。

六、南韓專利檢索系統（KIPRIS）（上網日期2007/08/23）

　　南韓（KR）專利檢索提供英文查詢，可顯示英文摘要，但是專利說明書全文以韓文爲主。本資料庫涵蓋範圍自1979年以後之專利書目、專利說明書及圖形檔部分免費使用，另外提供付費式韓翻英自動服務K2E-PAT（Korean to English Patent Automatic Translation）Service，資料庫檢索：簡易KeyWords查詢，進階多欄位式檢索，以多欄位方式進行檢索。

　　免費提供各界使用，系統整合五大局全球專利（美、日、歐、韓、中國大陸）、WIPO與本國之專利資料，提供國內各界便於進行跨國專利檢索，搭配系統提供之各項檢索語法，可精準找到所需專利資料，了解產業技術發展脈絡，提升競爭力，並做爲企業技術研發與專利布局基礎。

　　系統特色，包括系統以平行分散式運算爲基礎，檢索不限制查詢結果的筆數，系統支援中英日韓字元，自動化的正簡體文字轉換，提供四種檢索模式（號碼檢索、布林檢索、進階檢索、表格檢索），及簡單易用的檢索指令，提供公開公報／公開說明書／公開全文／專利公報／公告說明書／公告全文／新型專利技術報告之影像資料，提供simple patent family、INPADOC patent family及連結EPO專利家族頁面功能，標記清單功能提供使用者勾選所需的專利資料（上限1000筆），便於使用者閱讀專利資料並可提供資料輸出及列印功能。

七、中華民國專利資料庫（上網日期2008/07/01）

　　經濟部智慧財產局建置本國專利說明書之全文資料庫，提供的中華民

國專利資料查詢系統，針對檢索下載資料庫所需之配套用檢索系統，重新建置完成「中華民國專利資訊檢索系統」，該系統自2008年7月1日起免費提供服務，可快速地檢索專利技術全文資料影像檔，查詢申請案件狀態及權利異動。

資料庫特色：免費提供1950以後中華民國專利檢索。提供專利案件狀態資料查詢，資料庫檢索，分類瀏覽可快速依IPC分類號樹狀展開，另外有簡易、進階、布林、表格式等多種方式搜尋。

WIPO、世界五大局及我國的智慧財產資料庫不僅擁有豐富專利資料，更涵括廣泛的智慧產財權資料包括：商標、設計、品牌及智財法律等非常多元豐富智財資料庫，這些官方的資料庫是非常好的工具，發明創新者如能充分利用這些資料庫將可事半功倍。

除了上述官方檢索引擎外，如圖9-2，Google patents也是非常強的檢索引擎，但搜尋欄位有所限制最好已經有特定案號再找尋專利書全文，另有些專利訴訟的資料，例如：RPX Litigation Search、Lawsnote、IAM patent100、智慧財產法院-專利判決、中國知識產權-裁判案例、亞洲知識產權判例檢索系統等網站，皆是可參考的檢索網站。

9.2　專利檢索程序

我們將這重要專利檢索活動結構化，設計一個專利檢索流程圖，新手可了解及利用現存完整的資料庫。如圖9-3所示，這流程有五個程序，說明如下：

步驟一：確定檢索類型

專利文獻屬於公開資訊，具有容易取得的特性，又可顯示法律所賦予之專屬權利範圍，專利檢索係指從眾多的專利文獻中，檢索出特定資料加以利用，專利檢索依檢索時機、方向及程度分為四大類型如下：

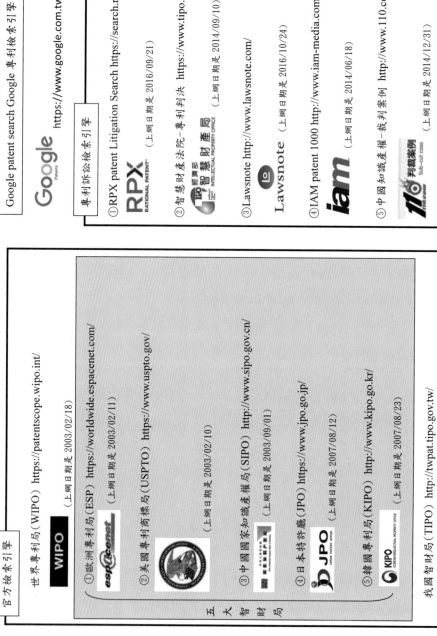

官方檢索引擎

世界專利局（WIPO） https://patentscope.wipo.int/

（上網日期是 2003/02/18）

WIPO

① 歐洲專利局（ESP） https://worldwide.espacenet.com/
（上網日期是 2003/02/11）

esp@cenet

② 美國專利商標局（USPTO） https://www.uspto.gov/
（上網日期是 2003/02/10）

③ 中國國家知識產權局（SIPO） http://www.sipo.gov.cn/
（上網日期是 2003/09/01）

④ 日本特許廳（JPO） https://www.jpo.go.jp/
（上網日期是 2007/08/12）

JPO

⑤ 韓國專利局（KIPO） http://www.kipo.go.kr/
（上網日期是 2007/08/23）

KIPO

我國智財局（TIPO） http://twpat.tipo.gov.tw/
（上網日期是 2008/07/01）

TIPO

五大智財局

Google patent search Google 專利檢索引擎

https://www.google.com.tw/

Google Patents

專利訴訟檢索引擎

① RPX patent Litigation Search https://search.rpxcorp.com/
（上網日期是 2016/09/21）

RPX
RATIONAL PATENT®

② 智慧財產法院–專利判決 https://www.tipo.gov.tw/
（上網日期是 2014/09/10）

TIPO 經濟部 智慧財產局 INTELLECTUAL PROPERTY OFFICE

③ Lawsnote http://www.lawsnote.com/
（上網日期是 2016/10/24）

Lawsnote

④ IAM patent 1000 http://www.iam-media.com/patent1000/
（上網日期是 2014/06/18）

iam.

⑤ 中國知識產權–裁判案例 http://www.110.com/panli/
（上網日期是 2014/12/31）

110.com 判裁案例 Sub-Cit case

⑥ 亞洲知識產權判例檢索系統 http://rclip.jp/db/search_form.php
（上網日期是 2014/08/06）

圖9-2 世界專利局、五大專利局、我國及重要檢索引擎

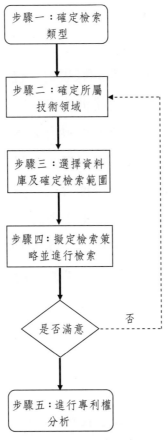

圖9-3　專利檢索流程圖

1. 可專利性檢索（Patentability search）

專利申請時，為確定是否符合專利法第22條規定，是否符合專利要件之「新穎性」，應進行的檢索即為「可專利性檢索」，其目的在確定欲申請之技術發明尚未有其他提出相同技術之專利申請，如此該技術提出專利申請，才能符合專利要件有較高的獲准機會。

可專利性檢索是有國際化的規則，故專利檢索要盡可能地找尋全球所有相關的專利、期刊、論文及書籍等資料，才能達到檢索的周延性，以避免侵害他人專利或技術已公開發表過而不自知，專利新穎性要件，原則上是要檢索全世界的專利說明書，但因世界各大資料庫資料皆有共享，故僅需上世界5大資料庫檢索即可，只要檢索出有技術相同的專利、說明書、期刊、論文或書籍即可停止此技術的研發，即表示此技術不具專利要件的新穎性原則，

是一種無效且可能侵犯他人專利權的研發行動。

2. 專利侵權檢索（Infringement search）

專利權力非常大，依專利法第58條規定，包括製造、使用、販賣，爲販賣之要約，或相關進口行爲的獨有排他的專有權力，在現實的產業競爭中常會有侵權行爲，創業研發人員稍有不察很容易就有侵權損失，使所有努力成爲泡影，故研發人員要非常小心，當研發行爲有侵權疑慮時，需針對該技術進行相關專利檢索，以確定是否有侵權行爲而發生。專利權力是攻擊也是保護，若他人侵犯到自身的專利，則可提出告訴，主張損害賠償以保護自身的權利，若爲他人告知侵犯到其專利提出侵權告訴時，當務之急，則應先檢索專利，仔細研讀自身與對方的專利的**請求項**的**技術特徵**，確認雙方涵蓋的**申請專利範圍**是否重疊，以尋求可轉圜的談判空間。

專利侵權檢索主要在目前尙未過期的專利，即具有「專利權效力（In-Force）」之專利，專利侵權的判斷是**申請專利範圍**各**請求項**，逐項比對**技術特徵**，只需檢索出與該技術相同前案專利之請求項即告停止，表示該技術已侵犯他人申請專利範圍，或自身研發的前案專利已遭到侵權。

3. 技術現況檢索（State-of-the-art search）

專利權的本質是有一種公共利益的考量，政府給予創新者專利權，但也要求技術擁有者充分揭露技術細節，使該領域具有通常知識者可據以實施，故專利權的根本意義是鼓勵技術公開，提進產業升級，技術現況檢索係指在投入一項最新技術或產品研發之前，爲調查該技術領域的發展現況而進行全面性相關專利檢索，藉此決定研究方項，避免無謂浪費的重複研究工作。

專利資訊庫基本上給予產業的技術現況，技術現況檢索某技術領域之所有相關專利，包括本國與他國專利，及其**申請專利範圍**各**請求項**，檢索深度與廣度將可決定技術領域範圍大小與完整性，愈細愈專精就愈周延，也可使研究發展更有效率，避免重複浪費，及往後的侵權情事發生，技術現況檢索可在圖1-7中第一階段第二步驟進行，及早花精力進行現況檢索，可避免許多無效率的研究發展，這是現代工程人員必備的基本素養，這些情境皆是現代高科技經營者血淚的教訓。

4.專利權效力檢索（Patent validity search）

專利權是專有排他的獨有權力，是有公權力保護，有時效性的，專利權效力檢索，乃確認專利權是否仍存續，例如：是否續繳年費？專利權年限是否到期？以及是否曾被舉發而被取消專利權等，作為專利侵權之判斷或申請專利之迴避設計的依據。

專利權效力檢索專利權之效力是否仍在法律保護之期限內，我國專利可從中國民國專利資訊檢索系統中每件專利的「狀態／權利異動」頁籤得知，美國專利權之效力可從PAIR（Patent Application Information Retrieval, PAIR）資料庫檢所得知，而歐洲專利權之效力則可從Espacenet專利資料庫的「INPADOC legal status」頁籤得知。

步驟二：確定所屬技術領域及檢索範圍

確定所屬技術領域是專利檢索重要步驟，檢索者必須在專利檢索進行之前，對所屬技術領域相關知識要有所了解，方可精確定義出正確技術領域的主題與確定所需要的資料範圍，釐清所屬技術領域，可導引檢索者決定合

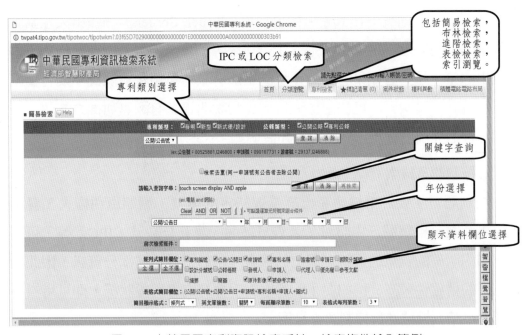

圖9-4　中華民國專利資訊檢索系統，檢索條件輸入範例

圖9-5　中華民國專利資訊檢索系統，結果顯示範例

適的資料庫及檢索的關鍵詞，選訂的所屬技術領域愈精準愈限縮，可提高檢索結果的精確率，更有效率找到目標專利說明書，以檢索手機相關觸控螢幕（Touch Screen）為例，如果以「Touch Screen」作為檢索關鍵字至中華民國專利資訊檢索系統簡易檢索，可檢索出2158筆，範圍太廣了沒有意義。但如果再加一個關鍵字「行動mobile」則可檢索出289筆，也是大了些。如果再加手持「hand」則剩下10筆。另如果利用「Touch Screen」加輸出入互動介面的IPC編號為「Go6F 3/01」進入中華民國專利資訊檢索系統進階檢索，即可查出44筆。檢索者如果有相關領域的相關背景，可用多重關鍵字及各種國際分類編號交叉檢索，可快速檢索目標專利說明書，有關專利檢索的語言有兩類，包括控制語言及自然語言兩類說明如下：

1.控制語言檢索

控制語言主要針對檢索者已經掌握特定的編號，例如專利權人、發明人、專利號、申請號、申請日、公告日區間、專利分類號（IPC）等，可利用已知的明確的資訊進行特定欄位的檢索，由於已經掌握部分資訊，因此檢索結果的精確性較高，例如要了解競爭對手擁有的專利權狀況，即可用對手名稱於申請人欄位進行控制語言檢索。

2. 自然語言檢索

自然語言檢索主要針對專利名稱、摘要、申請專利範圍、發明說明等欄位進行字串檢索，所謂自然語言檢索，即關鍵詞，檢索者利用所屬技術領域中相關的關鍵詞進行檢索，由於關鍵詞是對專利說明書進行全文檢索因範圍較寬鬆，檢索結果可能很大，故檢索者要利用多個關鍵字交叉比對，利用邏輯運算檢索結果漸漸準確，這方面也就是為什麼專業檢索引擎，甚至人工智慧未來應愈來愈重要。

步驟三：選擇資料庫

確定檢索類型及所屬技術領域後，可先了解掌握的控制語言（例如IPC或LOC編號）或自然語言（例如專利名稱、摘要、申請專利範圍、發明說明、申請人等欄位中的關鍵字），依據已知的控制語言或自然語言，選擇合適的資料庫，另專利權力的行使包括使用、製造、進口、販賣及販賣之要約是有地域性，所以要特別注意，專利權力是有地域性，但專利的審查中新穎性及進步性的要件有國際化的特性，所以完整的專利檢索是要分別檢索各國資料庫，以下是當前最重要的一些資料庫：

1. 中華民國專利資訊系統（twpat.tipo.gov.tw）
2. 美國專利商標局（patent.uspto.gov）
3. 中國知識產財局（cpguory.sipo.gov.cn）
4. 日本特許廳（www.J-platet.inpit.gov.jp）
5. 歐洲專利局（worldwide.es pacenet.com）
6. 韓國專利局（kipris.or.kr）
7. WIPO資料庫（patentscope.wipo.int）
8. 美國專利搜尋網站（Google Patent Search）

每個資料庫的檢索方式皆有所不同，但可分兩大類：一為用自然語言的關鍵字及特定欄位檢索，如圖9-6、9-7，另為用控制語言檢索，如圖9-8，各國專利資料庫皆數位化，故可透過網路線上檢索，掌握檢索的技巧即可，可漸進式找到目標專利，因此專利檢索策略前應先決定欲檢索之專利資料庫。

圖9-6　中華民國專利資訊檢索系統，利用IPC編號分類檢索範例

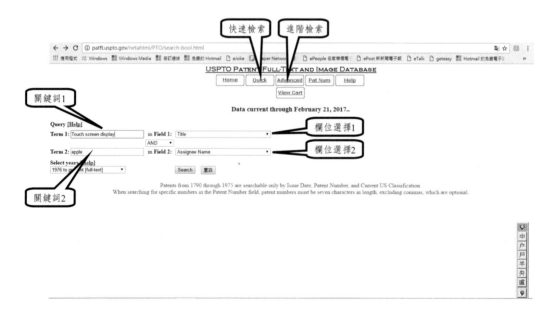

圖9-7　USPTO專利檢索系統，快速檢索條件輸入範例

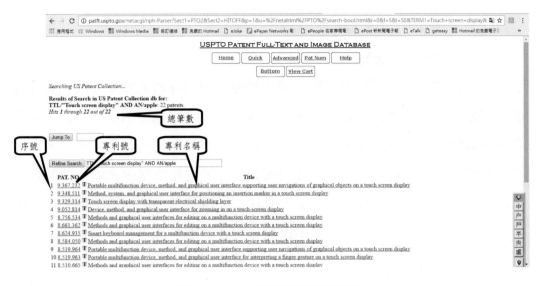

圖9-8　USPTO專利檢索結果範例

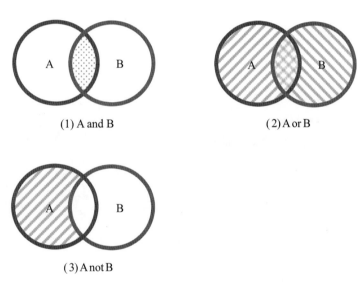

(1) A and B

(2) A or B

(3) A not B

圖9-9　關鍵字檢索布林運算圖示

步驟四：擬定檢索策略、並進行檢索

　　檢索者必須能掌握部分目標專利的資訊，包括擁有合適的控制語言（Control language）及自然語言（Natural language），檢索的過程一次次更精準的嘗試，找尋目標專利案，抽絲剝繭有如福爾摩斯偵探查案般找尋目標專利案，過程中可用控制語言的特殊編號或自然語言的關鍵字，或二者交叉

進行，不同資料庫皆有不同的檢索方案，故也要有不同策略。

1.擬定自然語言策略

自然語言檢索主要針對專利名稱、摘要、申請專利範圍、發明內容等欄位進行檢索，自然語言即關鍵字檢索，關鍵字屬一種非標準化的字詞，檢索者可依目標技術領域的蛛絲馬跡，由於說明書常以上位概念字詞撰寫，同一技術有可能以不同的名詞出現，故關鍵詞的羅列常無法精確命中，熟悉技術領域的知識是準確訂定關鍵字的必要條件，反覆測試各種可能的關鍵字，檢索者可漸漸找到相關專利案，中華民國專利資訊檢索系統，檢索有關觸控螢幕的專利（即「Touch Screen Display」）共有39筆，但如再加2010年到2012年之間公開的剩10筆，可用這一步步漸進的方式，縮小範圍的方式，找到目標專利案。

2.擬定控制語言策略

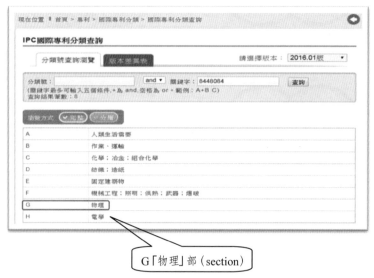

G「物理」部（section）

圖9-10　以US8448084為例IPC為G「物理」部（section）

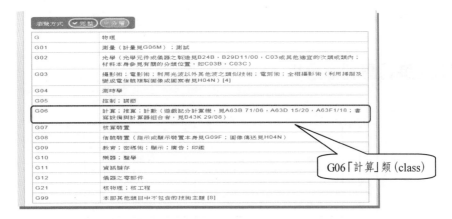

圖9-11　以US8448084為例IPC為G06「計算」類（class）

圖9-12　以US8448084為例IPC為G06F 3/048」基於使用者圖形介面的互動技術」次目
（subgroup）

控制語言主要針對已經掌握目標專利案的部分書目資料，例如專利
權人、發明人、專利號、申請號、申請日、公告期間及專利分類號（包括
IPC、LOC分類）。檢索者可根據已經掌握的明確資料進行特定欄位的檢索，
例如中華民國資訊檢索系統，選擇分類瀏覽，再選擇「H：電學」共562539
筆，再選擇「H04：電器通信技術」即縮小至122578筆，再選「H04K：保密
通信」即剩下189筆，再選「H04K-003/00：對通信之干擾」即剩下19筆，控
制語言可利用一次次細分的方式，找到目標專利案。

檢索者進行檢索程序後，可初步了解檢索結果，依其技術領域的通常知
識判斷結果是否滿意，如果滿意則往下一步程序，如不滿意再回第二階段，

再重新確定檢索範圍，調整檢索範圍或關鍵字，再進入下次檢索循環。

步驟五：進行專利權分析

	項目	比率
1	專利申請成功比率	約60%
2	專利可商業化比率	約12%
3	專利可回成本比率	約6%
4	專利可賺錢的比率	少於5%

圖9-13　美國專利研發成功回本比率圖

　　透過漸進的檢索循環，找尋目標專利申請案，利用具有所屬技術領域中具有通常知識者的專業判斷分析，利用點選閱讀專利名稱、專利申請範圍、摘要、發明說明、圖式等內容，分析是否達到合適的檢索結果，專利檢索判斷者本身之專業知識、背景、產業經歷、市場情報，及產業趨勢與時機等等，皆是檢索判斷成功與否是非常重要的因素，如欲利用專利權進行產業攻防，計畫主事者，最好就是此階段的關鍵主持人，此階段的成功與否更是整個專利攻防的關鍵，如圖9-13，提供專利申請、研發成功回本比率，可為主事者判斷的依據，主事者可透過不斷的檢索循環，找尋精確關鍵的專利案，更是整個產業計畫成功的關鍵，計畫主持人最好要有基本專利檢索素養。

9.3　萬用字與布林檢索

　　上節中步驟四的擬定檢索策略、並進行檢索的程序，有關擬定自然語言策略中關鍵字檢索，最容易即用專利說明書全文檢索，關鍵字全文檢索常因檢索條件太寬鬆，使檢索結果顯示專利案太多失去參考意義，故檢索策略的第一步需限縮檢索範圍，限縮主題及範圍，例如：

一、限縮檢索主題

限縮主題，例如：依產業、產品、技術、國家、公司、發明人，限縮案號及專利分類，訂定分析地區及期間。

二、訂定檢索策略

1. 各種拼法、詞類變換、同義詞、用語等。

2. 利用萬用字元（？、＊、@、<、>、[ ]、{n}）可能變化範例如下：

   (1)　任何單一字元?，例如：s?t可以尋找sat與set。

   (2)　任何字元字 ＊，例如：s*d可以尋找sad與started。

   (3)　前一字元或運算出現一次或多次@，例如：lo@t可以尋找lot與loot。

   (4)　文字開頭<，例如：<（inter）可以尋找interesting與intercept，但不會尋找splintered。

   (5)　文字結尾>（in）>可以尋找in與within，但不會尋找interesting。

   (6)　指定的字元之一[ ]，例如：w[io]n可以尋找win與won。

   (7)　此範圍中的任何單一字元[-]，例如：[r-t]ight可以尋找right與sight，範圍必須爲遞增順序。

   (8)　字元範圍外的任單字[!x-z]，例如：t[!a-m]ck可以尋找tock與tuck，但不會尋找tack或tick。

   (9)　前一個字元出現n次{n}，例如：fe{2}d可尋找feed，但不會尋找fed。

   (10)　前一個字元出現n至m次{n,m}，例如：10{1,3}可以尋找10、100及1000。

3. INID（International agreed Number for the Identification of Data, 1973）

   限縮主題可用搜尋介面條件選擇加以限定，也可用INID欄位分類，這是國際標準可跨國跨資料庫，如圖7-8、7-9、7-10所示，爲INID分類在各國專利文件應用的狀況，專利檢索如能將關鍵字限縮在某欄位將會有極好檢索效果，可較容易找到目標專利，一般使用者可利用專利局搜尋網頁即可能找到目標專利說明書，超級檢索者用INID進行限縮主題搭配萬用字及關鍵字記

憶，一步步找到目標專利說明書。

4. 布林（Boolean）運算

在關鍵字檢索中可使用複合式布林邏輯，你可以使用AND（或用『,』）、OR（或用『；』）及NOT（或用『～』）來做布林邏輯運算。舉例來說：

可以輸入『電腦and網路』或是『電腦,網路』，則會檢索出『電腦』及『網路』有二者關鍵字同時出現在同一個檔案的文件。

可以輸入『電腦or網路』或是『電腦；網路』則會檢索出『電腦』或『網路』任一個關鍵字出現的文件。

可以輸入『電腦not網路』或是『電腦～網路』則會檢索出包含『電腦』但不包含『網路』關鍵字的文件。

如欲查詢的詞中的確含有上述運算子，請以雙引號（『』）包圍該詞，例如『電腦and網路』。

9.4　IPC檢索

國際專利分類IPC（International Patent Classification），由1971年簽訂的《國際專利分類斯特拉斯堡協定》產生，是國際通用專利文獻分類和檢索工具，1975年10月7日生效，由世界智慧財產權組織WIPO管理，起初每5年更新一次，直到2000年時為第7版，之後IPC的更新為核心版（Core level）和進階版（Advanced level）兩個部分。核心版每3年更新一次，版本編號包含生效年份，例如IPC-2006，IPC-2009；進階版則每3個月更新一次，增加或修改較細的次目，但需相容於核心版，版本編號包含生效的年月份，例如IPC-2008.01，從2011年起，核心版與進階版的的分版方式又被取消，目前IPC只有單一版本，且編號包含生效的年月份。

如圖7-11所示，IPC按照五個等級分類，部（Section）、大類（Class）、次類（Subclass）、主目（Main Group）、次目（Group）。到智財局網站首頁→專利→「國際專利分類」→「國際專利分類查詢」即可用檢索的方式查詢

國際專利分類之分類資料。

　　某些專利說明書會使用不同關鍵字或刻意規避關鍵字，傳統關鍵字檢索不容易找到目標專利案，可先利用精確關鍵字找到部分專利案，再由該專利案找出IPC，利用IPC，特定年份、國家、公司等可檢索點。公司檢索需考慮該公司的各種拼法／子公司／母公司等，有時檢索亦需考慮尚未公告在審中專利案，確定發明的要件或是機能，擬定暫時關鍵字，時而限縮時而適度擴充，再一步步細化深入追蹤。

　　基本關鍵字擬定，技術為有統一的名稱但也包括有同義字、詞性變化、單複數、拼法等，同義字擴充例如：腳踏車（bicycle），有wheel，brakes，handlebars，pedals等同義字擴充，另關鍵字可參考專利工程師意見有上位用語擴充，或市場專家意見公司名稱改變或合併等。

　　專利檢索早期為專業技能，故一些具規模企業有專責的專利檢索工程師的設置。然因檢索工具愈來愈友善，操作介面愈人性化，使專利檢索已非常普及人人會用，專利檢索的步驟已經是各類創新工程師、市場企劃師、策略師等相關人員基本必備技能，熟悉精緻檢索技能將是未來研發人員必備的技能。

第 10 章

專利分析

　　高科技產業技術競爭非常激烈，世界技術基礎是在全球現存的約五千萬份專利說明書，且每年有近三百萬份增長趨勢，專利的權力非常大，包括使用、製造、販賣、進口、為販賣之要約，所以專利本身不僅是技術研究，更是市場擴展戰略的基礎，各國企業紛紛開展專利戰略研究，而其核心正是專利分析（Patent analysis），專利分析可較簡易的數量的統計分析，更慎重者需要所屬技術領域的專家，深入研讀專利說明書，探討專利申請範圍中各請求項、獨立項、附屬項的技術特徵及權利範圍，利用統計學方法和技巧，可將這些公開資訊系統充分分析，了解產業現況進行歸納預測出產業趨勢，提供企業研究、發展、市場、行銷、策略等單位決策參考，專利分析不僅是為了技術專利的爭奪，是企業發展其技術策略、評估競爭對手技術發展的重要情資，因此專利分析是企業戰略發展決策的重要情報，是當今企業競爭重要的分析手段，也是企業競爭中智慧財產權最重要的情報。

10.1 全球最大資料庫

　　自1474年世界上出現第一部專利法至今有有五百多年的歷史，智慧財產權是一種基本人權，包括有專利權、著作權、商標權等，專利權又有發明、新型、設計三類，其中發明是指利用自然法則之技術思想之創作，故發明專利更是人類創作最精華的部分，發明專利的「充分揭露」原則，使專利申請書應明確且充分揭露，使該發明所屬技術領域中具有通常知識者，能了解其內容，並可據以實現，故發明專利說明書是非常好的技術規格文件，迄今全球已有約五千萬件發明專利說明書，每年又有近三百萬件增加趨勢，使得全球各國的專利資料庫，可謂是人類最大最完整的智慧技術文件庫，且經歷長期的交流各國文件規格也漸趨一致，圖10-1所示為世界各主要專利資料庫特性比較，由於企業可透用專利申請來保障技術研究的智慧財產權，獲得獨占的產品製造、使用、販賣、銷售之要約等權利，從而建立企業的競爭優勢，故全球高科技產業各大公司無不積極建立專制保壘。

　　專利數不斷累積增多，傳統領域中的專利地壘密布，新創的空間生存不

專利網站名稱	簡介	資料庫特色	資料庫檢索
中華民國專利資料查詢系統（TIPO）	由經濟部智慧財產局建置之全利說明書資料庫，提供專利資料查詢系統。	免費提供1940以後中華民國專利檢索案件查詢及專利案狀態查詢。	分類瀏覽可快速依IPC分類號樹狀展開，另外有簡易、進階、布林、格式表等多種方式搜尋。
美國專利商標事務局（USPTO）	負責美國專利申請案件，同時也開放所有的美國專利查詢服務。	全文檢索：1976～迄今，專利號、獲證日。美國分類號檢索：1790～1975	簡易檢索、進階檢索／指令檢索及專利授證號檢索。
歐洲專利局（Espacenet）	可檢索歐洲專利局及歐洲組織成員國的許可專利文獻。	免費提供50多國家及地區的英文撰寫專利文獻，並且可瀏覽20多個國家專利全文影像檔。	簡易檢索、多欄位組合檢索。
中國專利信息檢索系統由國家知識產權局（SIPO）	由中國知識產權局和中國專利信息中心開發提供。	收錄了1985年以來的中國專利信息，涵蓋國家有中國、日本、韓國、歐洲、美國、WIPO。	提供快捷檢索、表格狀態檢索、法律狀態檢索與IPC分類查詢。
日本特許廳專利檢索網站（JPO）	提供檢索日本的特許專利，並可瀏覽所有日本專利全文說明書。	英文網站僅提供包括1976年以來的專利許可的（發明申請公開）的英文文摘數據庫（PAJ），英文文摘PAJ從1993年1月開始包括法律狀態信息。	特許實用型檢索、意匠檢索、外國文獻檢索、商標檢索、審判情報檢索、經過情報檢索、其他文獻、文獻範圍。
南韓（KR）專利檢索（KIPRIS）	提供英文查詢，可顯示英文摘要，但是專利全文是韓文說明書全文為主。	1979年之後專利書有說明圖及圖形檔部分。	簡易關鍵字查詢、進階欄位檢索。
世界知識產權組織（WIPO）	主要在推動世界各國的知識產權組織進行知識交流，為世界各國提供知識產權服務。	收錄了1978年以來PCT公佈的專利申請資料（含專利題錄信息、文摘及圖像），約涵蓋21個國家和地區。	檢索的功能十分與USPTO專利檢索相似。
DelPhion知識產權	源自IBM公司開發的知識產權網絡，現由Internet Capital Group（ICG）和IBM公司聯合成立的專利搜尋網站。	可以查到專利族與法律狀態。	簡易檢索、多欄位布林邏輯組合檢索、進階／指令檢索。
Google Patent Search美國專利搜尋網站	檢索完整的美國專利資料，包括及美國專利圖表檔、專利說明PDF影像檔。即可連結到引用此專利及被引用專利之美國專利。	資料涵蓋美國獲證專利，可進行全文檢索。	檢索之全文資料欄位、布林運算符號使用。

圖10-1　世界各主要專利資料庫檢索方式比較表

易，如何迴避已經存在的專利，或利用破壞性的創新，建構新的技術領域，例如電子商務、行動商務、機器人、人工智慧、共享經濟等，企業的永續生存和企業專利權的策略將愈來愈密切，技術創新與企業永續經營的相關性，迫使企業更重視專利權布局，專利權分析即充分利用全球最大的技術資訊庫，分析與歸納企業發展的策略，包括研發、製造、市場、行銷等策略，企業的決策者也開始找尋摸索能夠有效地管理企業內部技術資源，並監控外部產業環境變化的新方法，正因為產業快速變遷的企業經營者漸漸意識到專利資料庫對各企業技術創新的重要性，分析大量的專利數據可掌握產業趨勢與技術現況。

有關專利分析的概念，是Seidel A. H.於1949年有系統地提出專利引文分析的方法，他首先提出專利被引用其技術品質相對重要的概念，隨後Garfield於1966年對專利引用指標進行了研究，直至1981年他們的概念漸漸為人們接受，上世紀90年代隨著數位化、網際網路與資料庫技術的漸漸成熟，2001 Michel J.和Bettels B.從專利檢索報告撰寫的角度對專利引用情況進行了深入分析，專利分析法開始適用並應用於企業戰略設計及競爭力分析的程序，各種研究成果也漸趨完善。

10.2 專利分析對企業戰略的重要性

技術創新是企業核心競爭力，專利資料庫又是市場最大的智慧財產庫，專利的「充分揭露」原則讓此資料庫的專利說明書是所屬技術領域有通常知識者可據以實施，使全球各企業積極建構專利的質與量、專利保壘、專利地壘為企業戰略布局的基礎，專利分析的價值已被廣泛的應用，如圖10-2所示，包括下列項目：

1. 技術實力分析：分析了解競爭對手所擁有的專利範圍及技術特徵，確定競爭對手的實力及彼此擁有技術的優劣，繪製專利地圖了解產業技術分布。

2. 新風險評估：分析確定競爭對手的強弱項目，可透過專利技術交易，擴張及延伸專利權範圍分散風險，預測專利風險。

3. 專利投資：分析可確定競爭對手的優劣點，透過專利授權、交易、策略合作、聯合開發等方式，增強自我專利實力建構專利壁壘，開啟專利布局。

4. 研發管理：專利分析了解企業研發的效率，適當安排企業研發預算、人力、方向，設定研發順序優化企業競爭力，發揮企業研發效益最大化。

5. 產業監督：專利分析可追蹤產業相關競爭專利申請領域及申請專利範圍等狀況，可發現競爭對手動向、技術開發動向，監督產業專利活動。

6. 併購與收購分析：透過專利分析可輔助併購與收購的決策以增強公司技術實力，分析併購與收購的可能效益，利用併購與收購產生綜效。

7. 價值鏈分析：透過價值鏈各環節的專利分析，了解各節的技術能力，進行商業程序效率化的調整，建構完整專利價值鏈。

專利是產業技術的核心，專利分析可提供企業進行深度的戰略策劃，從分析的過程中不斷湧出的專利可探掘更多有價值的產業競爭情報，提供企業決策的參考。

序號	企業戰略	戰略項目	專利分析
1	技術實力分析	比較企業專利投資組合及戰略	改進產品管理的戰略和決策
		辨別競爭對手高增長和低增長的技術	更好地關注有市場前景的技術
2	新風險評估	評估潛在的專利技術收購	更好地進行專利技術收購
		分析聯合風險開發的機會	減少投資風險，減少策畫的不確定性
3	專利投資	確定有價值的專利，產品領域或替代品	增加專利的回報（許可、出售、開發）
		確定技術產品的潛在消費者	早期確定潛在的新替代品的市場
4	研發管理	評價過程／產品的規劃	改進R&D分配（取優捨劣）
		確定領先的技術	改良發明創新思路
5	產業監督	審查新專利的內容及所有權	盡早警惕潛在的衝擊、開發轉移及新的市場競爭加入者
		檢查是否侵權	更好地保護智慧產權
6	併購與收購分析	評估M&A的利弊	M&A的決策
		確定企業核心技術	加強專利保壘建構
7	價值鏈分析	評估價值鏈技術能力	價值鏈效率化
		檢討商業程序	改進商業程序

圖10-2　專利分析對企業戰略的價值

　　例如近幾年有關Apple與Samsung的專利訴訟中最重要的US7469381、US7864168、US7853891三篇專利說明書，皆是有關手機螢幕操作的技術，其中共同關鍵字為「Touch-Screen Display」，用此關鍵進行數量的專利分析，共有4639筆，其中Apple 143筆，Nokia 46筆，AT&T 32筆，Samsung 30筆，Motorola 10筆，HTC 2筆，另外Huawei、ZTZ、Ericsson皆0筆，Apple利用這三筆專利攻擊Samsung和HTC，Samsung初審判賠10億美元，最後以數億和解，HTC幾乎為此專利訴訟退出美國市場，此產業變化非常激烈，Apple之後又用了150筆相關專利保護著US7469381專利，這是一個群體的專利戰艦，Apple專利策略應用爐火純青。

　　近年在電子商務利用專利權的應用進行市場競爭戰略非常多，例如eBay與MercExchange的拍賣專利（Auction）在eBay在2003年被判賠付3500萬美金，Amazon與Barnes & Noble的「one-click shopping」專利案，此案又加入openTV使此專利訴訟更加複雜，近年Apple與HTC及Samsung的專利訴訟更是非常經典案例，利用專利權執行市場策略的成功案例，尤其行動商務中的手機即是非常明顯充分應用專利權與企業戰略或市場策略的應用領域，尤其中國、韓國、臺灣手機業者在美國的市場更是因為專利權的問題吃足苦頭。

10.3 分析指標

　　專利分析的應用近年來漸普通，應用者通過不斷摸索分析方法尋找更好的分析指標，使分析方法及其應用趨完善，國際間有關專利分析的方法和指標已經漸有較好較客觀的標準，也漸可為企業決策帶來有價值得參考，有關專利分析方法可分為定量分析與定性分析兩種。

一、定量分析

　　定量分析又稱統計分析，主要是針對專利說明書上結構性的資料進行統計分析，例如IPC分類、申請人、年度、國別、關鍵詞等欄位或技術領域中關鍵詞進行統計歸納與分析，之後用不同方法或模型針對有關數據的變化進

行解釋，以取得動態發展趨勢方面的情報，如圖10-3所示，一般重要分別指標如下：

1. 專利數量：專利數量可衡量該技術領域活動的水平，可探討技術活動發生、發展過程及趨勢，利用數量的統計，可量化該技術領域活動頻率，也解釋競爭對手的研發方向、市場趨勢、產業發展等重要情報。

2. 專利成長率：成長率呈現技術創新隨時間變化的趨勢，例如年成長率是今年與去年專利比較的百分比，觀察專利活動變化狀況。

3. 被引用次數：專利被後續專利引用的次數，可反映此專利影響力，因為一項重要的專利出現後，會伴隨出現大量的追隨的專利出現，影響力大的專利會被後續專利引用，愈多次被引用的專利，有可能是產業界技術突破的關鍵。

4. 技術影響力：利用過去幾年特定專利被引用的平均次數，相對於整個產業專利被引用平均次數，為衡量技術及重要性，可度量該專利的品質及其對產業技術影響的指標。

5. 技術生命週期：專利說明書中所引證專利年齡的平均數，即最新專利及最早專利之間的生命週期，其長短意味著研發技術的新鮮度，技術生命週期具產業依存度，熱門的產業技術週期短，例如電子類約3～4年，製藥類約8～9年，造船類可能達15年。

6. 科學關聯性：科學關聯性即指專利所引證的學術論文或研究報告數量，此指標衡量是專利技術和其他科學研究關係，科學關聯性是專利所屬產業與學術依存性的指標。

7. 專利效率：專利效率即一定研究經費所創造專利數量，此項指標用來評估企業的預定時間內專利數量產生科研能力和成本效益，專利數量產出的愈多，專利效率愈高，則企業的技術研發能力愈強。

序號	指標名稱	定義與說明
1	專利數量	專利件數為衡量技術的研發產出狀況。
2	專利成長率	將今年所獲得的專利與前一年獲得專利相比較，計算今年較前一年專利件數增減的幅度，主要用來衡量技術活動的變化。
3	被引用次數	專利被往後技術專利引用的平均次數，為衡量技術的重要性與關鍵性。
4	技術影響力	在過去五年內，專利被當前專利引用的平均次數，相對於整體專利被引用的平均次數，為衡量技術的影響力及重要性。
5	技術生命周期	引用先前專利平均年齡的中位數，主要用來衡量技術的研發速度與交替時間。
6	科學連接	專利引用到科學研究文獻的次數，為衡量技術與科學研究的關係。
7	專利效率	一定研究經費產出專利數量，即每件專利的成本，即專利效率。

圖10-3　專利分析的分析指標

另外，專利依時間及空間分布情況，產業的重要情報是企業戰略訂定重要的依據，專利分析可透過這些情報，導引企業正確發展方針：

1. 專利按時間分布研究：即以時間為橫軸，專利數量為縱軸，統計專利量隨時間變化規律，可用於趨勢預測，任何產業都有萌芽期、起步期、成長期、成熟期、衰退期的生命週期，歷史的專利數，專利引文數量變化可以確定該技術的發展趨勢，對不同領域進行時間分布的對比研究，可以確定某一時期內，技術的活躍與停滯的狀態，如圖10-4所示，可分析產品生命週期與專利布局策略的關係。

2. 專利空間的分布研究：即按不同的公司，同產業不同企業間專利數的比較，反映企業技術水平與研發實力，空間分析一般用於分析競爭

產品生命週期	萌芽期	起步期	成長期	成熟期	衰退期
專利數量及生命週期					
專利策略	專利卡位、專利申請質重於量		專利部署	專利授權	相關周邊技術專利申請
創新方法	1. 個人思考 2. 腦力激盪 3. 應用科學結合		1. 研發經驗 2. 技術模仿 3. 專利佈局	1. 品質穩健設計 2. 製程改善 3. 專利迴避	1. 功能合併 2. 替代材料與技術

圖10-4　產品生命週期與專利布局策略

對手，了解某期間研發的策略，針對某技術領域的專利申請人進行統計，可繪製某項產業專利地圖，了解各公司間研發努力與實力，專利數多者技術較活躍水平也較高，按技術領域別計也可了解各公司專注領域與重點，可作為專利授權或引進的依據，為產品行銷提供專利保護的情報，如圖10-5、10-6、10-7所示，為不同領域專利活動的概況。

序號	公司名稱	國別	Pipeline Power
1	Taiwan Semiconductor Manufacturing Co.	Taiwan	3586
2	Semiconductor Energy Laboratory Co. Ltd.	Japan	3472
3	Samsung Electronics Co Ltd	Korea ,Republic Of	2614
4	Intel Corporation	United States	2449
5	Intermolecular Inc	United States	2257
6	SanDisk Corp.	United States	1996
7	Marvell Technology Group Ltd.	Bermuda	1870
8	Tessera Technologies Inc.	United States	1759
9	Invensense Inc	United States	1313
10	Broadcom Corp.	United States	1115
11	Invensas Corp	United States	1075
12	Micron Technology Inc.	United States	1055
13	Avago Technologies Ltd	United States	965
14	LSI Corporation	United States	907
15	Global Foundries Inc	United States	843
16	Texas Instruments Inc	United States	715
17	Tela Innovations Inc	United States	699
18	Sunpower Corp	United States	613

圖10-5 2016年半導體製造商美國專利實力分析

序號	公司名稱	國別	Pipeline Power
1	International Business Machines Corp	United States	4572
2	Hewlett-Packard Co	United States	1710
3	Fujitsu Limited	Japan	603
4	NEC Corp	Japan	315
5	Wincor Nixdorf International GmbH	Germany	51

6	Giesecke & Devrient Group	Germany	51
7	Lenovo Group Ltd	Hong Kong	42
8	Crestron Electronics Inc	United States	38
9	Compal Electronics Inc.	Taiwan	31
10	Unisys Corp.	United States	29
11	Psion Pic	United Kingdom	15
12	D-Wave Systems Inc.	Canada	14
13	Sagem Orga GmbH	Germany	13
14	Cray Inc	United States	8
15	Silicon Graphics International Corp	United States	7
16	Asustek Computer Inc.	Taiwan	6
17	Cerner Corporation	United States	3

圖10-6　2016年電腦廠商美國專利實力分析

序號	學校名稱	國別	Pipeline Power
1	Massachusetts Institute of Technology	United States	1899
2	Princeton University	United States	1206
3	University of California	United States	1141
4	Harvard University	United States	920
5	Stanford University	United States	718
6	California Institute of Technology	United States	591
7	University of Illinois	United States	460
8	Duke University	United States	421
9	University of Washington	United States	399
10	Columbia University	United States	381
11	University of Texas	United States	353
12	Tokyo Institute of Technology	Japan	301
13	Rensselaer Polytechnic	United States	285
14	Brigham Young University	United States	283
15	Purdue University	United States	225
16	University of Michigan	United States	225
17	Indiana University	United States	202
18	Rutgers University	United States	189

圖10-7　2016年教育機構美國專利實力分析

二、定性分析

　　定性分析也稱技術分析，是用專利技術內容與品質分析專利價值，是依技術特性來歸納專利的產業價值，定性分析與定量分析僅依靠專利數量變化的特性有很大區別，要依靠產業資深的專家提供專業的分析，專家可依從發明的用途、原理、材料、結構和方法等方面來考慮重要專利的內容，並將重要專利按照內容的異同分類，如果專利內容以原理為主，說明這項技術尚未成熟，如果專利內容以用途的多樣為主，則說明技術已能實現，企業的專利領域可看出其特色與重心，再將領域按技術特性分成各個專利群，對企業擁有的專利群及其生命週期進行分析，可對技術群的發展趨勢及產業動向進行分析與預測。

　　因涉技術領域的技術特徵，定性分析需專業知識，深入且複雜，專利分析選擇定量分析或定性分析，應視問題特性或當前掌握的專利數據而定，實際上定量分析與定性分析結合起來，才能達到好效果，例如先透過定量分析確定相關技術領域中有競爭優勢的領先群，然後領先群在進行定性分析找尋關鍵專利及重要產業情報。

　　利用專利分析的結果數據，進行企業策略分析與設計，例如下列策略分析工具：安索夫矩陣（Ansoff matrix）、波特（Porter）分析工具、標準分析法（Bench marking, BMK）、波士頓經驗曲線（BCG experience curve）分析、貝恩利潤池分析工具（Bain profit pools）、產品／市場深度矩陣、差距分析（Gap analysis）、戰略集團分析（Strategic group analysis）、杜邦分析法（Dupont analysis）、SWOT分析法、商業程序分析模型（Business process analysis model）等策略分析工具，將專利權技術特徵、產業界技術趨勢、各企業間專利權活動現況、與企業間相互影響的戰略關係完整建立，再利用選定策略分析工具，提出較結構化的可思考的架構。

　　策略師可用賽門決策模式（Simon's decision making model），利用發現問題、設計可行方案、判斷選擇方案、實施與執行方案四個階段決策程序，利用策略分析工具發現與了解產業競爭環境、設計可行方案，之後決策者判

斷選擇方案、實施與執行方案，利用賽門決策模式四個階段決策程序形成管理循環週而復始止於至善，企業智慧財產權策略是企業經營的長期目標，企業智慧財產權組織、人員訓練、目標管理、預算、成本控制等皆需長期經營與控管。

10.4 專利定量分析

有關專利定量分析的案例很多，其中國際電機電子工程協會（IEEE）所發行之IEEE Spectrum雜誌2015年的分析案例有重要參考價值，此案例以美國專利商標局（USPTO）所獲准發明專利年度數量為分析基礎，將世界各主要公司之專利實力進行評分，結果按所屬技術類別來進行分類排名，受測者分數主要以評分棒（Pipeline Power）來顯示，分數計算方式為針對受測者該年度所持有之專利組合進行整體分析，包括該年度核准專利數量、專利數增長情形、專利發明之原創性、影響力及所涉及技術領域或稱廣泛性等分項目的綜合加成分析。

評分方式，以2015年USPTO專利獲證進行年度專利評分，具體計算公式為：

計分棒分數 = 受測者2015年美國專利獲准數量×成長加成指數（Pipeline Growth Index）×調整後影響力加成指數（Adjusted Pipeline Impact）×原創性加成指數（Pipeline Originality）×廣泛性加成指數（Pipeline Generality）

1. 成長加成指數（Pipeline Growth Index）：顯示受測者之專利活動是處於成長還是下降狀態，為受測者2015年美國專利獲准數量與前5年期間（2010～2015）授權專利平均值之比，倘若結果大於1，則反映其專利活動在2015年呈現成長；小於1，則反映2015年之專利活動不若以往，為避免剛成立之新創公司企業等獲得過高之成長指數分數（因過去獲准專利數量甚少）而影響評鑑準確性，成長加成指數之上限值為2。

2. 調整後影響力加成指數（Adjusted Pipeline Impact）：反映受測者所持有專利組合對於後續技術研發之影響，「原始影響力加成指數」（Pipeline Impact）之計算方式，為受測者過去5年間所獲准專利於2015年之被引用次數，與同時間及相同技術領域之所有專利之平均被引用次數之比例結果，若大於1則意味著該受測者之專利受引用次數頻繁，並較具影響力。然而為避免有心人士透過自我引用（Self-citation）方式來蓄意操控該數值，原始影響力指數的自引率若超過30%，則超過30%之部分將予以扣除。例如，原始影響力指數之自引率若達到45%，則該數值將扣除15%，扣除後之結果，即為調整後影響力指數。例如，原始影響力指數若為1.2且自引率達45%，則扣除0.18（15%）後可得出調整後影響力指數為1.02。

3. 原創性加成指數（Pipeline Originality）：顯示受測者所持有專利之原創性。專利所引用之技術領域較為廣泛者，所得分數較高，亦顯示其原創性可能較高，計算方式同樣為受測者過去5年所獲得專利，與相同時間及技術領域所有專利平均引用領域數量之比例值，亦配合時間以及USPTO所定義之技術分類等限制因素而存在一上限值。比例分數超過1，則代表較具有原創性。

4. 廣泛性加成指數（Pipeline Generality）：顯示受測者所持有專利，後續受到不同技術領域引用之情況，受較多技術領域引用者，意味著其專利所涉範圍較廣，較具廣泛性，計算方式雷同前者，受測者過去5年專利於2015年間曾受多少技術領域引用，並與同時期同領域所有專利平均受引用數相比較，亦配合時間及USPTO所定義之技術分類等限制因素而有一上限值。比例分數超過1，則代表專利較具廣泛性。

IEEE Spectrum專利實力評鑑共分為17個分類，並據此將受測之各國公司企業、科研教育組織等進行分組排名，結果如下：

1. 航太國防（以波音、洛馬、洛克威爾、空中巴士等美歐航太公司居領先地位）。

2. 汽車組件（以豐田、福特等美日汽車大廠領先）。

3. 生技製藥（嬌生、Abbot、Gilead、拜耳等美德藥廠居領先地位）。

4. 化學（美日德企業居領先地位）。

5. 通訊／網路設備（高通、思科、易利信、諾基亞等通訊大廠居領先、中國華為名列其中）。

6. 通訊／網路服務（美國Google及Facebook居領先地位）。

7. 電腦周邊設備和記憶體（美日企業居領先地位、臺灣元太科技名列其中）。

8. 電腦軟體（美國微軟等居領先）。

9. 電腦系統（美國IBM、惠普等居領先，臺灣仁寶電腦、華碩名列其中）。

10. 企業集團（美國通用電器、日本東芝等居領先）。

11. 消費電子產品（美國蘋果、日本佳能、索尼及南韓LG居領先、中國TCL、臺灣鴻海名列其中）。

12. 政府機構（法國原子能署、澳洲CSIRO、新加坡科技研究局居領先）。

13. 醫療儀器／設備（美國Medtronic等大廠居領先地位）。

14. 科學儀器（美歐日等國企業居領先）。

15. 半導體設備製造（美日企業為主，臺灣日月光半導體、華邦電子擠進前20，如圖10-6所示）。

16. 半導體製造（臺灣台積電蟬聯冠軍，如圖10-6所示）。

17. 大學／教育／培訓（以麻省理工學院等美國大學院校為主，中國清華大學名列其中，如圖10-7所示）。

臺灣的廠商於美國專利活動很活躍，例如：第16項半導體製造台積電蟬聯冠軍積分3586，第7項電腦周邊設備和記憶體元太科技排第8名積分567，第9項電腦系統仁寶電腦排第9名積分31、華碩第17名積分6，第11項消費電子產品鴻海第15名積分521，第15項半導體設備製造日月光半導體第17名積分56、華邦電子第18名積分41，以上的數據顯示在美國外國廠商專利活動的排行榜臺灣廠商是名列前茅，這是美國專利權定量分析典型案例。

第 11 章

專利布局與策略

　　專利布局是指企業綜合產業、市場、技術，及法律等要素，對專利戰略執行有計畫性的整體性的規劃，考量了企業利害有關的時間、地域、技術、市場、產品以及智慧財產權等信度，建構嚴格高效率的專利保護網，形成產業競爭有效率的戰略。

　　專利布局的概念是高深的境界，企業的專利組合應該具備數量上、預算上、保護層級、人力上、企業戰略皆應有一定水平，企業如要獲得特定領域的專利競爭優勢，除了追求專利數量外，漸漸也要重現專利布局，甚至除專利的技術外，與相關技術領域的專利細節也要更徹底的了解，實務上專利審查是比較學術審查寬鬆，但如企業要以技術創新為發展基礎，則要深入了解專利布局的策略及產業各企業的專利請求項技術特徵的細節。

　　企業進行專利布局通常會涉及主要部門，例如知識管理部門（知識長，CKO）、公司管理層（執行長，CEO）、市場部門（市場長，CMO）、法務部門（法務長，CLO），及研發部門（技術長，CTO），其中智慧產權管理部門應該有負責專利申請、維護、管理等經常性工作，法務部門負責專利攻防包括訴訟，另研發部門，應該啟動專利布局的戰略，讓整個企業的研發（R&D）有明顯目標與方向。

11.1 專利布局的模式

　　有關專利布局的模式，1999年瑞典chalmers大學工業管理學系Granstran・Ove教授所寫的 *The Economics of Management of Intellectual Property* 一書中，提出專利布局的六種模式，這六種模式普遍被業界專業人士所接受，且被之後有關專利論文索引述，專利布局可用這六種模式為基本單元反覆使用長時間後可組合成企業專利地雷或艦隊，這六種模式簡介如下：

一、特定的阻絕與迴避設計（Ad hoc blocking and inventing around）

所謂「特定的阻絕」是僅用一個或少數幾個專利來保護某特定技術特徵的發明專利，針對競爭對手的特定專利申請防禦性專利，其可短期有效率阻絕競爭對手的專利權延伸，但競爭對手很容易透過迴避設計來避開專利權的擴張。如圖11-1，如採用特定阻絕的模式，競爭對手可採迴避設計，且花費的時間、人力成本較低，企業可用此模式解決短期及針對性的專利防禦問題。

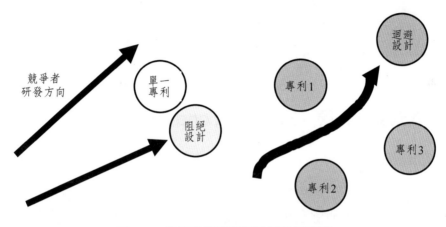

圖11-1　特定的阻絕與迴避設計示意圖

二、策略型專利（Strategic patent）

了解產業的技術環境，並有整體產業技術地圖，專利權擁有者想要保有競爭優勢，就應避免競爭對手有迴避設計的機會，如圖11-2所示，利用產業的技術地圖，分析技術關鍵位置，策略專利即是尋找關鍵位置，並研發專利技術，產生較大阻絕功效的專利，即對某特定產品領域所必須之技術或是路障型專利，其特點為阻絕性高，要進行迴避設計非常困難，必須投入大量研發資源，例如，Qualcomm有關CDMA的布局策略為基礎專利，使得其他有關3G的WCDMA，TD-SCDMA，CDMA 2000，都無法續開其基礎的策略型專利，另Twitter的US8,448,084（B2）專利案是Pull to Refresh即觸控螢幕刷新策略型專利，是Twitter進行策略型防禦保護不受專利攻擊的案例。

213

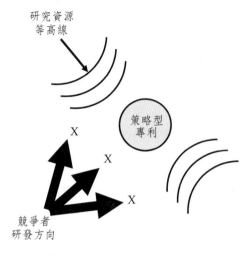

研究資源
等高線

策略型
專利

X
X
X

競爭者
研發方向

圖11-2　策略型專利示意圖

三、地毯式專利布局（Blanketing and flooding）

長期的戰略性的專利布局，當企業在某產業長期布局及有一定專利數量後，即可形成類似「專利叢」或「布雷區（Minefield）」的方式作地毯式專利布局，有系統在某特定領域的特定元件或步驟中用大量的專利形成地雷區，以阻絕競爭者進入。如圖11-3，對於強行侵入的競爭者於專利申請時可舉發異議，如有產品事實可透過專利訴訟方式將競爭對手策略性逐出，這種專利與法務串聯運用的例子，最成功的即鴻海，近十萬件的專利有94%的專利在連接器，早期全世界任何有關聯接器的專利申請案鴻海皆策略性提出異議，其在連接器的布局即久且深，雖然近年鴻海在連接器相關的專利只剩下24%，鴻海在連接器的布局即是很典型地毯式專利布局。

地毯式專利布局模式可用於不確定性高的新興領域，各種研發方向蓬勃發展，任何成果皆有可能成局，此種布局模式一定要在新興產業，即掌握先機，例如十幾年前的電子商務，近幾年的行動商務，未來物聯網，大數據，共享經濟的商業模型等，皆是可能的方向，所以此種布局模式要在產業領域發展的早期，且可能要有足夠的資金及研發能量加以配合，且沒有系統性的專利布局容易演變為專利而專利，專利的氾濫，每年專利於各國的申請費及

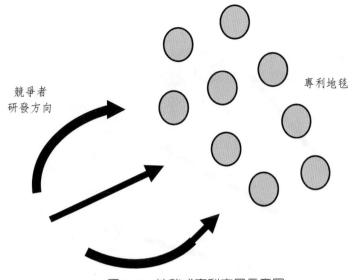

圖11-3　地毯式專利布局示意圖

維護費也非常驚人，沒有深歷其中，無法體會專利地雷群的布局是很浪費金錢，故此種布局策略的運用，要非常小心否則得不償失。

四、專利圍牆（Fencing）

專利圍牆是利用系列式的專利來形成競爭對手研發進行的阻絕圍牆，如圖11-4，例如一化學相關的發明，將其化學子程序、分子設計、幾何形狀、溫度、或壓力條件範圍之變化都申請專利保護，藉以形成像一道圍牆，以防止競爭對手有任何空隙可以迴避。當許多不同的技術可解決方案都可達到類似功能的結果時，可以考慮專利圍牆的布局模式，例如：若A方法能製造某產品，另B方法、C方法也可以製造該產品，專利圍牆的策略即同時將A方法、B方法、C方法同時申請，築成專利圍牆，具體的例子是如從微生物發酵液中提取到某一活性物質，就必須考慮通過化學全合成，天然物中提取，以及半合成或結構修飾等方式得到該物質，專利布局如同時將這四種物質皆申請專利，即是一種專利圍牆布局。

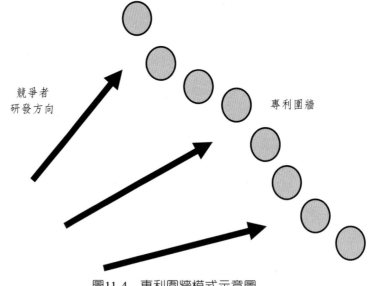

圖11-4　專利圍牆模式示意圖

五、包繞式專利布局（Surrounding）

以多個小專利包繞競爭對手的重要專利，這些小專利也許沒有很高的專利價值，但多個小專利包繞競爭對手重要專利可有效阻絕競爭對手發揮專利價值，例如以各種不同的應用包繞基礎型專利，可使此基礎型專利的範圍被限縮無法發揮延伸的功效，故當競爭對手有基礎型專利，可以用此種包繞式專利布局策略，如圖11-5所示，限縮競爭對手的專利權力，這些小專利可以確保當專利訴訟的防禦工具，也可與競爭對手專利談判時可交互授權談判的

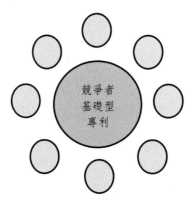

圖11-5　包繞式專利布局示意圖

籌碼,另一方面如果本身有重要的基礎型的專利,也需要用多個包繞式專利布局形成緊密的專利艦隊,及早防患對手採包繞式策略。

六、組合式專利布局(Combination)

利用各種結構和方式來形成組合式專利布局,藉以強化技術保護的強度或成為談判有利的籌碼,包繞式專利布局模式就是可參考的模式之一,以一個基礎型專利包繞幾個次要的應用專利,甚至以多個包繞式專利布局來形成緊密的專利布局,阻絕競爭者研發方式,如圖11-6所示,多個包繞式專利布局模式可有效阻絕競爭者的突圍。

企業或研究單位當專利申請至一定規模時,即當考量採用哪一種專利布局模式,專利布局可從深度或廣度著手,就深度而言,即某一技術領域從基礎專利到相關衍生專利形成堅實的保護網,建立核心技術壟斷的局面,這方面通常需要長時間耕耘才能達成,就廣度而言,即基礎技術及其可能應用專利一起申請,可使保護範圍更加完整,有利於主導整個技術領域和市場走向,若應用範疇很廣,想要囊括所有相關專利的投資成本可能就很龐大。

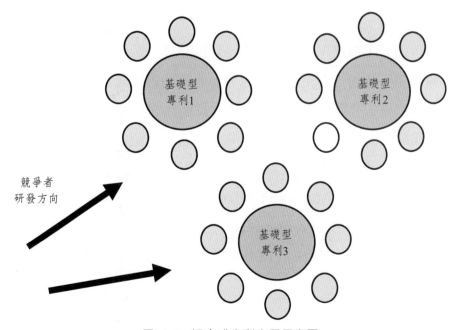

圖11-6 組合式專利布局示意圖

專利布局與產業現況非常有關係，例如傳統化工、機械等產業許多專利已被申請，產業技術的突破比較不容易，新入場的企業往往要付龐大的專利權利金，但一些新興的產業，例如電子商務、行動商務、手機等產業，早期產業的專利地圖一片空白，產業進入者很容易利用幾件關件的專利權產生非常好的效果，例如Amazon的「One-dick ordering」（US5960411），或Apple有關Touch screen的三個專利US7469381、US7864163、US7853891等專利即產生非常好的市場價值，利用關鍵專利將競爭逐出美國市場，在電子商務及手機產業這是非常經典專利布局成功的案例，專利布局在高科技競中，有攻擊也有防禦，從Apple與三星訴訟戰爭，如圖3-5，可看出在2011至2012年間世界二大手機大廠專利攻防的慘烈狀況，高科技企業的市場策略必須以專利策略為核心。

11.2 專利策略

專利策略（Patent strategy）包括專利與策略，即是以專利為手段達到企業策略目標的行動規劃，簡言之即是專利所要達成的企業目標。

專利所要達成目標是利用專利使企業利潤最大化，而企業利潤最大化需與企業策略目標一致，換言之，專利目標與企業經營目標及企業市場策略目標一致，可細分，長期、中期、短期、年度目標、公司目標與部門目標等，因此專利策略不能獨立與企業經營思考，也不能單獨考量專利技術含量，而必須與整體產業生態與市場擴展整體性、長期性的整合性思考。

專利策略具有特殊目的，其中特殊性包含攻擊型、防禦型與願景型等，如圖11-7所示，專利於企業的角色與定位思考，包括專利扮演企業於智財權競爭中攻擊與防禦（Attack and defense）的角色、成本中心的角色（Cost center）、利潤中心角色（Profit center）、整合型的角色（Integration），甚至是企業願景（Vision）的角色，隨著企業經營挑戰的由淺而深，專利策略也可能產生變化。

圖11-7　專利於企業經營的角色扮演

　　企業主的專利策略，短期可為攻防的考量，中長期專利可依成本中心或利潤中心的考量，遠期可當為企業整合與願景的目標。

　　專利策略可利用專利為工具，並分成五個階段，包括：

第一階段：專利攻防為專利策略短期目標可為專利攻擊與防禦的工具，確保企業營運的安全，不要觸發專利地雷。

第二階段：目標考量專利成本，有專利年度預算，企業專利成本效益及成本控利。

第三階段：追求企業專利利潤，利用專利授權、販賣、和解、整合等，創造企業專利利潤。

第四階段：以企業專利技術為核心，進行企業合併或整合創造綜效。

第五階段：以專利權為基礎規劃產業趨勢圖，企業經營者提出正確、可行、永續的企業願景，利用五個階段將企業經營策略與專利策略捆綁發展。

　　另新興工業國家產業初期從追求成本效益（Cost down）的代工模式，走向創造價值（Value up）的經營模式，皆希望利用專利與研發或品牌與行銷兩條途徑來提升產品附加價值，如圖11-8，即宏碁電腦創辦人施振榮所提出的「微笑曲線」理論，在微笑曲向左走即是專利、智財權、研發等策略，向右走即是品牌、服務、行銷等策略，也就是說企業要提升附加價值，專利是也常運用的策略之一，企業專利質與量的增加可創造高企業附加價值。

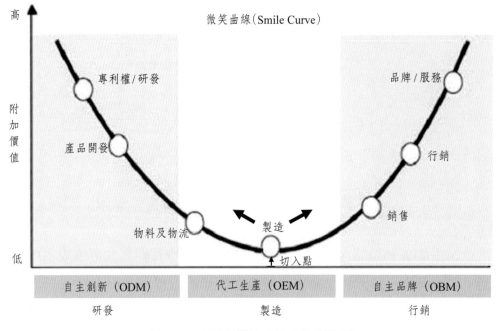

圖11-8　專利與微笑曲線的策略關係

11.3 專利蟑螂

　　專利蟑螂（專利流氓，Patent Troll），是積極發動專利侵權訴訟以獲賠償，卻沒生產其專利產品的個人或公司，也就是透過積極主張專利權之方式的非專利實施事業體（Non-Practicing Entities, NPEs），採取以行使專利權來獲取利潤的商業模型，僅2011年美國專利蟑螂就告了2150間公司，相關訴訟案高達6000個，另根據美國Patent Freedom調查指出，至2010年4月1日為止，美國有超過325家專利蟑螂公司，領域大都涉及半導體、軟體應用等。

　　專利蟑螂的律師函（Demand letters）追索模式，可分兩種：一種是設定目標後強力追索，此種模式往往是針對已經有相當產量或特定名聲的廠商，另一種是廣發律師函，某產業各廠商皆有可能收到律師追索函。

　　對於專利蟑螂的最大誘因，在於被索廠商評估高昂訴訟費用後，也許願意以較少金額與專利蟑螂和解，擺脫蟑螂追纏的困擾專注本業，尤其新創型小企業更是急於和解了事，被索廠商如選擇直接面對訴訟案，除需外聘熟悉

當地訴訟律師外，還必須詳讀系爭專利說明書的技術特徵比對公司現有專利或技術，尚需面對美國每案平均2.5年專利訴訟的煎熬，其中辛酸絕非局外人可體會的。

專利蟑螂面對愈來愈敵視的環境，2013年美國公布的立法行動建議方針的政府立場，是支持被訴廠商向蟑螂索討律師費用，即如果法院認定專利蟑螂是濫用訴訟程序時，被告可以要求原告負擔其律師費用，白宮同時公布的行政部門行動中，也強調未來執行「進口限制令」時，會以更審慎的態度為之，這些政府的態度墊高蟑螂的行動成本及亂訴的代價。

近年專利蟑螂與著名廠商有關的訴訟案，較典型案例如下：

趨勢科技案例

2010年高智發明（Intellectual Ventures）列出3千個專利，堅要趨勢科技以2億美元取得全部3千項的專利授權案，幾乎是專利蟑螂典型露骨的勒索行徑，同時賽門鐵克、Check Point、Intel也被Intellectual Ventures盯上控訴專利侵權，Intellectual Ventures從2010年開始，經營方向從收購專利組合包裝，轉向直接拿專利控告科技公司是典型專利蟑螂商業模型，2015年2月，賽門鐵克的法庭結果出爐，Intellectual Ventures勝訴，賽門鐵克必須支付約1,700萬美元的侵權賠償金，為軟體界投下一記震憾彈，也代表Intellectual Ventures的商業模式行得通，賽門鐵克、Check Point則是把資料中心搬離美國，2015年4月28日勢科技專利侵權官司獲得平反，創下科技公司對抗專利蟑螂獲勝的先例，Intellectual Ventures在2010年控告趨勢科技兩項專利侵權，並求償1億5千萬美元，美國德拉瓦州地方法院法官裁決Intellectual Ventures的兩項專利無效，太過抽象而不具可專利性，此訴訟案不需進入原定五月初召開的審理程序，本案關鍵是Intellectual Ventures提出的專利太過廣泛，而且很像存在已久的查號台功能，此外趨勢科技的專利申請比較早，所以法官直接判定對方的專利不該成立。

Somaltus案例

Somaltus的公司在2016年07月12日遞狀控告蘋果（Apple）侵犯其所擁

有的電池技術相關專利，Somaltus主張，蘋果iPhone 6s等產品侵犯了該公司所擁有的「整合型電池服務系統（Integrated Battery Service System）」專利（美國專利號US7657386），要求賠償金或支付權利金，Somaltus也藉由上述專利控告華碩、聯想（Lenovo）、三星（Samsung）、Sony、東芝（Toshiba）侵權，Somaltus並未提供產品或服務，也不存在WEB網站，因此可說就是一家專利蟑螂，不過可怕的是，Somaltus過去也曾一樣透過專利訴訟，成功從福特（Ford）、日產（Nissan）取得和解金。

VirnetX案利

2018年4月12日美國德州上訴巡迴法院對蘋果與一家專利蟑螂業者VirnetX之間的通訊專利侵權官司做出判決，蘋果需賠償後者5.03億美元，雙方的官司起於2010年，當時VirnetX控告蘋果軟體FaceTime、iMessage及VPN on Demand侵犯其網路安全通訊技術，本案經過多次審理與判決，皆由VirnetX勝訴，且蘋果判賠金額也從一開始的3.02億，加到4.4億，最後來到這次的5.03億美金，VirnetX雖原為一家安全通訊技術開發商，但近來多專注於控告其他軟體業者獲利，即一家專利蟑螂公司，之前VirnetX也曾控告過微軟及思科，微軟也拿出2.23億美元消災了事。

Fintiv案利

2018年12月28日一家名為「Fintiv」的專利權公司盯上了蘋果，指控蘋果侵犯旗下相關專利，且影響範圍幾乎涵蓋所有蘋果行動裝置機型與產品，總部位於美國德州奧斯汀的「Fintiv」表示，蘋果Apple Pay行動支付服務侵犯了該公司之前收購的一項南韓專利，「Fintiv」訴訟書也表示，這項技術專利主要涉及存在行動設備的虛擬卡片管理，「Fintiv」還表示，侵權的蘋果產品包括iPhone（iPhone 6 / 6 Plus、6s / 6s Plus、SE、7 / 7 Plus、8 / 8 Plus、X、XR、XS / XS Max）、Apple Watch智慧手錶（Series 1、Series 2、Series 3、Series 4）和Apple Wallet錢包應用等，幾乎為蘋果在市場販售的所有行動產品，「Fintiv」此次起訴，市場人士表示蘋果這次可能是遭專利蟑螂盯上。

以上的案例可了解專利蟑螂在美國高科技產業之活躍，面對專利蟑螂的騷擾，企業經營應該長期觀注專利法務的投資，才是最佳應對策略，企業低估了美國訴訟的費用，跨國的法務團隊缺乏美國訴訟的經驗，節節高升的訴訟費用支出迫使小企業同意和解，當然如何控制己方成本，其實牽涉到的是公司內部的教育訓練及人才培育，臺灣公司普遍輕忽法務人才，尤其是跨國法律人才的培養，會造成事故發生時，必須過度仰賴外部事務所，墊高對手成本是另一個可行的方案，例如要求對方提出明確的請求項比較表（Claims comparison chart），這個簡單的要求可以看出對方究竟是有備而來，還只是停留在亂槍打鳥的階段，當然有時候專利蟑螂的奮戰決心也不可輕忽，如何消減蟑螂的誘因，重點在如何破解對方的專利訴求，唯有攻擊才是最佳的防禦，但攻擊是需要日積月累的培養基本功夫，在專利檢索、專利申請、專利技術特徵上下的功夫，都是需要長年練兵，而且需要跨領域、跨文化的培訓人才。

11.4 專利成本與時效

專利戰略為了追求長遠最大利益和發展，利用專利制度提供的法律保護，綜合考慮相關專利的市場情況、公司整體戰略、並且以合理的成本與時間投入為公司帶來永續商業價值，專利所有程序對企業而言都是一筆很大的開支，專利的市場效果與專利程序的時間安排有密切關係，因此在製定企業專利戰略要把專利相關的成本及時效考慮在內。

一、專利成本分析

從自主研發、申請專利或購買專利，再到後期的專利維護成本，對初創公司而言都是一筆很大的開支，因此在製定公司整體財務預算時，要把專利相關的成本考慮在內，把專利的積累和維護作為一項長期投資納入公司整體發展規劃，專利成本分析程序包括：

1.進行成本收益分析：制定專利戰略的目標是為企業帶來永續利益，而

未來收益需要成本投入，規劃專利戰略時，公司需要對相關研發和專利計畫做一個全面的成本收益分析，盡可能詳盡地計算研發、專利申請、專利管理與維護、或專利購買成本，考慮其可能為公司帶來的經濟收益，還應當結合企業目前的可用資源狀況，考慮專利的優先性和必要性。

2. 明確專利成本結構：專利涉及到的成本主要包括前期的研發成本、教育訓練成本、專利申請成本、維護成本、購買成本、合作成本、以及訴訟成本等，研發成本是企業獲得核心技術的必要投入，它決定了企業可能擁有的自主專利權的數量，申請和維護成本也是初創公司繞不開的兩項開支，據美國的一個抽樣調查統計，一項專利從申請到其後20年的維護的成本約為3萬美元，其中包含了申請費、律師費、審查費、發布費、維護費等，對於進入美國的外國公司，還會涉及到翻譯費，而如果要向別的公司購買專利，或者尋求專利合作，也需要支付相應的費用，一旦捲入美國訴訟，可能產生的成本包括每案訴訟平均時間約2.5年、每年出庭約60次、律師費每小時美金500～1,500元、和解或賠償金約1,000萬，成本非常巨大不可不謹慎。

3. 做好成本品質權衡：高品質專利團隊花費相當長的時間和精力進行查詢、分析和修正，時間愈長，成本愈高，不過未來發揮的作用、產生的價值也越大，所以企業在申請專利時需要對專利申請做一個成本和品質的權衡，盡可能以更少的成本獲得更多的價值保障。

二、專利時間分析

專利可以為企業搶占市場先機、排除其他競爭者、贏得主動權，因此專利戰略的時間規劃至關重要，專利時間掌控包括：

1. 把握專利申請時機：企業在申請專利的時候要盡可能快地搶占先機，一些企業由於缺乏專利申請經驗，可能會等到某項技術完全成熟之後才去申請專利，通常已經被別人搶先，事實上只要對某項技術有初步

的發明和創新就可以申請專利，之後於有效時間裡補充技術特徵說明即可，在美國專利申請會有一年的過渡期，在這一年時間裡，企業可以繼續準備自己之前沒有準備好的申請文件和信息，以備接下來的審查，另申請專利務必在產品研發階段，最晚不能晚於將產品推出市場的前一天，否則專利會因為自己產品的公開而喪失新穎性，這種研發前置期（Lead time）的規劃非常重要，在第十五章會有更詳細的介紹。

2. 做好時間內容權衡：好的專利申請各請求項需要精準敘述、斟字酌句、經得起檢查的，但必然需要花費時間和精力去準備成本也高，專利申請上花多少時間，需要仔細分析發明的技術特徵、優勢、解決的問題、為公司及其他競爭者帶來的價值，因此企業當權衡時間和內容，既能保證第一個申請，又能確保這項專利可為企業帶來有效的保障和預期收益。

3. 注意關鍵時間節點：專利的所有權歸屬於申請人，而不一定是發明人，企業的專利都是以公司的名義進行申請的，因此所有權也歸屬於公司，但是對於一些以專利入股的合夥人，其他合夥人務必要和其簽署專利所有權轉讓協議，把專利權轉到公司名下，由於初創企業的合夥人、投資人以及員工都相對不穩定，因此在專利權要確保在合夥人退夥、投資人考察以及公司裁員等關鍵時間節點之前把相關人員所擁有的專利權通過合同或協議轉移到公司或個人名下，避免後續的糾紛。

專利成本與時間的規劃是專利策略的重心，本書於第十五章提出以專利為基礎的研發程序，如圖15-2所示，即是考量專利時效問題而設計的研發、專利並行的創新程序，能執行這種研發、專利並行的程序，員工智慧財產權的素養要深才行，這是我們基礎教育非常缺乏的部分，我們產業轉型希望從代工轉至研究創新，其中成功與否的關鍵即是智慧財產權的素養，這與生活型態密切相關。

第 12 章

專利侵權

　　專利侵權即判斷某專利（下稱被控侵權專利）是否侵害他人發明專利權，首先必須解析被侵害之專利（下稱系爭專利）各請求項的技術特徵即系爭專利及被控專利的請求項解析及技術特徵解析，確定專利權之文義範圍，逐項逐件比對系爭專利解析後之請求項及技術特徵與被控侵權對應之請求項及技術特徵，以判斷被控侵權對象是否符合文義讀取而構成**文義侵權**，若未構成文義侵權，再判斷被控侵權對象是否適用均等論而構成**均等侵權**，於判斷是否適用均等論時，同時考量有**限制事項**之適用否。

12.1 專利侵權判斷程序

　　判斷被控侵權專利是否侵害系爭專利權，第一步驟必須逐項比對系爭專利的請求項，以及被控侵權專利的對應請求項，第二步驟解析系爭請求項的技術特徵，及被控專利對應請求項之技術特徵，第三步驟各請求項、各技術特徵逐項、逐特徵比對，第四步驟判斷是否符合「文義讀取」的**文義侵權**，第五步驟判斷是否適用「均等論」的**均等侵權**，如圖12-1，利用這五步驟逐請求項，並分析各技術特徵，逐項比對判斷是否侵權，注意侵權判斷是逐各請求項逐各技術特徵判斷。

第四步驟，判斷是否符合「文義讀取」的**文義侵權**，有下列結果：

　　A1. 若符合「文義讀取」，應判斷被控專利之該請求項構成**文義侵權**。

　　A2. 若不符合「文義讀取」，而專利權人主張適用「均等論」，再判斷被控侵權專利是否適用「均等論」。

第五步驟，判斷是否適用「均等論」的均等侵權，有下列結果：

　　B1. 若適用「均等論」，應判斷被控侵權對象構成**均等侵權**。

　　B2. 若不適用「均等論」，應判斷被控侵權對象不構成侵權。

　　在進行「均等論」判斷時，被控侵權人是否主張「**限制事項**」，即「**全要件原則**」、「**申請歷史禁反言**」、「**先前技術阻卻**」，或「**貢獻原則**」等限制事項，被控侵權人可擇一或一併主張，均等論判斷，有下列先決判斷：

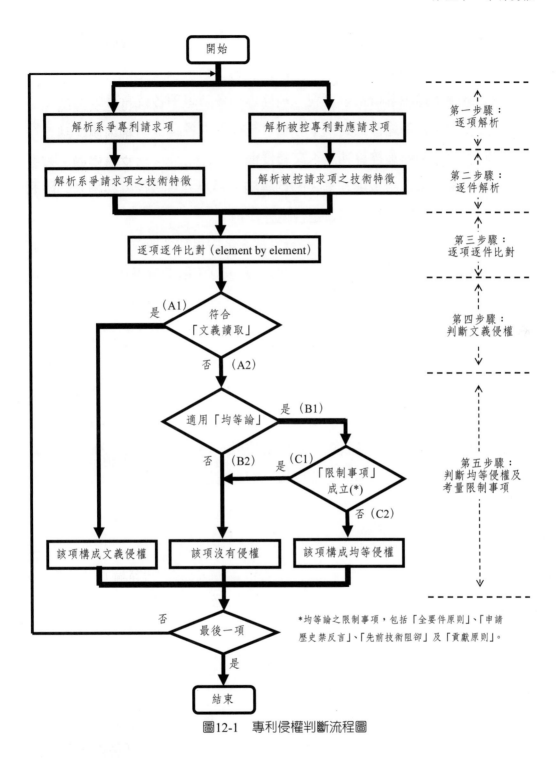

圖12-1 專利侵權判斷流程圖

C1. 若有任一限制項成立，應判斷不適用「均等論」，可判斷不構成均等侵權。

C2. 若無任一限制事項成立，則該項構成**均等侵權**。

專利侵權判斷程序，如圖12-1所示，步驟如下：

第一步驟：逐項解析系爭專利、被控專利各請求項。

第二步驟：逐項解析系爭專利、被控專利各請求項各技術特徵。

第三步驟：逐項逐件比對系爭專利、被控專利各請求項各技術特徵。

第四步驟：判斷被控專利是否**文義侵權**。

第五步驟：處理系爭專利權人的**均等論**主張及考量被控專利權人的**限制事項**主張以判斷是否均等侵權。

系爭專利權人的均等論主張，是合理擴大系爭專利各請求項各技術特徵的權力，相對被控專利權人的限制事項主張，是適度限縮系爭專利各請求項各技術特徵的權力，因此系爭專利權人的均等論及被控專利權人的限制事項主張，讓爭議雙方的權力主張取得合理的平衡，這在侵權判斷過程最重要的部分。

另第三步驟是逐項逐件比對系爭專利、被控專利各請求項各技術特徵，一般較複雜專利的申請專利範圍（Claims）皆有許多請求項，包括：獨立項、附屬項，每個請求項又有多項技術特徵，甚至有複雜的樹狀結構，侵權判斷過程中需要將解析後各請求項各技術特徵，逐項逐件列冊編號追蹤、管理、分析，包括：文義侵權、均等侵權、均等論限制事項的各細節判斷，要非常細心謹慎。

12.2 請求項解析

專利判斷的第一步驟，即解析請求項，如圖8-3，8-4所示，依據專利法之規定，專利權範圍以請求項爲準，於解釋請求項時，並得審酌專利說明書及圖式。

一、專利法條的依據

專利法　第58條

發明專利權人除本法令有規定外，專有排除他人未經其同意而實施該發明之權。物之發明之實施，指製造，為販賣要約、販賣、使用或為上述目的而進口該物之行為。方法發明之實施，指下列各款行為：一、使用該方法。二、使用為販賣之要約、販賣或為上述目的而進口該方法直接製成之物。發明專利權範圍，以申請專利範圍為準，於解釋申請專利範圍時，並得審酌說明書及圖式。

專利法施行細則　第18條

發明之申請專利，得以一項以上之獨立項表示；其項數應配合發明之內容；必要時，得有一項以上之附屬項。獨立項、附屬項應以其依附關係，依序以阿拉伯數字編號排列。獨立項應敘明所依附之項號，並敘明標的名稱及所依附請求項外之技術特徵，其依附之項號，並應以阿拉伯數字為之；於解釋附屬項時，應包含所依附請求項之所有技術特徵。

專利法施行細則　第20條

獨立項之撰寫，以二段式為之，為前言部分應包含申請專利之標的名稱及與先前技術共有之必要技術特徵；特徵部分應以「其特徵在於」、「其改良在於」或其他類似用語，敘明有別於先前技術之必要技術特徵。解釋獨立項時，特徵部分應與前言部分所述之技術特徵結合。

　　專利法第58條規定專利的權力性質包括：制造、為販賣要約、販賣、使用、進口等權力；專利法施行細則第18條規定申請專利範圍（Claims）請求項的架構包括：獨立項、附屬項及技術特徵；專利法施行細則第20條規定獨立項二段式架構包括：標的名稱、連接詞、各技術特徵，這些法律條文皆是請求項解析的重要依據。

二、獨立項與附屬項

請求項分為獨立項及附屬項二種類型，獨立項應敘明申請專利之標的名稱（Designation of the subject matter）及申請人所認定之發明的必要技術特徵，以呈現發明之整體技術手段，必要技術特徵，指申請專利之發明為解決問題所不可或缺的技術特徵，其整體構成發明的技術手段。

技術手段為技術特徵所構成，即申請專利為解決問題而獲致功效所採取之技術內容，於物之請求項，其中之技術特徵為結構、元件、成分或其間之關係等，於方法請求項，其中之技術特徵為步驟、條件或其間之關係等。

三、二段式、前言（Preamble）、連接詞、主體

請求項之記載內容包括前言及主體，二者中間有連接詞，例如「一種通訊裝置，包含元件A及元件B」，其中前言（通訊裝置）描述申請專利之發明的標的名稱，主體（元件A及元件B）描述各技術特徵及其關係，連接詞（包含）則用於連接前言與主體。

連接詞之類型有開放式、封閉式、半開放式及其他表達方式：

1. 開放是連接詞係表示元件、成分或步驟之組合中不排除請求項未記載的元件、成分或步驟，如「包含」、「包括」（comprising、containing、including）等。

2. 封閉式連接詞係表示元件、成分或步驟之組合中僅包含請求項記載之元件、成分或步驟，如「由……組成」（consisting of）等。

3. 半開放式連接詞則介於開放式與封閉式連接詞之間，係表示元件、成分或步驟之組成中不排除實質上不會改變申請專利之發明的基本及新穎特性（Basic and novel characteristics）之其他元件、成分或步驟，如「基本上（或主要、實質上）由……組成」（consisting essentially of、consisting substantially of）等。

4. 至於其他類型之連接詞，如「構成」（compose of）、「具有」（having）、「係」（being）等，其係屬於開放式、封閉式或半開放

式連接詞，應先參照說明書內容，依個案情況予以認定。例如一種CDMA，其具有編碼人類PI序列，若由說明書之記載可了解該CDMA尚包含其他部分，則認定該連接詞「具有」為開放式連接詞。

範例：（參考智產局，判斷範例）

【系爭專利之請求項】

一種甲裝置，包含A元件；及B元件，其中A元件由a元素；b元素；及e化合物所組成，其中B元件具有f元素；及g化合物。

【被控侵權專利1】

一種乙裝置，包含A元件；B元件；及C元件，其中A元件由a元素；b元素；及e化合物所組成，其中B元件具有f元素；及g化合物。

【被控侵權專利2】

一種丙裝置，包含A'元件；及B元件，其中A'元件係由a元素；b元素；及f化合物所組成。

【被控侵權專利3】

一種戊裝置，包含A元件；及B'元件，其中B'元件具有f'元素；及g'化合物。

【爭點】

被控侵權專利1、2、3是否落入系爭專利請求項界定之範圍？

【說明】

系爭專利之請求項中有關「甲裝置」的組成係採開放式連接詞，「包含」予以界定，其範圍不排除請求項中未記載的成分，由於被控侵權專利1已包含請求項之所有技術特徵即A元件及B元件，雖然另包含系爭專利之請求項未界定之C元件，仍落入系爭專利之請求項界定範圍，即<u>被控侵權專利1侵權</u>。

系爭專利之請求項中有關「A元件」的組成係採封閉式連接詞「由……組成」予以界定，其範圍僅涵蓋由a元素；b元素；及e化合物所組合

物，被控侵權專利2之A'元件係由a元素及b元素所組成之外，另會有f化合物，e化合物與f化合物不同，因此被控侵權專利2沒落入系爭專利之請求項界定之範圍，即<u>被控侵權專利2不侵權</u>。

系爭專利之請求項中有關「B元件」的組成係採其他類型之連接詞「具有」予以界定，其範圍僅涵蓋具有f元素及g化合物，被控侵權專利3之B'元件具有f'元素及g'化合物，其中f元素；g化合物；f'元素；g'化合物是否有實質相同尚需再由專利說明書內容支持方能判斷，因此被控侵權專利3是否落入系爭專利之請求項界定之範圍，以現有資料尚無法精準判斷需參考說明書上、下文意，即<u>被控侵權專利3是否侵權無法判斷</u>。

系爭專利之請求項中有關「甲裝置」的組成係採開放式連接詞，即「包含」技術特徵即A元件及B元件；「A元件」的組成係採封閉式連接詞「由……組成」；「B元件」的組成係採其他表達方式連接詞「具有」，以上範例即是開放式、封閉式、及其他表達方式連接詞應用的案例說明。

12.3 技術特徵解析

專利侵權判斷流程，第二步驟解析請求項之技術特徵，比對系爭專利與被控專利對應之技術特徵，第三步驟採逐項逐件比對。

解析專利之請求項的技術特徵，通常得依請求項之文字記載，其中特定結果之元件、成分、步驟或其間之關係等設定為「技術特徵」。

解析專利之請求項的技術特徵時，其基本原則如下：

1.單一或多個元件、成分、步驟或其間之關係等設定為一技術特徵

對於解釋後的請求項，得以單一或多個元件、成分、步驟或其間之關係等設定為一技術特徵，該技術特徵必須能夠**獨立執行特定功能**，並得到**特定結果**。

2.不得省略元件、成分、步驟或其間之關係等

解釋後系爭專利之請求項記載的技術內容係一整體之技術手段，不論其中之元件、成分、步驟或其間之關係等如何組合而設定為一個技術特徵，解

釋後的系爭專利之請求項記載的任一元件、成分、步驟或其間之關係等均不能被省略。

3.解析被控專利之技術特徵

解析被控專利之技術特徵必須系爭專利經解析後之請求項的技術特徵相對應，無關的元件、成分、步驟或其間之關係等，不得納入比對內容，無需進行解析，其相對應技術特徵的命名或描述，以系爭專利請求項的命名或描述，或以該發明所屬技術領域中通常使用之名稱予以命名或描述。

專利權記載於申請專利範圍（Claims），申請專利範圍含多項請求項，包含獨立項、附屬項，專利法施行細則第20條規定獨立項之撰寫以二段式為之者，二段式的主體即以多個技術特徵組成，專利說明書的撰寫、閱讀、解析、侵權判斷、訴訟皆以技術特徵為基本單元，解析技術特徵為專利權的訓練為重中之重。

請求項解析與技術特徵解析，有時技術特徵是樹狀架構，即技術特徵可為一群技術特徵組成，故專利侵權判斷要充分解析系爭專利及被控專利對應各請求項與各技術特徵，供第三步驟逐請求項逐技術特徵比對，判斷是否文義侵權、均等侵權及其限制事項的考量。

12.4 文義讀取

所謂「文義讀取」（Literally Read On），即被控專利請求項的技術特徵包含經解析後的系爭專利之請求項的每一技術特徵，經解析後的系爭專利之請求項的每一技術特徵均**出現**（Present）或**存在**（Exist）於被控專利中，可稱請求項「文義讀取」被控專利或被控專利符合「文義讀取」，應判斷被控專利構成**文義侵權**。

「文義讀取」之判斷，應將解析後的系爭專利之請求項的每一件技術特徵與被控專利之對應元件、成分、步驟或其間之關係等，分別進行比對，若個別對應之技術特徵均相同，則被控專利符合「文義讀取」侵權，反之解析後無任一對應之技術特徵相同，則不符合「文義讀取」即不構成文義侵權。

　　若被控專利包含系爭專利之請求項的每一元件、成分、步驟或其間之關係等，其是否文義讀取，應依系爭專利之請求項中所載連接詞之類型予以判斷，如圖12-2所示。

	種類	不侵權	文義侵權 （字義侵權、字面侵權）	均等侵權 （等同侵權）
侵權	請求項技術特徵完全相同		A+B+C=A+B+C	
	被控請求項技術特徵加一項以上其他技術特徵		A+B+C=A+B+C+D D為被控專利外加技術特徵	
	請求項部份技術特徵不相同，但均等論之侵權。			A+B+C=A+B+c; if C=c
	缺少系爭請求項中非必要技術特徵，屬於一種非實質改變（Insubstantial Change）		A+B+C=A+B+C+d d非必要元件	
不侵權	缺少一個或一個以上技術特徵，可而仍然具有該專利之目的與功效	A+B+C≠A+B		
	有一個或一個以上技術特徵不相同（實質之改變），均等論不適用	A+B+C≠A+B+d C≠d		

圖12-2　專利侵權之態樣

　　若系爭專利之請求項的標的為物；物的組合，應就該物、物的組合之技術特徵與被控專利對應之物，物的組合的結構、元件、成分、步驟或其間之關係等進行比對，被控專利所含之雜質或製造過程之殘留物，原則上不予比對。

　　若系爭專利之請求項的標的為方法，應就該方法之技術特徵與被控專利對應之方法的步驟，條件或其間之關係等進行比對。

　　若系爭專利之請求項的標的為物之用途，應比照標的為方法之比對方式，若請求項中未界定方法之步驟，則應比對請求項與被控專利對象之物及用途，若請求項中有界定方法之步驟，則應比對請求項與被控專利之物、用途及方法的步驟。

　　被控專利中與系爭專利之請求項的技術特徵無關的元件、成分、步驟或其間之關係等，不得納入比對內容。

　　符合文義讀取之態樣，包含系爭專利之請求項與被控專利之請求項每一對應技術特徵完全相同，差異僅在於文字之記載形式或能直接且無差異得知者，被控侵權對象之技術特徵為系爭專利之請求項對應技術特徵的下位概念技術特徵等。

範例（參考智財局，判斷要點範例）

【例1】例如系爭專利請求項之技術特徵為元件A+B+C+D，被控專利請求項之技術特徵為元件A+B+C+D或A+B+C+D'，其中D'與D之差異僅在於文字之記載形式或能直接且無差異得知，則被控專利符合文義讀取**屬文義侵權**。

【例2】例如系爭專利之請求項的技術手段為元件A+B+C+D，被控專利之技術內容元件A+B+C+d，其中D為上位概念技術特徵，而d為其下位概念技術特徵，則被控專利符合文義讀取屬**文義侵權**。

　　上位概念，指複數技術特徵屬於同族或同類的總括概念，或複數技術特徵具有類似本質之總括概念，下位概念，指相對於上位概念表現為下位之特定更限縮概念，關於上位概念及下位概念的判斷，說明如下例：

範例（參考智財局，判斷要點範例）

【例1】下位概念發明專利之公開，使上位概念專利發明不具新穎性：已公開的某產品係「用銅製成的」會使「用金屬製成的同一產品」之專利喪失新穎性。

【例2】上位概念專利發明之公開，原則上不影響下位概念專利發明之新穎性：已公開的產品係「用金屬做成的」，並不能使「用銅製成的同一產品」之專利申請喪失新穎性，又如「鹵素」之公開，並不使用該系列中之「氯」喪失新穎性。

12.5 均等論

　　「均等論」（Doctrine of Equivalents）為保障專利權人之利益的立場，

避免他人僅就系爭專利之請求項的技術特徵稍作**非實質之改變**，即規避專利侵權的責任，請求項欲完整描述申請專利之發明有其先天上無法克服之困難，因此為彌補請求項的語言侷限性，專利權範圍非僅限於請求項界定之範圍（文義範圍），而得適度擴大至與請求項界定範圍為均等的範圍（均等範圍）。

判斷被控專利是否適用均等論，即判斷被控專利與系爭專利之請求項的差異是否為**非實質的**，若有實質差異則不適用均等論，應判斷被控侵權專利不構成均等侵權，若不具實質差異，且無均等論之**限制事項**時，則適用均等論，應判斷被控專利構成**均等侵權**。

系爭專利之請求項與被控專利之請求項是否為均等侵權的判斷，應採用「技術特徵逐項逐件（Element by element）比對」方式，即針對系爭專利之請求項的技術特徵與被控專利之請求項的技術特徵不相同的部分，進行逐項逐件比對，判斷該等對應技術特徵是否為均等。

例如系爭專利之請求項為「一種裝置X，包括元件A、B、C和D。」被控專利應映之請求項，包括元件A'、B'、E，其中E係由元件C'與元件D'一體成形者，若各元件皆能夠獨立執行特定功能，得到特定結果於判斷系爭專利之請求項的技術特徵與被控專利對應之技術特徵是否為均等時，即元件A對於元件A'，元件B對於元件B'，元件C、D對於元件E（由C'與D'組成），分別逐項逐件比對。

均等的範圍判斷包含：**無實質差異測試**以及**可置換性測試**，若系爭專利之請求項的一技術特徵與被控侵權對象之對應技術特徵以**實質相同**的**方式（Way）**，執行實質**相同的功能（Function）**，得到實質相同的**結果（Result）**時，應判斷**兩者均等**，無實質差異測試係指若系爭專利之請求項的一技術特徵與被控侵權對象之對應技術特徵的差異屬於**非實質差異時**，應判斷兩者均等，**可置換性測試**係指若系爭專利之請求項的一技術特徵與被控侵權對象之對應技術特徵兩者可置換為所屬技術領域中具有通常知識者於侵權行為發生時所已知，且置換後所產生之**功能實質相同**，也應判斷**兩者均等**。

12.6 均等論之限制事項

系爭專利權人主張被控專利適用均等論而構成均等侵權時，被控侵權人得提出抗辯，主張1.**全要件原則**、2.**申請歷史禁反言**、3.**先前技術阻卻**，或4.**貢獻原則**等事項，以限制均等論，若任一限制事項成立，則系爭專利不適用均等論，應判斷被控專利不構成均等侵權。系爭專利權人得主張均等侵權，被控侵權人得主張限制事項可合理限縮系爭專利權之擴大，均等論與限制事項，為爭議雙方權利主張的平衡，適當擴大與限縮專利權主張，說明如下：

一、全要件原則（All-Elements Rule/All-limitations Rule）

所謂「全要件原則」，係指被控專利應包含經解析後的系爭專利之請求項的每一件技術特徵，亦即經解析後的系爭專利之請求項的每一技術特徵，無論是相同的技術特徵或均等的技術特徵，必須**出現**（present）或**存在**（exist）於被控專利中，被控專利始可構成侵權。

判斷是否符合全要件原則時，其中比對之技術特徵必須是實質相同的**方式**（way）能夠獨立執行**特定功能**（function），可得到**特定結果者**（result），無法獨立執行特定功能，得到特定結果者，非屬解析請求項時設定之技術特徵，因此不得作為判斷是否符合全要件原則之依據。

例如系爭專利之請求項的技術特徵為A、B、C，被控專利之對應技術內容為A、B、D，若C與D二者不同，應再判斷二者是否係以實質相同的方式（way），執行實質相同的功能（function），而得到實質相同的結果（result），若二者之方式、功能及結果皆為實質相同，則判斷C與D為無實質差異，二者為均等技術特徵。

二、申請歷史禁反言（Prosecution history estoppel）

「申請歷史禁反言」又稱為「申請檔案禁反言」（file wrapper estoppel），簡稱「禁反言」，係指系爭專利權人於專利申請過程或維護專利

過程中所為之修正、更正或申覆，若導致限縮專利權範圍，則不得再藉由均等論而重為主張已放棄之專利權。

於專利申請或專利權維護過程中，專利權人對於系爭專利之請求項進行修正或更正，無論是主動提出者，或是為了克服專利審查人員之審查意見而被動提出者，只要修正或更正之結果是導致限縮專利權範圍，將引發申請歷史禁反言。

三、先前技術阻卻

「先前技術阻卻」係基於平衡專利權人與公眾之利益而限制專利權之均等範圍，若系爭專利權人藉由均等論擴大後之範圍，涵蓋與單一先前技術特徵相同或為單一先前技術特徵與專利申請時所屬技術領域之通常知識的簡單組合之部分，將可能侵犯公眾利益，亦可能導致擴大範圍後之專利權為無效。

四、貢獻原則

「貢獻原則」係指於系爭專利之專利說明書，或圖示中有揭露但並未記載於請求項的技術特徵，應視為貢獻給公眾，系爭專利權人不得以均等論重為主張其原可於系爭專利之請求項中申請卻未申請之技術特徵。

例如系爭專利之請求項中記載的技術特徵為A，被控專利之技術特徵為B，雖然系爭專利之專利說明書中記載有A、B二技術特徵，但請求項僅記載A而未記載B，B技術特徵應適用貢獻原則的限制事項，均等論的主張不成立，又例如系爭專利說明書中記載以金、銀或銅製成知裝置A，請求項中僅記載以金製成之裝置A，則以銀或銅製成之裝置A的技術特徵適用貢獻原則。

說明書或圖示中對於相關技術特徵之敘述具體明確時，始得適用貢獻原則，若僅有概括性敘述，原則上不可適用，敘述是否具體明確，係由該發明所屬技術領域中具有通常知識者於閱讀說明書及圖示後以判斷。

　　在專利侵權判斷程序中，系爭專利權人可主張均等論適度擴大專利權的解釋，即兩技術特徵用相同**方式（Way）**、有**相同功能（Function）**、得到**相同結果（Result）**，應可判斷為兩**技術特徵均等**，無實質差異屬侵權成立，如圖12-1第五步驟B1。相反被控專利權人可主張限制事項，包括：全要件原則、申請歷史禁反言、先前技術阻卻、貢獻原則等可平衡限縮系爭專利權的擴張，限制事項任一項若成立則沒有侵權，如圖12-1第五步驟C1。這些專利攻防屬專利權主張的技巧，也是專利侵權判斷重要技術。

　　專利侵權判斷流程，如圖12-1所示，**判斷步驟**包括：**解析請求項**、**解析技術特徵**、**逐項逐件比對**、判斷**是否文義侵權**、判斷**是否均等侵權**、考量均等侵權的限制事項等步驟。當系爭專利與被控專利的請求項及其中技術特徵很多時，判斷者必須列清單逐項逐件列管比對及管控，逐件分析各請求項及技術特徵的文義讀取、均等論、限制事項，這判斷流程將可能是非常複雜的工程，判斷者要非常細心耐心逐項逐件解析、解釋、比對、分析，尤其均等侵權及其限制事項的判斷，牽涉侵權兩造雙方權力的主張與平衡，判斷者需非常小心謹慎。

第4篇

智財權完整保護

第 13 章

營業秘密

　　營業秘密與專利權、商標權及著作權,均屬無形之智慧財產權,狹義的智財三法與營業秘密的關係,如圖13-1、圖13-2所示,企業的智慧財產權的策略有四種手段,即利用這四種智財權進行智財攻防,但專利權、商標權及著作權的特性是具有排他性質之專屬權利,任何人未經專利權人、商標人或著作財產權人之同意或授權,皆不得擅自利用其享有專利權、商標權或著作權之標的,這三權的相關創作皆要有充分揭露原則,其中專利權與商標權皆需透過申請及審查,至於營業秘密的權利沒有獨立排他的互斥性,創作的標的不用公開且要採合理保密措施的要件,如圖13-3、圖13-4所示,專利權是充分公開而營業秘密是合理的保密,這兩者本質的最大不同,企業的智慧財產權策略如欲採公開制,則申請專利,如欲採持續保密則採用營業秘密,隨著國際商業活動日趨複雜,跨國企業競爭態勢愈顯激烈,為妥善保障產業倫理及市場公平競爭秩序,營業秘密有受法律保護之必要,且保護強度日益升高。

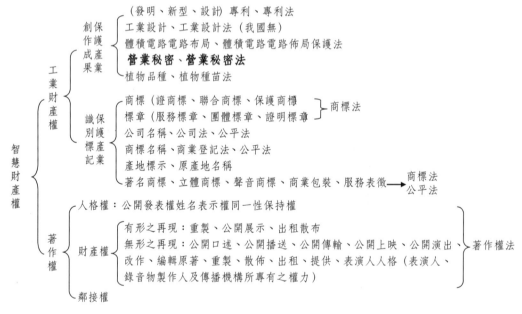

圖13-1　智財三法架構下營業秘密

項目	專利法	商標法	著作權法	營業秘密法
保護標的	技術產品發明創作	商品、服務	文學、科學藝術或其他學術觀念的創作表達	方法、技術、製程、配方、程式、設計及產銷經營資訊
要件	產業利用性 新穎性 進步性 非不予專利	識別性 顯著性	原創性	非一般周知具有實際或潛在經濟價值 所有人已採合理保密措施
保護期間	發明20年 新型10年 設計12年	註冊公告日起10年，得申請展延每次10年	著作人生存期間及死後50年	永久，直到祕密喪失
取得方法	屬地主義，申請核准	屬地主義，申請註冊	創作保護主義互惠保護原則	祕密存續期間

圖13-2　智財三法與營業秘密法比較

　　我國營業秘密法係1996年1月7日公布施行，使我國成為繼瑞典後全世界第二個營業秘密單獨立法的國家，由於我國係屬大陸法系國家，而大陸法系國家如德國、奧地利、瑞士、日本、韓國均以競爭法（即不正競爭防止法）規範營業秘密之保護，我國的公平交易法亦有營業秘密之保護規定，因為當年我國在與美國進行貿易諮商談判時，美方的壓力下承諾制定營業秘密法，最終我國即採取單獨立法方式，我國的營業秘密法，參酌包括美國與加拿大之統一營業秘密法，德國、日本與韓國之不正競爭防止法，以及烏拉圭回合談判與貿易易有關之智慧財產權協定（TRIPS）等。

　　營業秘密法自1996年公布施行，直到2012年因企業對層出不窮之營業秘密侵害案件，嚴重侵害產業研發成果與國際競爭力感到憂心，產業界呼籲政府修正營業秘密法增訂刑事責任，強化產業營業秘密之保護，建立公平競爭的產業環境，經濟部智慧財產局負責提出修正草案版本，營業秘密法修正案終於2013年1月11日經立法院三讀通過，並於2013年1月30日公布2月1日起施行。

　　我國現行營業秘密法全文共16條，第1條為立法目的；第2條定義營業秘密及要件；第3、4、5條為釐清權力歸屬；第6、7、8條有關權力的讓與、授權及行使；第9條有關公務人員部分，第10條規範侵害的態樣；第11、12、13條有關民事救濟與損害賠償；第13條之1至4包括增訂刑事責任、域外加重

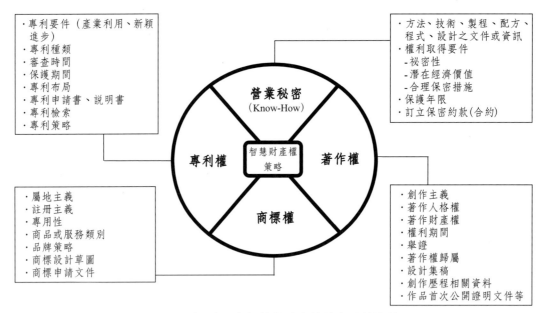

圖13-3　智財三法與營業秘密特點與要件比較

處罰；第14條則規範法案之審理原則，第15條規定外國人保護之互惠原則；第16條則為本法生效日自公布日施行之規定。

13.1 營業秘密發展史

　　古羅馬時期的農莊經濟需要大量掌握手工業、建築業等知識的奴隸，當時奴隸被誘使出賣奴隸主的技術祕密是普遍發生的問題，根據羅馬法，奴隸沒有獨立的法律人格，所以不可能對奴隸進行訴訟，羅馬私法出現了對抗誘騙營業秘密的第三人的訴訟制度，被稱為「奴隸誘惑之訴」，此階段保護營業秘密更多是依靠道德完成。

　　十八世紀、十九世紀，商業祕密開始法律保護的進程，十九世紀中期，法國和德國的刑法懲處未經許可洩漏工廠祕密的行為，1820年英國衡平法院准許了一項使用洩漏營業秘密的禁令，1909年德國制訂的「反不正當競爭法」，給予營業秘密司法救濟。

　　二十世紀50年代以來，對營業秘密的保護進入專門立法保護與智慧財產權保護的並存階段，美國國家統一州法委員於1979年制定了「統一營業秘密

法」，英國下議院於1981年制定了「保護營業秘密權法」，1967年簽訂的《成立世界智慧財產權組織公約》，將「未公開的信息」納入智慧財產權範圍。

另1883年訂立的《保護工業產權巴黎公約（Paris Convention for the Protection of Industrial Property）》，簡稱《巴黎公約》，後歷經7次修訂，1994年TRIPS援引的是巴黎公約1979年最新修訂文本，巴黎公約可說是人類歷史上第一個保護智慧財產權的重要公約，迄今已有175個締約方，是締約方最為廣泛的智慧財產權條約之一。

1994年世界貿易組織通過的「與貿易有關的智慧財產權協定（Agreement on Trade-Related Aspects of Intellectual Property Right, TRIPS）」明文把「營業秘密」列入一項與貿易有關的智慧財產權。

13.2 營業秘密的要件

營業秘密法　第2條

本法所稱營業秘密，係指方法、技術、製程、配方、程式、設計或其他可用於生產、銷售或經營之資訊，而符合左列要件者：

一、非一般涉及該類資訊之人所知者。

二、因其秘密性而具有實際或潛在之經濟價值者。

三、所有人已採取合理之保密措施者。

營業秘密法第2條定義，營業秘密係指方法、技術、製程、配方、程式、設計或其他可用於生產、銷售或經濟之資訊，這內涵與範圍是參酌美國、加拿大、日本及韓國之立法例，已廣採世界先進各國的立法，未免漫無標準，先予營業秘密的保護範圍有一定的規定。

「方法、技術、製造、配方、程式、設計或其他可用於生產、銷售或經營之資訊」，此營業秘密的定義具體且明確的客體，更重要是屬於此範圍內的標的，另要符合三項保護要件，如圖13-4所示，即「秘密性」、「經濟價值性」及「所有人已採取合理保密措施」，而此三要件之內涵為何，以及法

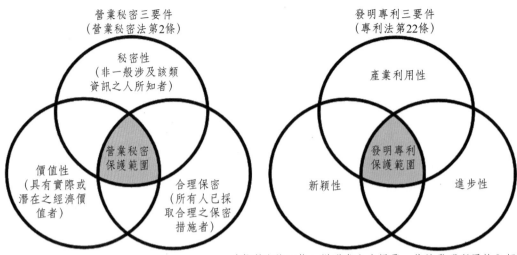

（專利法的26條：說明書充分揭露，使該發明所屬技術領域中具有通常知識者，能了解其內容，並可據以實現。）

圖13-4　營業秘密與發明專利要件與特色比較

院於個案中如何認定，仍需透過學理之言就與討論，以及司法判決之累積與分析，方能歸納出具體可行之判斷標準。

　　營業秘密保護之客體，必須通過「秘密性」、「價值性」、「合理保密」三要件，即營業秘密三要件之檢驗，此三要件中，價值性的部分是最基本的，凡是可以用於生產、製造、經營、銷售之資訊，即可產出經濟利益或商業價值之資訊，即有價值性，合理保密部分，例如公司機密文件設定等級，妥為存放（如上鎖，設定密碼）並對於接觸者加以管制，與員工簽訂保留合約，告知公司營業秘密之範圍等，秘密性部分，涉及之實務爭議相當複雜，擬定並發展出一個較為具體明確的判斷基準，可讓企業依循強化其資訊的祕密性，從而提高受保護之有效性。

　　營業秘密的特質是祕密性，知悉該祕密之人僅能限於特定而封閉之範圍內，如果已經成為公開之事實，則不再是祕密，自然不能再受到營業秘密法之保護，例如已經在期刊上之技術或其他資訊，營業秘密保護之要件，包括下列有三重要項目：

一、非一般涉及該類資訊之人所知者（祕密性）

如果一項資訊雖未達到公眾周知之程度，但卻為一般涉及該類資訊之人所知悉者，雖然可能實際知悉之人有限，然而其既為一般涉及該類資訊之人所知悉，並無以營業秘密法特別加以保護之必要，另有可能某項方法雖為一般人或涉及該類資訊之人所知悉，但以之實施運用於其他產品，卻為其不易得知者，則此種情形亦符合營業秘密的祕密性的要件。

二、因其祕密性而具有實際或潛在之經濟價值（價值性）

營業秘密法在於保護正當之競爭秩序，祕密之所有人在主觀上有將其當成營業秘密之意思，然而如果該祕密在客觀上，並不具有競爭上之意義，並無加以保護之必要，所謂實際或潛在之經濟價值，係指保守該祕密，對於事業之競爭能力具有重要之意義，一旦該祕密被公開會對相關事業之競爭能力造成影響。

三、所有人已採取合理之保密措施（合理保密）

營業秘密之所有人，在客觀上已經為一定之行為，使人了解其有將該資訊當成祕密加以保守之意思，例如將公司機密文件設定等級，門禁有效管制（如上鎖、設定密碼、門禁管制等），並對於接觸者加以管理，與員工簽訂保密合約等，至於保密措施是否已經達到「合理」之程度，應是該營業秘密之種類、事業之實際經營情形，以及專業領導普遍的認知為基礎。

13.3 營業秘密之歸屬

營業秘密有價值性即產生權力歸屬問題，營業秘密歸屬於雇主或受雇人、出資人或受聘人，容易引起爭議，特別是在契約中未明文約定者，故在營業秘密法加以規定是有必要性，此規定較接近專利法所規定之歸屬原則（專利法第7、11條）。

一、雇傭關係

> **營業秘密法　第3條**
> 受雇人於職務上研究或開發之營業秘密,歸雇用人所有。但契約另有約定者,從其約定。
> 受雇人於非職務上研究或開發之營業秘密,歸受雇人所有。但其營業秘密係利用雇用人之資源或經驗者,雇用人得於支付合理報酬後,於該事業使用其營業秘密。

　　雇傭關係所產生營業秘密規定,就職務上所產生之營業秘密而言,原則上歸屬於雇主,但契約另有約定者,從其約定,至於非職務上之營業秘密,則歸受雇人所有,但若營業秘密係利用雇用人之資源或經驗者,雇用人得於支付合理報酬後,於該事業使用其營業秘密。

二、出資聘人完成

> **營業秘密法　第4條**
> 出資聘請他人從事研究或開發之營業秘密,其營業秘密之歸屬依契約之約定;契約未約定者,歸受聘人所有。但出資人得於業務上使用其營業秘密。

　　就出資聘人研究或開發之情形,營業秘密法規定原則上依契約之約定決定其歸屬,若未約定,則歸受聘人所有,但出資人得於業務上使用該營業秘密。

三、營業秘密之讓與授權

> **營業秘密法　第6條**
> 營業秘密得全部或部分讓與他人或與他人共有。
> 營業秘密為共有時，對營業秘密之使用或處分，如契約未有約定者，應得共有人之全體同意。但各共有人無正當理由，不得拒絕同意。
> 各共有人非經其他共有人之同意，不得以其應有部分讓與他人。但契約另有約定者，從其約定。

　　由於營業秘密具有價值性，營業秘密可為交易之客體，所有人得將其全部或部分讓與他人或與他人共有，亦得授權他人使用之，當事人得就授權使用之地域、時間、內容、使用方法等，自訂加以約定，但被授權人原則上不得再為次授權，除非經營業秘密所有人同意。

四、營業秘密之共有

> **營業秘密法　第5條**
> 數人共同研究或開發之營業秘密，其應有部分依契約之約定；無約定者，推定為均等。

　　營業秘密具有價值性，因此有共有之可能性，共有則會涉及應有部分多寡之問題，因此營業秘密法對於數人共有研究或開發之情形，規定其應有部分應依契約之約定，無約定者，則推定為均等。

五、特定身分者之保密義務

> **營業秘密法　第9條**
> 公務員因承辦公務而知悉或持有他人之營業秘密者，不得使用或無故洩漏之。
> 當事人、代理人、辯護人、鑑定人、證人及其他相關之人，因司法機關偵查或審理而知悉或持有他人營業秘密者，不得使用或無故洩漏之。
> 仲裁人及其他相關之人處理仲裁事件，準用前項之規定。

　　為確保營業之祕密性，營業秘密法特別對於因承辦、偵查、審查或仲裁而知悉或持有他人營業秘密之人，包括公務員、當事人、代理人、辯護人、鑑定人、證人、仲裁人及其他相關之人，均要求其不得擅自使用或洩漏該營業秘密。

13.4 營業秘密的祕密性

　　有關「秘密性」之認定，涉及之實務爭議相當複雜，某項資訊是否具有秘密性，往往是個案中雙方攻防及爭執之焦點，為減少實務見解分歧，應分別依商業性及技術性資訊之特性，如圖13-5，擬定並發展出一個較為具體明確的判斷基準，供企業可以依循相關基準。

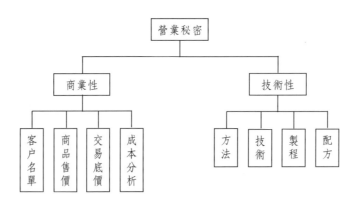

圖13-5　營業秘密的秘密性分類

一、營業秘密的性質

　　企業內部之營業秘密，可分「商業性營業秘密」及「技術性營業秘密」二大類型，如圖13-5，所謂「商業性營業秘密」，主要包括企業之客戶名單、商品售價、交易底價、成本分析等與經營相關之資訊等，此等資訊是否具備祕密性，應視此資訊是否可以輕易從公開管道得知，或企業整理、分析而取得。所謂「技術性營業秘密」指特定產業研發或創新技術有關之機密，包括方法、技術、製程及配方等，系爭技術是否有祕密性，是否專屬於該公司所有，其他同業公司均無該等技術，亦需由主張系爭技術為營業秘密之公司，提出更為具體之證據說明，始能給予相當之保護，如圖13-6，列舉一些有關營業秘密的秘密性判例，用以了解目前法院對營業秘密之祕密性的要求標準與程序。

序號	營業秘密項目	法院判決例	說明
1	客戶名單	台北地院96年勞訴字第35號判決	經投注相當之人力、財力，並經過篩選整理、使獲得客戶名單，包括客戶之風格、偏好、交易記錄，屬營業秘密。
2	商品售價	桃園地院100年度訴字第977號判決	商品價格為市場上公開之資訊，不具祕密性。
3	交易底價	台中地院102年度易字第122號判決	不動產交易的「廣告底價」，廣告單上可得知，不是祕密性，屋主「底價」及「仲介提成」，一般人無法輕易知悉，應具祕密性。
4	成本分析	最高法院102年度台上字第235號判決	產品報價或銷售價，如不涉及成本分析，得自市場輕易獲得之資訊，非屬營業秘密。
5	行銷方法	板橋地院100年度勞訴字第124號判決	「具備獨特之經營行銷模式，深入社區客戶需求」，「教導客人不影響健康減少藥品依賴」，本質上是藥師倫理要求，不具經濟價值。
6	技術、配方	士林地院100年度勞訴字第2號判決	有關肉毒桿菌素、玻尿酸等，注射劑量、方式、療程和使用配方屬營業秘密，原告未能證明其措施的優惠，故不屬營業秘密。
7	配方	台北地院99年度智字第3號判決	公司新配方、新製程，符合營業秘密要件。
8	製程	智財法院100年度民專上字第17號判決	PCB印刷電路板、相關製程，屬營業秘密。

圖13-6　營業秘密相關項目的法院判決例

二、營業秘密的侵害

營業秘密法　第10條

有左列情形之一者，為侵害營業秘密。

一、以不正當方法取得營業秘密者。

二、知悉或因重大過失而不知其為前款之營業秘密，而取得、使用或洩漏者。

三、取得營業秘密後，知悉或因重大過失而不知其為第一款之營業秘密，而使用或洩漏者。

四、因法律行為取得營業秘密，而以不正當方法使用或洩漏者。

五、依法令有守營業秘密之義務，而使用或無故洩漏者。

前項所稱之不正當方法，係指竊盜、詐欺、脅迫、賄賂、擅自重製、違反保密義務、引誘他人違反其保密義務或其他類似方法。

　　民法的侵權行為，只要行為人有故意或過失、不法侵害他人權利或利益，並造成損失，且侵害與損失有因果關係，行為人就要負損害賠償的責任，侵害營業秘密即失去秘密，企業的價值性可能喪失，本法條規範營業秘密侵害行為之態樣。

　　營業秘密法的立法目的，在於維護產業倫理與競爭秩序，並調和社會公共利益，以避免產業間以不正當之方法竊取營業秘密，造成不公平競爭之現象，企業或研發單位如何作好營業秘密的管理，以避免洩漏秘密是非常重要，嚴防競爭對手用不當方法取得營業秘密，對公司造成不利之影響，通常可以採取的營業秘密管理方法，包括：

　　1.訂立保密約款。

　　2.禁止營業競爭之約款。

　　3.員工離職時應採適當之措施。

　　4.影印份數之限制與追蹤管理。

　　5.機密文件之存放與管理。

6.重要區域之管制與監控。

7.資料之銷毀。

8.廢棄垃圾之檢查。

9.交易之相對人訂立保密約款。

10. 網路之安全與管理。

11. 實施門禁管制。

　　營業秘密的秘密性與合理保密的要件，秘密所有人有義務且必要作好營業秘密的管理，積極作為避免被不正當之方法竊取營業秘密發生，以上營業秘密管理方法可為積極確保營業秘密的秘密性與合理保密的具體行為，智財攻防最後階段需透過調解、仲裁、訴訟等程序獲得權力完整的主張，秘密所有人對營業秘密要件積極作動將是智財攻防中非常有利的證據。

第 14 章

個人資料保護法

　　隱私權雖非憲法明文列舉之權利，惟基於人性尊嚴與個人主體性之維護及人格發展之完整，隱私權乃不可或缺之基本人權，為憲法第22條所保障。

　　隱私權的保護範圍，依釋字第603號解釋，分為「空間隱私」與「私密隱私」兩部分，空間隱私，指「保障個人生活私密領域免於他人侵擾及個人資料之自主控制」，私密隱私，指「保障人民決定是否揭露其個人資料，及在何種範圍內，於何時以何種方式，向何人揭露之決定權，並保障人民對其個人資料之使用有知悉與控制權及資料記載錯誤之更正權」。

　　近年來電腦與網際網路快速發展，人與人之間聯繫與資料蒐集更是無遠弗屆，由於電腦的龐大資料儲存與快速運算能力，民眾之姓名、住址、電話、各類證件號碼等基本資料被廣泛蒐集，甚至連財務狀況、醫療病歷、犯罪前科等資料，亦被蒐集建檔，使個人資料之隱私面臨極大威脅，1995年8月政府制訂公布「電腦處理個人資料保護法」，雖然有了個人資料隱私權益的基本規範，數年後由於資料通訊科技發達的結果，透過電腦及網際網路處理與傳輸個人資料之情形發生顛覆性的改變，該法的規範顯然不符現況，尤其是尚有龐大未適用該法的民間產業，於2010年4月27日立法，同年5月26日公布「個人資料保護法」並於2012年10月1日全面施行，如圖14-1：我國個人資料保護法立法過程。

　　隨著數位化、網路化的發達，個人資料保護法與營業秘密法可產生密切關係，如圖13-5所示，商業性的營業秘密中的客戶名單，公司在符合個人資料保護法的情形下，收集到一些客戶的個人資料，則受到個人資料保護法的規範，不可隨意的把客戶的個人資料做其他利用，但這些資料大量蒐集構成大數據可為公司的營業秘密，一旦被竊取有可能構成對營業秘密的侵害。由此營業秘密法與個人資料保護法有其相關性的，於2013年1月11日三讀通過營業秘密法修正案，增訂刑事責任以強化營業秘密的保護，客戶資料外洩事件層出不窮，除了對於客戶個資造成侵害之外，也會對企業的商譽造成影響，客戶資料更是企業視為營業秘密的重要資產，2012年10月1日起實施的個人資料保護法全面性地保護個資，個人資料保護也是公司智慧財產策略中重要一環。

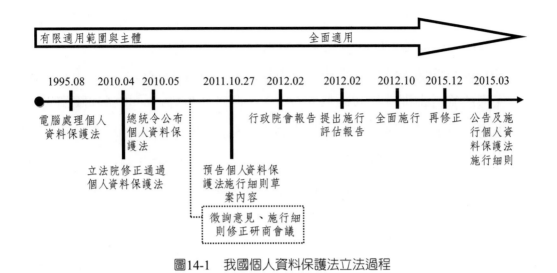

圖14-1 我國個人資料保護法立法過程

14.1 個人資料保護法歷史

　　個人資料保護法是由「電腦處理個人資料保護法」修法而來，1995年8月1日初次公布之電腦處理個人資料保護法，起因我國積極爭取加入WTO組織，且當時政府機關與企業已開始利用電腦處理大量的個人資料，因而參照包括經濟合作開發組織（OECD）等國際組織的個人資料保護原則，訂定電腦處理個人資料保護法開啟我國個人資料保護的新局面。

　　在2010年5月26日第一次公布重大的修正，並更名為個人資料保護法，此次修法遲至2012年10月1日才正式施行，而其中爭議甚大的兩個條款，即第6及54條規定，因行政院考慮社會各方認為該二條規定太嚴格，爭議很大，若貿然施行對民眾及社會衝擊太大，所以決定暫緩施行，其中第6條規範特種資料之收集、處理、利用，而第54條原規定修法前非由第三人提供之個人資料，應於新法施行後一年內完成告知。

　　2012年個人資料保護法施行之後，行政院及數位立法委員均提出包括第6及54條之個資法新修正草案，經過兩年立法程序，終於在2015年12月31日公布再修正之第6及54條，同時亦修正了其他幾個條文，2015年之修正重點包括：確定特種資料之蒐集、處理、利用的原則與例外，當事人同意的方式

除了特種資料之外，不再侷限於書面形式，非不法意圖違法使用個資之除罪化，及放寬對新法施行前間接蒐集個資之告知期間。

2015修正的個人資料保護法，及法務部於2016年3月2日公布修正之個人資料保護法施行細則，行政院於2016年3月15日公告施行，走過我國個人資料保護的歷史，嚴格從2010年修訂的個人資料保護法，才開始完整地將個資保護的義務人，推展到各行各業，全面的立法，於2012年施行時，並未將特種資料的規範施行，直到2015年修法施行後，才可說臺灣終於開始針對特種資料予以特別保護，全面的立法也才真正全盤施行了，這應該是值得肯定的發展。

14.2 國際上有關個人資料保護的措施

隱私權的維護要求沒有國界之分是普世的價值，各國對於個人資料保護的法則雖有不同，但面臨快速發展的網路科技所延伸隱私權的保護問題卻是相同，國際上也漸漸形成共同的認知與標準，國際組織較有代表性並已有自體規範的國際組織有三個，第一是OECD（經濟合作暨發展組織），第二是EU（歐盟），第三是APEC（亞太經濟合作組織），分別說明如下：

一、經濟合作暨發展組織（OECD）的隱私權保護原則

成立1961年，由美國、日本和歐洲國家所組成，總部設於法國巴黎，目前約有30個會員國的經濟合作與發展組織（OECD），提出一項名為保護隱私與跨境傳輸個人資料的隱私指導原則，成為了世界各國最廣泛認可的參考準則，在提倡自由貿易的前提下，該組織制訂了各會員國之間必須遵守並確實執行的指導原則，以確保各會員國之間能有一致的溝通平臺與基礎，OECD於1980年針對網路使用之隱私權與個人資料保護制訂了8大原則，包括：

1. 限制蒐集原則
2. 品質確保原則
3. 目的明確原則

序號	原則可定單位	原則名稱	個人資料保護法相關法條
1	OECD 隱私權與個人 資料保護8大 原則	1.限制蒐集原則	第3、5、15、16條
2		2.品質確保原則	第5條
3		3.目的明確原則	第1、6、8、9、10條
4		4.限制目的外使用原則	第6、10、16、20條
5		5.安全確保原則	第6、16、18、31條
6		6.公開原則	第12、14、17、26條
7		7.個人參予原則	第3條
8		8.責任明確原則	第21、22、28～51條
9	APEC 隱私保護 10原則	1.損害避免原則	第1條
10		2.告知原則	第7、8、9、12、13條
11		3.限制蒐集原則	第3、5、16條
12		4.利用原則	第21條
13		5.選擇原則	第7條
14		6.完整原則	第11條
15		7.安全原則	第18條
16		8.存取和更正原則	第11條
17		9.責任原則	第22、23、24、28～51條
18		10.效益最大原則	第14條
19	FTC/FIP 公平資訊實施 原則	1.通知／察覺原則	第1、8、9、12、13條
20		2.選項／同意原則	第7、12、13、15條
21		3.取用／參與原則	第3、11、14、17、19條
22		4.安全性	第16、27條
23		5.強制執行	第21、22、23、24、28～51條

圖14-2　個人資料保護法與國際組織的標準原則比對

4.限制目的外使用原則

5.安全確保原則

6.公開原則

7.個人參與的原則

8.責任明確原則

這八大原則也成了後來不同國際組織或國家制訂隱私權與個人資料保護相關規範或實施細則的重要參考來源。

二、歐盟的個人資料保護指令

在1981年，歐洲的議會針對自動化處理的個人資料，通過了個人保護協定（COE Convention），它所要求的個人資料保護原則和OECD類似，可作為歐洲國家在制定個人資料保護法令的參考，到了1990年代，由於歐洲各國在個人資料保護方面仍缺乏一致性，加上實務面各國都有跨境傳輸個人資料的要求，可是在取得當事人同意和接收國的保護措施方面，要求的程度有所不同，因此促成歐盟起草資料保護指令（EU Data protection Directive）。

歐盟的個資保護指令在1995年被採納，並且在1998年正式生效，對歐盟的會員國而言，只要是遵守個資保護指令的國家，也就等同於採納了各國的個人資料保護法的標準，可以獲得跨境傳輸資料的允許和信任，在2012年個資保護指令已進行了更新與修改，希望未來不只在歐洲地區，對歐盟以外的國家也可提供重要的隱私保護資訊與要求。

另歐盟2016年通過GDPR全名為「General Data Protection Regulation」的一般資料保護規定，兩年緩衝期後於2018年5目25正式施行，規定歐盟公民享有資料刪除、更改、轉移的權利，企業需保護個資安全，如造成外洩需在72小時內通報給主管機關，GDPR保護的個資包括:電話、地址、車牌、指紋、相片、郵件內容、問卷，甚至地理位置、社會認同等等，及數位領域中Cookie、IP、ID、社群網站活動紀錄等，違反GDPR規定可罰以2000萬歐元（約台幣七億元）或全球營業額的4%罰鍰。

歐盟為了加強各國在個人資料保護方面的深度與強度，特別設計了「隱私權標章（Europtan privacy seal）」認驗證制度，隱私權標章的設定希望個人資料的處理、交換有一個程序與標準，確保個人資料處理的安全與品質。

三、APEC的隱私保護網領

亞太經濟合作組織（APEC）是在1989年由澳大利亞前總理霍克（Robrot Hawke）所倡改成立亞太區域主要經濟諮詢商議論壇，針對隱私維護與個人資料保護的要求，在2003年所成立的隱私保護小組也致力於此項議題的發展，並於2004年11月正式通過了隱私保護綱領（APEC privacy Framework），包含了以下十項的隱私保護原則：

1. 損害避免原則
2. 告知原則
3. 限制蒐集原則
4. 利用原則
5. 選擇原則
6. 完整原則
7. 安全原則
8. 存取和更正原則
9. 責任原則
10. 效益最大化原則。

四、日、美、俄、德、西班牙等國的個資法立法現況

日本於2003年制訂「個人資料保護法」，共6章59條，美國1974年通過「隱私權法」，特別強調「公平使用原則」，陸續於1986年訂定「電子通訊隱私權法」，1987年通過「電腦安全法」，1974年隱私權法（Privacy Act）。

美國相關立法有1980年隱私保護法（Privacy Protection Act），1986年電子通訊隱私法（Electronic Communications Privacy Act），1986年電腦欺作和濫用權法（Computer Fraud and Abuse Act），1987年電腦安全法（Computer Security Act），美國聯邦交易委員會（FTC），首先進行研究網路隱私權，1998年提出五種公平資訊實施原則（Fair Information practice, FIP），包括：

1. 通知（Notice）／察覺（Awareness）（核心原則，Core principle）

2. 選項（Choice）／同意（Consent）（核心原則，Core principle）

3. 取用（Access）／參與（Participation）

4. 安全性（Security）

5. 強制執行（Enforcement）

俄羅斯於1995年制定「資訊、資訊化與資訊保護法」，共6章33條，德國於1977年1月27日即通過全球第一的「資料處理個人資料濫用防制法」，簡稱「聯邦資料保護法」，西班牙於1999年12月23日制頒「個人資料保護組織法」，共7編共計49條。

五、美國的安全港架構協定

當前有許多的組織，在網路的資料收集和隱私權政策中，提到「安全港架構（Safe Harbor Framework）」，例如美國和歐盟都有通過彼此認可安全港架構，主要因為各國對於隱私和個人資訊保護所採取的措施不同，為了避免資料在跨國傳輸時，被認定保護措施不足而受到限制，例如歐盟2000年即被認可為符合安全港架構的組織，歐盟的成員國就可允許其傳送、儲存或使用歐盟成員國民的個人資訊，也就是將符合安全港原則的組織，也視為符合其「資料保護命令」（The European Commission's Directive on data protection）的標準，要符合美國和歐盟的安全港架構，即要遵守安全港的隱私原則，共有七項要求如下：

1. 告知：組織必須告知當事人關於其個人資料的蒐集和使用目的。

2. 選擇：應給予個人選擇同意或退出的機會。

3. 轉送：若要將個人資料揭露給第三方，必須符合告知與選擇原則，且必須確保第三方同樣遵守安全港隱私保護原則。

4. 存取：個人擁有合理存取，要求更正、修改或刪除的權力。

5. 安全：組織必須採取合理的預防措施，保護個資不會遺失、濫用。

6. 資料完整：個資合理使用，並確保資料可靠性，並正確完整和及時更新。

7. 執法：組織必須有(1)獨立仲裁機制，可提供適合損害賠償；(2)承諾遵守的安全港原則的程序已被實施；(3)可負起矯正所產生問題的義務，未符合要求無法列入安全港清單中。

14.3 個人資料保護法用詞定義

個人資料保護法2015年12月30日版本，共有六章56條，包括：第一章總則、第二章公務機關對個人資料之蒐集、處理及利用、第三章非公務機關對個人資料之蒐集、處理及利用、第四章損害賠償及團體訴訟、第五章罰則、第六章附則，其中第2條為本法用詞定義，是我國少見法律條文前，先統一定義法律用語，這是很結構化立法技巧，將法條用語統一定義，使法條解釋更精準。

個人資料保護法　第2條

本法用詞，定義如下：

一、個人資料：指自然人之姓名、出生年月日、國民身分證統一編號、護照號碼、特徵、指紋、婚姻、家庭、教育、職業、病歷、醫療、基因、性生活、健康檢查、犯罪前科、聯絡方式、財務情況、社會活動及其他得以直接或間接方式識別該個人之資料。

二、個人資料檔案：指依系統建立而得以自動化機器或其他非自動化方式檢索、整理之個人資料之集合。

三、蒐集：指以任何方式取得個人資料。

四、處理：指為建立或利用個人資料檔案所為資料之記錄、輸入、儲存、編輯、更正、複製、檢索、刪除、輸出、連結或內部傳送。

五、利用：指將蒐集之個人資料為處理以外之使用。

六、國際傳輸：指將個人資料作跨國（境）之處理或利用。

七、公務機關：指依法行使公權力之中央或地方機關或行政法人。

八、非公務機關：指前款以外之自然人、法人或其他團體。

九、當事人：指個人資料之本人。

14.4 個人資料保護法的特色

一、沿革與宗旨

　　「個人資料保護法」於2010年5月6日修正後公布，係修正1995年公布之舊法「電腦處理個人資料保護法」，旨在面對數位化、網路化、科技的日新月異，打造一個安全、安心與信賴的資訊生活環境，避免人格權受侵害，並促進個人資料之合理利用，如圖14-3所示，為個人資料保護的客體。

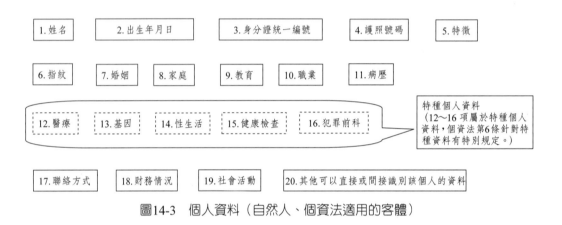

圖14-3　個人資料（自然人、個資法適用的客體）

　　故個人資料保護法第1條明白表示，「為規範個人資料之蒐集、處理及利用，避免人格權受侵害，並促進個人資料之合理利用」，故本法對個人資料的蒐集、處理和利用，係兼顧「個人的隱私權保護」及「合理利用」的平衡。

二、適用之客體-個人資料

　　個人資料保護法第2條第1項規定，「個人資料：指自然人之姓名、出生年月日、國民身分證統一編號、護照號碼、特徵、指紋、婚姻、家庭、教育、職業、病歷、醫療、基因、性生活、健康檢查、犯罪前科、聯絡方式、財務情況、社會活動及其他得以直接或間接方式識別該個人之資料。」如圖14-3。

只要是足以讓別人可以直接或間接識別出的個人資料，即為個人資料保護法所保護的客體，不論傳統紙上的，或是存在電腦中的數位資料，皆適用之。

其中「醫療、基因、性生活、健康檢查、犯罪前科」，屬本法第6條所規定的敏感性質，原則上不得蒐集、處理和利用，惟此規定會對於一些產業有實務上的困難，如保全公司要確認員工是否有前科，如病歷屬於醫療則無法被蒐集，會造成保險公司在理賠上認定的困難。

三、適用之行為與主體

個人資料保護法第1條即規定有關「個人資料之蒐集、處理及利用之行為」，個人資料保護法第2條第3、4、5項，即說明「處理」包括記錄、輸入、儲存、編輯、更正、複雜、檢索、刪除、輸出、連結或內部傳送個人資料之行為，「利用」則是指將蒐集之個人資料為處理以外之使用，不論在國內外，只要對中華民國的國民蒐集、處理和利用個資者適用個資法，如圖14-4所示，為個資法的行為及主體。

◎個資法的行為：	
蒐集	以任何方式取得個人資料
處理	為建立或利用個人資料檔案所為資料的記錄、輸入、儲存、編輯、更正、複製、檢索、刪除、輸出、連結或內部傳送
利用	將蒐集的個人資料為處理以外的利用

◎個資法的主體：	
公務機關：指依法行使公權力的中央或地方機關或行政法人。	非公務機關：指公務機關以外的自然人、法人或其他團體。 （包含個人）

圖14-4　個資法的行為（蒐集、處理、利用），與主體

新法取消了行業別限制，所有的法人、團體、個人、產業，只要對個人資料之蒐集、處理和利用均需適用個資法，新法的用語為「公務機關」與「非公務機關」，「公務機關」指依法行使公權力之中央或地方機關或行政

法人，「非公務機關」指前款以外之自然人、法人或其他團體。

個人資料保護法　第51條

有下列情形之一者，不適用本法規定：

一、自然人為單純個人或家庭活動之目的，而蒐集、處理或利用個人資料。

二、於公開場所或公開活動中所蒐集、處理或利用之未與其他個人資料結合之影音資料。……（略）

　　個人資料保護法第51條規定了，不適用本法之狀況的相關規定，包括：單純個人或家庭活動、未與其他個人資料結合之影音資料。

四、告知義務與要件

個人資料保護法　第8條

公務機關或非公務機關依第十五條或第十九條規定向當事人蒐集個人資料時，應明確告知當事人下列事項：

一、公務機關或非公務機關名稱。

二、蒐集之目的。

三、個人資料之類別。

四、個人資料利用之期間、地區、對象及方式。

五、當事人依第三條規定得行使之權利及方式。

六、當事人得自由選擇提供個人資料時，不提供將對其權益之影響。

　　各國際組織包括：OECD、歐盟、APEC、FTC/FIP，有關個資保護的準則中皆強調告知義務，如圖14-2所示，個人資料保護法第8條即規定向當事人蒐集個人資料時，應明確告知當事人的事項。

個人資料保護法　第15條

公務機關對個人資料之蒐集或處理，除第六條第一項所規定資料外，應有特定目的，並符合下列情形之一者：

一、執行法定職務必要範圍內。

二、經當事人同意。

三、對當事人權益無侵害。

個人資料保護法第15條規定公務機關對個人資料之蒐集或處理的要件，包括：應有特定目的，並需符合規定的特定情形之一者。

個人資料保護法　第19條

非公務機關對個人資料之蒐集或處理，除第六條第一項所規定資料外，應有特定目的，並符合下列情形之一者：

一、法律明文規定。

二、與當事人有契約或類似契約之關係，且已採取適當之安全措施。

三、當事人自行公開或其他已合法公開之個人資料。

四、學術研究機構基於公共利益為統計或學術研究而有必要，且資料經過提供者處理後或經蒐集者依其揭露方式無從識別特定之當事人。

五、經當事人同意。

六、為增進公共利益所必要。

七、個人資料取自於一般可得之來源。但當事人對該資料之禁止處理或利用，顯有更值得保護之重大利益者，不在此限。

八、對當事人權益無侵害。……（略）

個人資料保護法第19條規定非公務機關對個人資料之蒐集或處理的要件，包括：應有特定目的，並需符合規定的特定情形之一者。

五、罰則

個人資料保護法相關罰則，包括民事責任、刑事責任，及行政處罰，如圖14-5所示。

◎違反個資法的罰則：	
民事責任	・每人每一件事件可求償5百元～2萬元。 ・同一件事，最高可求償2億元。（第28條）
刑事責任	・足生損害害於他人者，可處5年以下有期徒刑，得併科新臺幣1百萬元以下罰金。（第41、42條）
行政處罰	・最高可處新臺幣5萬元以上50萬元以下罰鍰，並令限改正，屆期未改正者，按次處罰。（第47條）

圖14-5　違反個資法的罰則（第28條）

1.民事責任

個人資料保護法第28條規定，公務機關或非公務機關違反規定，導致個人資料遭不法蒐集、處理、利用或其他侵害當事人權利者負損害賠償責任。如被害人不易或不能證明其實際損害時，得請求法院依侵害情節，以每人每件新臺幣5百元以上，二萬以下計算，對於同一原因事實造成多數當事人權利手侵害之事件，經當事人請求損害賠償者，其合計最高總額以新臺幣二億為限。

2.刑事責任

個人資料保護法第41、42條，竟因為自己或第三人不法之利益或損害他人之利益，而對於個人資料檔案為非法變更、刪除或以其他非法方法，致妨害個人資料檔案之正確而足生損害於他人者，處五年以下有期徒刑，拘役或併科新臺幣一百萬以下罰金。

3.行政處罰

個人資料保護法第47、48、49條規定，中央目的事業主管機關或直轄市、縣（市）政府最高處新臺幣5萬以上50萬之以下罰緩。

六、安全措施

> **個人資料保護法　第18條**
> 公務機關保有個人資料檔案者，應指定專人辦理安全維護事項，防止個人資料被竊取、竄改、毀損、滅失或洩漏。

> **個人資料保護法　第27條**
> 非公務機關保有個人資料檔案者，應採行適當之安全措施，防止個人資料被竊取、竄改、毀損、滅失或洩漏。……（略）

　　個資法要求公務機關、非公務機關保有個人資料檔案者，應指定專人辦理安全維護事項或採行適當之安全措施，防止個人資料被竊取、竄改、毀損、滅失或洩漏，其必要安全維護事項或安全措施得包含下列事項：

1. 成立管理組織，配置相當資源。
2. 界定個人資料之範圍。
3. 個人資料之風險評估及管理機制。
4. 事故之預防、通報及應變機制。
5. 個人資料蒐集、處理及利用之內部管理程序。
6. 資料安全管理及人員管理。
7. 認知宣導及教育訓練。
8. 設備安全管理。
9. 資料安全稽核機制。
10. 必要之使用紀錄、軌跡資料及證據之保存。
11. 個人資料安全維護之整體持續改善。

　　然每個機關的規模大小不同，尤其小型非公務機關很難投入大量資源來做到以上諸點，機關可以考量組織規模與保有個人資料的數量或內容，在符合適當比例原則下，建立技術上與組織上可行的必要措施。

建構以專利為基礎的研發體系

專利是智慧財產權中較高的技術層面，也因專利權充分揭露原則，使專利權是種顯性知識，全世界專制說明書是非常完整的結構化的技術文件，各企業的研發如能充分利用全球已經存在的專利資料庫將使研發的程序事半功倍，研發工程師於研發生命週期之初，即掌握產業界各競爭對手的專利狀況，將可省略重覆研發的浪費事項。

專利說明書是非常結構化，世界統一標準的技術文件，組織中商業程序（Business Process, BP）可採用當前崛起的知識管理（knowledge Management, KM）技術，可針對企業研發社群所擁有的顯性知識和隱性知識的確認、創造、掌握、使用、分享及傳播進行積極及有效管理，由於知識管理的概念通常與企業的各項改善願景相關，知識管理在現今企業上的實踐愈來越受到重視，可將專利、企業願景與知識管理的概念建構成的企業競爭優勢平臺。

15.1 DIKID專利價值鏈

利用知識的五個層級，建構DIKID的價值鏈，包括資料階段（Data）、資訊階段（Information）、知識階段（Knowledge）、智能（Intelligence），及決策階段（Decision making），五個階段，透過長期專利收集，先專利資料從其中找出有用專利資訊，從專利資料產生專利資訊長期累績的有用的專利資料，再從專利資訊建立專利知識，將最好的時機應用最好專利知識，之後有了專利知識即可建立企業的專利智能，為能有更好、更長期專利智能優勢而制定專利策略，建構專利堡壘最後達成最佳的專利決策。

組織中構建一個量化與質化的專利知識系統，讓組織中的專利知識，透過獲得、創造、分享、整合、記錄、存取、更新等過程，不斷的累積專利知識形成組織專利知識的循環，在組織中成為智慧財產，有助益企業的決策，以因應市場的急遽的變化。

以專利資料的品質與對企業的重要性有分下列五個階段，即DIKID五階段，如圖15-1：

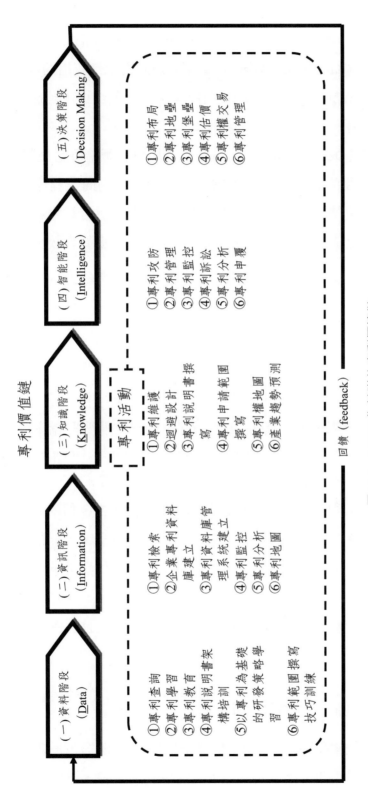

專利價值鏈

圖15-1　DIKID為基礎的專利價值鏈

1. 資料階段（Data stage）：廣泛專利資料收集。

2. 資訊階段（Information stage）：對企業有用的專利說明書收集。

3. 知識階段（Knowledge stage）：長期間建立對企業有用的專利知識。

4. 智能階段（Intelligent stage）：利用智能技術，自動在對的時機找到對的專利資料。

5. 決策階段（Decision making stage）：利用專利策略訂定企業願景。

透過這個階段的分工，可將企業有關專利活動的商業程序（Buainess process）更細化更結構化，利用這個結構化的模型，更容易將專利活動依據程序的特性，細化成可遵循實踐的步驟，依DIKID的步驟設計，專利價值鏈的說明如下：

一、資料階段（Data stage）

廣泛收集我國專利資料檢索系統（fwpat.tipo.gov.tw），美國專利商標局（patft.uspto.gov），中國知識產財局（cpguery.sipo.gov.cn），歐洲專利局（worldwide.espacenel.com），日本特許廳（www.J-platpatg.jp），韓國專利局（kipros.or.kr），WIPO資料庫（pateuescope.wipo.int），Google Patents資料庫，等專利資料庫廣泛收集競爭企業相關的專利說明書。

此階段的商業程序中活動，可能是1.專利查詢，2.專利學習，3.專利教育，4.專利說明書培訓，5.以專利為基礎的研發策略學習，6.專利範圍撰寫技巧訓練等，此階段的為價值鏈的初步階段，企業專利素養、概念，與技巧的培養皆為打基礎的階段，企業研發單位的成員，除了本身的技術能力外，專利相關的知識也要同步培訓使工程師有專利申請書及說明書、讀寫及運用的基本能力。

二、資訊階段（Information stage）

此階段收集企業有關，或競爭對手相關的專利說明書，把各資料庫中，與企業相關、產業相關，甚至產業競爭關鍵專利說明書，這些對企業有用的

專利說明書即是此價值鏈的資訊。

　　此階段的商業程序的活動，可包括1.專利檢索，2.企業專利資料庫建立，3.專利資料庫管理系統建立，4.專利監控，5.專利分析，與6.專利地圖等活動，此階段的希望利用專利知識管理（KM）的相關技術，建構企業長期對研發與市場開發有用的專利說明書，甚至分析關鍵的專利請求項及相關技術特徵，找尋對企業有用的專利說明書，建構出企業相關產業的專利地圖，讓研發人員充分了解產業的專利現況，使研發能利用這個產業技術基礎進行研發活動，使研發不會有浪費及白功等。

三、知識階段（Knowledge stage）

　　此階段是企業長期專注有關領域專利的資料，長時間深入有系統某領域累積的專利資訊，即成為專利知識，有了專利知識才能往價值鏈的下階段進行，此階段利用知識管理（KM）技術，將資訊變成知識。

　　此階段商業程序的活動，可包括1.專利維護，2.迴避設計，3.專利說明書撰寫，4.專利申請範圍撰寫，5.專利地圖，6.產業趨勢預測等活動，此階段利用專利知識，研發人員開始要撰寫專利說明書，專利申請範圍的請求項及技術特徵等細節，這個階段是研發單位技術人員要實際參考的商業程序，在這個架構下期望每技術工程師能有閱讀與撰寫專利申請書、請求項、二段式或三段式技術特徵的能力，甚至讓產品的規格書與專利說明書同時完成，才能讓產品上市時有智財權的保護。

四、智能階段（Intelligence stage）

　　此階段利用專利知識，在對的時間運用關鍵的專利請求項及技術特徵，產生有效的專利價值，此階段可利用一些智能技術，找尋關鍵專利說明書、請求項、及技術特徵，此階段的運用可能是企業內研發單位中高階人員可涉及的商業程序。

　　此階段商業程序的活動，可包括1.專利攻防，2.專利管理，3.專利監

控，4.專利訴訟，5.專利分析，及6.專利申覆等活動，此階段開始需要侵權判斷及短期的決策，及企業中短期的策略訂定，引進商業智能（Business Intelligence）的技術與系統，使專利策略為企業的戰略目標，當企業規模愈大，愈國際化，科技層次愈高，愈需要智能系統的協助，智能技術的成熟與否，愈能提供企業高層的決策參考與決策品質，這階段更是下階段的基礎，是需要更深入更高階判斷技術的需求。

五、決策階段（Decision making stage）

此階段是屬企業研發高階對企業長期專利策略的決策，當整個專利價值鏈的基礎穩固且堅實，則前四階段的可當高層決策的依據，決策是比較長期性也可與企業願景結合，也可以為企業產業升級的依據。

此階段的商業程序的活動，可包括1.專利布局，2.專利地壘，3.專利堡壘，4.專利估價，5.專利權交易，及6.專利管理等，此階段可整合企業各部門與策略夥伴產生綜效，這些活動皆為企業高階層管理人員對企業長期策略性方向的決定。

DIKID專利價值鏈五階段的執行，結果再將決策效果與成效回饋給資料階段，如此週而復始的循環，產生了一個完整管理週期，這般的管理循環可漸次修正，使商業程序漸次完善，止於至善。

15.2 以專利為基礎的研發程序

高科技的智慧財產皆需要專利權保護，專利權的要件是以充分揭露原則，是要撰寫專利申請書及說明書，且專利申請在一個國家皆要1至2年期間，且專利權是屬地主義，故需要全世界申請專利才能產生綜效，故此企業產品研發到產品上市，至少有兩年的前置期（Lead time），因此一個好的研發程序需要有專利權的概念，產品如上市即要有專利保護，則產品研發初期即要啟動專利程序及申請，如圖15-2，步驟如下：

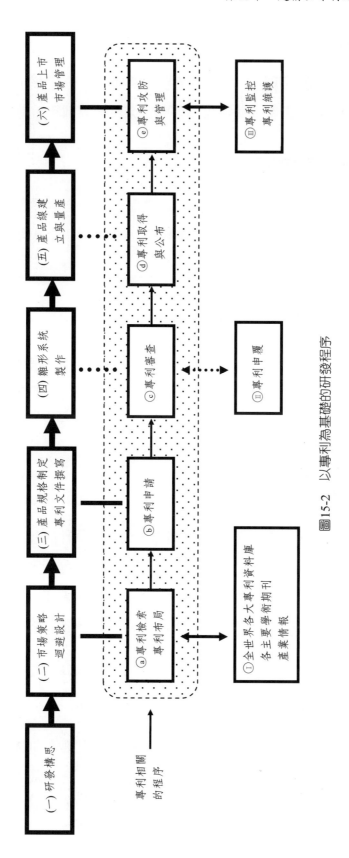

圖15-2　以專利為基礎的研發程序

一、研發構思

啓動一個新的產品研發，先構思產品的架構，充分了解市場，創新研發，啓動新階段的產品創新，此階段爲啓動企業新一波創新活動。

二、市場策略、迴避設計

利用專利檢索，專利布局等（ⓐ）商業程序查詢全世界各大專利資料庫，各主要產業及學術期刊，及產業情報（Ⅰ），進行市場策略，對已存在的專利權進行必要的迴避設計。

三、產品規格、專利文件撰寫

研發產品規格制定的同時，已有市場策略，已進行迴避設計了，故產品規格制定的同時，即要開始撰寫專利說明書，開始進行專利申請（ⓑ）的程序，專利申請約要1～2年期間，如要國際申請也可透過PCT申請，掌握時程，掌握時程可讓產品上市即有專利權保護。

四、雛形系統製作

有了產品規格，不管是有形產品和製作，或無形軟件的程式編碼皆需求製作期間，這段時間與專利審查（ⓒ）的程序可重疊，專利審查同時也可能被駁回，即可進入專利申覆的程序，此時內部雛形系統製作，與專利審查與專利申覆（Ⅱ）可重疊進行，利用產品量產與專利申請重疊的平行進行可更充分掌握時間成本。

五、產品線建立與量產

產品線建立，以及量產的準備，企業產品量產規劃的同時，可同時專利取得與公布（ⓓ），當然這種平行重疊的程序設計，有風險，所以專利執行面如果再精緻點，就可有更高的預測性，因爲各國專利申請的取得率約爲

30～50%之間，故專利申請的要件和格式，若有一定水平時，皆可預期專利取得，當然這種實務經驗也許要有實際經營高科技企業者，才能體會其中辛酸苦甜。

六、產品上市、市場管理

當產品上市，即開始與競爭對手短兵相接，產品的智慧財產權的爭議最後可能要透過訴訟進行最後解決，此時如手上有專利權則可攻可守，可仔細檢視雙方專利說明書的專利申請範圍請求項及技術特徵，仔細分析競爭對手雙方的各請求項的各技術特徵的權力範圍分析，另企業市場單位，也可以監控市場是否有相關產品，侵犯本產品的專利權，此階段可與專利攻防與管理（ⓒ）及專利監控與維護（Ⅲ）並行。

如圖15-2，這個以專利為基礎的研究程序設計可使產品研發初期即考量專利保護策略的可行性，同時產品規格設計與專利文件撰寫及專利申請，提早專利申請與布局，可使產品上市後，即有已取得及公告的專利權保護，使產品與專利權同時到位，透過提早專利布局使產品暢通行全球無阻，及早排除各種可能智財權的阻礙。

15.3 以DIKID專利價值鏈為基礎的智財權堡壘

建構智財權堡壘，確保企業研發成果，甚至可擴大研發成果，使科技技術成為一種有實質價值的智慧財，因而更鼓勵研究發展促成產業升級，如圖15-3所示，這是四層次的智財權可攻、可守的保護牆，包括：

第一層：DIKID的價值鏈

第二層：採用專利智財權的決策

第三層：智財權攻擊、智財權防禦、智財維護與管理

第四層：智財權堡壘

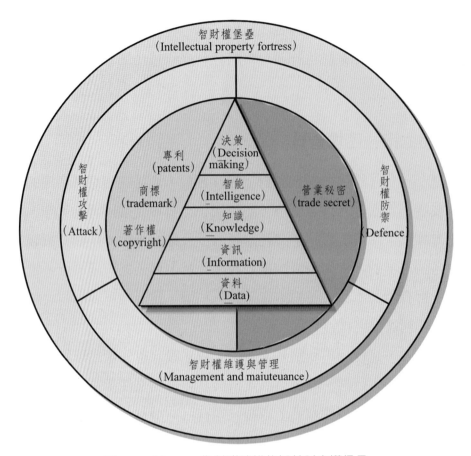

圖15-3　以DIKID為基礎建構的智慧財產權堡壘

第一層：DIKID價值鏈

以資料（Data）、資訊（Information）、知識（Knowledge）、智能（Intelligence）、決策（Decision Making）為基礎的價值鏈，這個以DIKID為基礎的知識管理（KM）平臺，此平臺以專利權（包括發明、新型、設計）為主，也可收集商標、著作權及營業秘密為輔的智財權知識平臺，將企業有關智財權的資訊於建構於此共享平臺。

第二層：智財策略與決策

企業的智財權有兩個大方向與策略，其一為資料必須徹底公開，包括：專利權、商標權、著作權，此策略以專利權為主，需要撰寫文件，有充分揭

露原則，使所屬技術領域者能據以實施，另一方面為營業秘密，包括：祕密性、價值性、合理保密等三要件，企業核心技術可選擇專利權的充分揭露原則，也可選擇營業秘密要合理保密的策略，二個手段完全不同，但皆為了保護企業技術核心將研發利益最大化。

第三層：智財攻防

此層包括三個智財權的活動，包括智財權攻擊、智財權防禦、智財權維護與管理等三方案，其中智財權攻擊方案：即利用專利監控、專利鑑價、專利交易、專利訴訟等步驟除鞏固智財權外，也可將研發技術價值，盡可能擴張發揮其價值；智財權防禦方案：在市場上經營難免有競爭對手的專利攻擊，故早有預防有布局則可架設專利防禦網，故此刻的專利權可當防禦的工具，仔細分析企業專利的請求項是否可以阻卻競爭對手請求項的攻擊；智財權維護與管理方案：智財權例如專利權、營業秘密等皆需要維護與管理，導入例如DIKID的知識管理的架構，使智慧權於企業能持續有效率。

第四層：智財權保壘

此層的堡壘是一虛擬的概念，但也有實際的活動，例如專利布局時，為對付競爭對手及早布建專利地雷，競爭對手稍不慎就可落入地雷區，而觸犯專利地雷，另如營業秘密的保密措施、企業的門禁管制、文件管制、數位資料的安全保密、員工與技術交流的事前的保密合約，也要謹慎利用個人資料保護法蒐集、處理、利用個人或客戶資料，這些日常嚴密的商業程序，日積月累可建築智慧財產的堡壘，是企業技術研發成果的保護與擴大。

如圖15-3所示，這種以DIKID為知識管理為基礎的智財權堡壘，可建構起一中大型以研究開發為價值核心的堡壘，無形的智財權，可用結構化的組織或概念化的架構，建構企業智財權活動管理與保護的體系，當然這樣的架構的執行，企業主事者（CEO）可能要有非常完整智慧財法務基礎，有智財人力，有智財預算，有智財分析與評估體系。

15.4 研究組織架構

按企業的產業性質，創業歷史，企業規模，領導風格，及產業環境等要素，可建構企業研發單位架構，一般可參考下列方式：

1. 階層式架構（Hierarchical organization）。
2. 矩陣式架構（Matrix organization）。
3. 水平式架構（Flat or horizontal organization）。

組織架構，隨著科技的變化，以及人的溝通模式的變化，也會有所改變，傳統的組織比較有階層的概念，現在組織國際化，隨著企業全球化，組織可按地域分枝，組織階層化，但隨通訊科技及社群媒體的成熟，例如即時通訊、WhatApp、Line、WeChat、Skype等，組織很容易全球化，也可扁平化，企業組織會隨企業經營的願景改變而有所變化，企業研發基本架構如下：

一、階層式架構（Hierarchical organization）

組織可按功能分支，例如研發部、法務部、財務部，也可按區域分支，例如美洲地區、亞洲區、歐洲區、非洲區等分支，階層式架構是較傳統的組織架構，隨組織擴大組織的階層會愈來愈細化，層級愈大，管理結構化，分層授權，管理比較沒瓶頸，但隨著網際網路化的通訊革命，如WhatApp、Line、WeChat、Skype等，及組織精簡的思潮下，組織又開始扁平化，故階層架構、分支方式、管理授權、組織精簡等思量，使階層化的架構也是會隨時機隨企業的政策隨企業各種經營因素的變化而有變化，如圖15-4(a)。

二、矩陣式架構（Matrix organization）

組織架構主體化，組織的架構可按功能別，例如研發、知識管理、法務、財務等，按產品別，產品線1、產品線2、產品線3等，或按地區別，例如美洲、亞洲、歐洲、非洲等，矩陣式可二維、三維，甚至更多維，每位基層的員工可能為多位主管，例如功能主管、產品主管、地區主管等，矩陣式

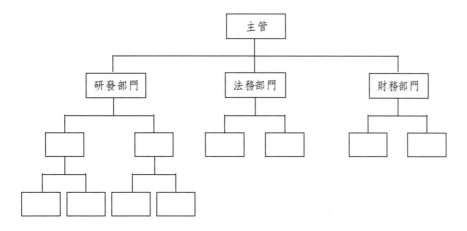

(a) 階層式架構（Hierarchical organization）

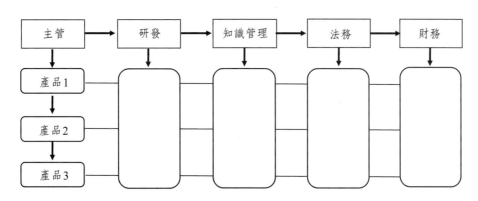

(b) 矩陣式架構（Matrix organization）

(c) 水平式架構（Flat, or Horizontal organization）

圖15-4　研發單位組織架構

架構在高科技的產業上非常流行，因市場及產品變化太快，且一段時間常有顛覆性創新，組織架構隨著產品變化而改變，如圖15-4(b)，企業員工是在多維管理架構中，員工必須適應多主管的管理環境。

三、水平式架構（Flat or horizontal organization）

　　在早期的新創型高科技性的組織架構，因有明顯性的領導風格，及領袖管理，組織架構極扁平化，甚至沒有中階管理人員，如圖15-4(c)，在組織精減的風氣以及網路化及資訊科技的發展，使組織扁平化後，使主管不會產生瓶頸，水平架構可省略中間管理階層的麻煩與費用，研發單位組織架構的選擇，可能要考量企業特性、產業管理、企業願景、企業主的領導風格等要素，另智財權是需要有行業的專家，所以有專利為基礎的研發組織，也可學習像律師、醫師或會計師等事務所、醫院或學校的組織架構，以各領域的專利工程師為核心的組織架構。

　　近年盛行的社群媒體（Social media）例如WhatApp、Line、WeChat、Skype、FaceBook、instagram、YouTube、Confide等，建構起新興的社群商務（Social commerce），人類溝通方式產生顛覆性的改變，也許企業智慧財產權組織也需因應工作的特性及社群媒體興起產生結構性變化，本人建議應該有虛、實二種組織架構，甚至比傳統矩陣式架構更複雜的網狀化（Web）的組織架構，智財人員實際上可能溶入各地各實體單位的實體組織架構，另再用社群媒體串起虛擬的組織架構，隨著網路化、數位化的普及這種虛、實搭配的網狀化組織架構愈來愈容易管理，社群媒體正改變組織架構，尤其這充分數位化、無形化的智財領域非常合適。

第 16 章

智慧財產權的管理與訴訟

　　智慧財產權管理是指企業有關部門爲保證智慧財產權法律制度的貫徹實施，維護智慧財產權的合法權益，創造最大經濟價值，使企業的腦力創新成果發揮最大經濟效益，和社會價值而制定各項規章制度，採取相應措施和策略的經營活動。

　　智慧財產權管理亦是企業智慧財產權戰略制定、制度設計、流程監控、商業程序的實施、人員培訓、創新整合、效能分析等一系列管理行爲的系統工程，智慧財產權管理不僅與智財產權創造、保護、運用各個環節相關，更使企業從相關活動中產生有效的經濟價值。

16.1 智慧財產權管理的內容

　　智慧財產權管理貫穿企業對智慧產權的開發、運用和維護的整個過程，主要包括下列內容：智慧財產權管理部門的設立、智慧財產權管理戰略的制定、智慧財產權管理制度的建立及智慧財產權侵權或被侵權的處理等事項。

一、智慧財產權管理部門設立

　　企業的智慧財產權進行有效管理是一項系統工程，涉及企業產品和技術開發商業程序的各個環節，如品項、預算、開發、人事、採購、財務、不侵權處理等各項商業程序，所涉管理人員即要具備必需的業務知識，又要對基本智慧財產權的各項法律規範熟悉，這種跨領域要有特殊領域專業知識及智慧財產權相關知識，如此多背景跨領域的人才，很難招聘，必須企業自己長期養成，有規模的企業透過建立智慧財產權部門，人才方能有計畫被培養，當今許多較大型國際化的高科技企業，皆設置了智慧財產權部門，或屬法務門下對企業的相關智慧財產權進行管理。

　　從智慧財產權資料庫統計，許多著名高科技企業，每年皆有幾百幾千件智慧財產權申請，同時從統計顯示許多高科技產業法律訴訟案也很多，如圖16-1，顯示單以美國爲例，2016年約有5千多件專利訴訟案，2016年有37萬9858件發明專利申請案，有30萬4126件取得專利證書，由這些統計資料顯

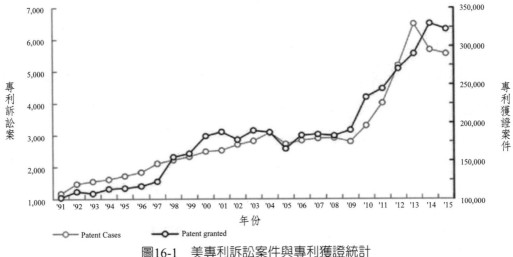

圖16-1　美專利訴訟案件與專利獲證統計

示，智慧財產權活動非常頻繁，企業如遭遇智財權法律糾紛後再找外面專業人士或管理人員參與問題解決，因為時效的問題導致問題複雜度增加，有時會給企業帶來大麻煩，甚至手上的開發案不得不停止。

　　尤其是高科技企業，當其有一定規模且市場活動多時，隨之而來的智慧財產權糾紛或訴訟將會增多，單獨設立管理部門，長期而言是有策略性的必要，對於中小型企業，可不設立部門，但需要有專門人員負責智慧財產權管理。

二、智慧產權管理制度的建立

　　智慧財產權管理制度是指針對智慧財產權利的歸屬，技術人才的管理、技術保密、智財權素養的培訓、技術成果的有效利用等一系列問題，進行管理的規範化和制度化，另如前章所規劃的研發體系，也需有相配套的制度，如企業屬高科技普遍存在人才挖角的快速流動問題，如何利用專利權，搭配營業秘密，建構一套完整的智財權堡壘是非常重要的課題。

　　相關的制度可能包括新進員工智財權背景調查，智財權管理制度、保密制度、智財權培訓制度、智財權獎懲制度。

三、企業智慧財產權侵權處理

高科技產業中智慧財產權侵權糾紛屢見不鮮，企業市場活動力強伴隨的智財糾紛也多，如圖16-1，企業要培養智財相關專業人士，及時處理智財權的侵權與被侵糾紛，重要員工跳槽或被挖角，甚到誤闖智財權雷區等，維護企業利益將成為未來企業經營的重要商業程序。

侵權處理是整個智財活動最後最關鍵階段，包括：侵權鑑定、侵權談判、侵權和解、侵權調解、侵權仲裁、侵權訴訟、侵權損害賠償等，這些程序皆屬企業最重大決策，往往經營者必須親自參與智財攻防，經營者如為企業負責人甚至有民、刑事責任。由本書第三章所提Amazon、Barnes and noble、Samsung、HTC及Apple的案例，是血淋淋市場戰爭的產業春秋，網路經濟是0與1贏者全拿的市場，經營者的市場策略不僅是簡單追求短期營業利潤，而是追求市場占有率占有市場規模，甚將對手漸漸逐出市場，Apple與HTC的侵權訴訟，Apple利用訴訟期間的禁制令，讓HTC完全退出美國市場，漸漸失去整個智慧手機市場，Barnes & Noble和HTC皆先因侵權案件錯誤處理埋下企業失敗的原因，這是企業經營者不可不慎重的原因。另如第十一章介紹的專利蟑螂（NPE）其侵權處理的目的以損害賠償的和解金或賠償金為主，此類型的侵權攻擊對中小企業尤其有效，然大型企業因有長期智財策略比較有能力抵抗，企業侵權案件皆屬企業經營重大事件，其處理的成敗甚至關係企業的興亡。

16.2 我國智慧財產管理制度

經濟部工業局委託資策會科技法律研究所由2008至2016年執行「推動企業建置智慧財產管理制度計畫」，藉由臺灣智慧財產管理規範（Taiwan Intellectual Property management System, TIPS）的建立與推動，提供一公平公正的驗證平臺，可評鑑企業有關智慧財產權管理能力，依據行政院「發明專利產業化推動方案」，經濟部「產業創新條例」第14條，及2012年起執行「強化企業智慧財產經營管理計畫」，以推動三位一體觀念，即智財策略、

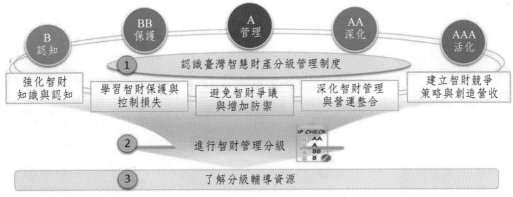

圖16-2　我國智慧財產權管理規範（TIPS）的分級制度

研發策略，與企業策略一體化效率地運用經營資源，並合理地管理智財風險，減少重複研發投資，提升智財應用能量進而增進企業整體獲利營運績效，如圖16-2的分級制定。

　　TIPS智慧財產採分級管理共分5級，分別定義如下：

　　B級：企業已知悉日常業務可能涉及智財權制度，並了解智財權的重要性與可能帶來的風險，透過文件、合約、智慧財產申請程序及基礎智財人員訓練，使企業具備智財知識與認知能力。

　　BB級：企業將智慧財產的取得、維護與運用，建立的研發循環基本架構下，並針對智財保護與可能之風險，透過智慧財產管理制度提早預防，此階段企業針對所產出智財，有建立相關保護措施。

　　A級：企業會依財管理政策與目標，建立管理循環基礎的智慧財產管理流程，並從環境、制度、資源等面向提出管制流程，以避免侵害他人權利及保護自身權益。

　　AA級：依照企業產業類別規模之不同，而設定短、中、長期之智財政策與目標，並可聯絡公司營運策略與發展願景。

　　AAA級：建立智財策略創造營業收入。

　　TIPS最大特色在於融合ISO9001:2000品質管理系統（簡稱ISO）中「規劃-執行-檢查-行動（Plan-Do-Check-Action）」的模式，如圖16-3，此模式不僅可以解決企業零散地管理智慧財產權的缺點，並可達到持續改善制度的

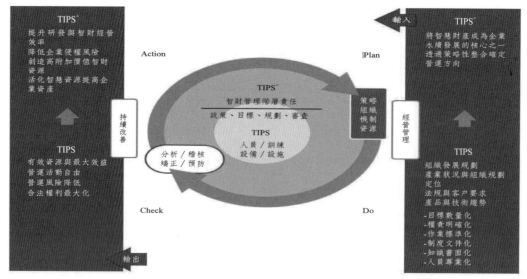

圖16-3 我國智慧財產權管理規範（TIPS, TIPS+）

*出自經濟部工業局臺灣智慧財產管理制度網站https://www.tips.org.tw/body.asp?sno=BECG

目的。TIPS擁有ISO具公信力，完整架構與低門檻的特性，企業導入TIPS時可與ISO相整合，減少企業結構的變動，並節省導入成本的支出，若企業已具有ISO的制度，再導入TIPS會更加快速。

當企業採用臺灣智慧財產管理規範（TIPS），建置基礎的智慧財產管理制度後，企業可升級引入TIPS智財經營（Taiwan Intellectual property Management System Sfrategy, TIPS+），即結合企業策略、研發策略及智財策略之一體化形成的經營管理模式，強化智慧財產之運用，將智慧財產權提升至主導地位，創造企業競爭力。

16.3 WIPO世界智慧財產權指標

世界智慧財產權組織（WIPO）公布2016年版《世界智慧財產權指標》（World Intellectual Property Indicators, WIPI），2015年全球專利申請案達 288萬8800件，較2014年增加7.8%，連續6年成長且幅度超過2014年的4.5%，商標申請案844萬5306件，大幅成長15.3%，而全球設計申請案達114萬4800件，全球新型申請案達120萬5300件。

2015年中國大陸專利申請案首次超過100萬件（110萬1864件），美國

（58萬9410件），日本（31萬8721件）大多爲本國案，中國大陸向外國提出申請案計4萬2154件，而美國向外提出最多專利申請案，共23萬7961件。

一、專利申請

　　2015年全球專利申請案共約290萬件，中國受理110萬1864件申請，美國58萬9410件，日本31萬8721件，韓國21萬3694件，歐洲專利局16萬28件，五大局受理總件數占全球82.5%，其中中國成長最多（+18.7%），EPO（+4.8%），美國（+1.8%）和韓國（+1.6%），日本則下跌2.2%，美國申請人向外國提出最多申請案，計23萬7961件（成長6%），其次是日本19萬5446件（下滑2.3%），以及德國10萬1892件（下滑3.6%），已公開全球專利申請要件，電腦技術類占比最高（7.9%），其次電機類（7.3%）和數位通信（4.9%），2015年全球核准專約124萬件，較2014年成長5.2%是2012年以來最大升幅，主要是中國35萬9316件，超越美國29萬8407件成爲專利核准量最大局，2015年全球有效專利約1060萬件，其中四分之一在美國（占24.9%），其次是日本（18.3%）和中國（13.9%）。

二、商標申請

　　2015年全球商標申請案844萬5306件，按類計（有些申請案可一案多件），中國按類計爲282萬8124件，美國51萬7134件，歐盟12萬7887件，日本34萬4979件，韓國24萬438件，印度28萬9843件。全球2015年商標註冊量約爲440萬件，按類計約爲620萬，比2014年增長26.6%，是15年來最快的增長率。

三、工業品外觀設計

　　2015年全世界有114萬4800件申請案，外觀設計申請案可多件，中國有56萬9059件，占世界總量的一半，其次爲歐盟9萬8162件，韓國9萬8016件，美國4萬128件，日本3萬351件，德國5萬6499項，土耳其4萬5852項，其中韓成長+5.9%，中國成長+0.8%，德國爲-7.5%，土耳其-6%，與家具相關的外

觀設計占9.4%，服裝8.3%以及包裝和容器7%，2015年全球註冊的工業品外觀設計總數增長為21.3%。

16.4 美國專利訴訟

2016資誠國際會計事務所（PWC）發布美國專利訴訟統計報告（2016 patent Litigation study），就2015年美國專利侵權訴法之整體概況，這些趨勢追蹤可供世界各國有關高科技專利策略制定的參考，趨勢如下：

一、美國專利訴訟案件，2015年有5600件

2015年美國專利訴訟案件數量5600件較2014年減少2%，美國專利訴訟案數量自2008年起逐年成長，如圖16-1，2013年達到最高點，2014年急遽減少，2015年持續微幅下滑，可能與2014年聯邦最高法院Alice Corp .V. CLS Bank案判決結果，致使軟體專利發明使用在侵權訴訟之效果大不如前。

二、專利侵權賠償數額

2015年美國專利訴訟案件平均賠償金額為1020萬美元是近十年來最高，2015年判決最高侵權金額者Smartflash LLC. VS. Apple一案的5.33億美元，如過去趨勢情形，陪審團所判決之賠償金額遠較法官庭審結果為高，且近年有持續增加情形，如圖16-4、16-5所示。

三、訴訟花費時間

美國專利訴訟案件，庭審期所花費時間，近十年以來呈現持續成長情形，至2015年增加到平均將近2.5年，每年庭審次數約60次，如圖16-6，如再計算美國律師費每小時約500至1500美金，每筆金額皆非常鉅額決非小企業可以負擔的，這也許可以說明為什麼專利蟑螂（NPE）屢屢可以成功迫使被追索者和解，美國專利訴訟是非常深的專業，如圖16-5所示，陪審團、庭審勝率、各州不同法庭、法官的選擇等皆是訴訟策略的一部分。

序號	年份	原告	被告	技術領域	求償金額（百萬美元）
1	2009	Centocor Ortho Biotech Inc.	Abbott Laboratories	Arthritis drugs	$1673
2	2007	Lucent Technologies Inc.	Microsoft Corp.	MP3 technology	$1538
3	2012	Carnegie Mellon University	Marvell Technology Group	Noise reduction on circuits for disk drives	$1169
4	2012	Apple Inc.	Samsung Electronics Co.	Smartphone software	$1049
5	2012	Monsanto Company	E.I du Pont de Nemours and Co.	Genetically modified soybean seeds	$1000
6	2005	Cordis Corp.	Medtronic Vascular, Inc.	Vascular stents	$595
7	2015	Smartflash LLC	Apple Inc.	Media storage	$533
8	2004	Eolas Technologies Inc.	Microsoft Corp.	Internet browser	$521
9	2011	Bruce N. Saffran , M.D.	Johnson & Johnson	Drug-eluting stents	$482
10	2014	Masimo Corporation	Philips Electronics N. America Corp.	Device measuring blood oxygen levels	$467

圖16-4　美國前十大請求賠償的專利訴訟案

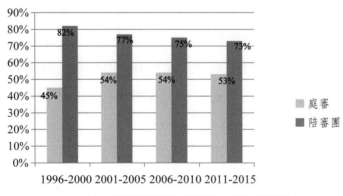

圖16-5　美國專利訴訟案陪審團、庭審勝率比較

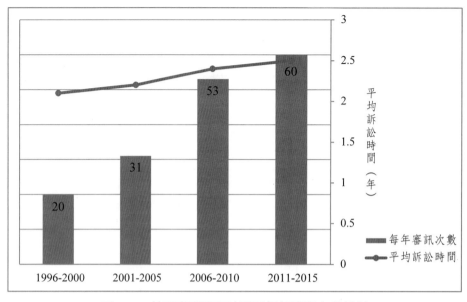

圖16-6　美國專利訴訟時間及每年審訊次數統計

四、NPE專利侵權訴訟

　　2015年統計結果顯示，訴訟發起人屬於非專利實施實體（NPE）之專利侵權案件，有將近三分之二高度集中於德州東區，伊利諾北區、加州北區及德拉瓦四家聯邦地院，NPE所獲得之平均侵權金額，自過去十年以來持續成長，而自過去五年以來更成長將近3倍，NPE勝訴率已較過去有所下降，且通常會花費較長訴訟時間，這也說明專利蟑螂（Patent troll）商業模型愈來愈困難。

16.5 我國專利訴訟

　　我國智慧財產法院（簡稱智財法院），自2008年1月正式成立，到2016年共受理11,997件，民事一審4,337件，民事二審1,940件，刑事2,690件，行政訴訟3,030件，如圖16-7所示，以民事一審為例，原告敗訴比率約51.77%，原告全面勝訴比率13.43%，如圖16-8所示，歷經冗長的訴訟原告贏的機率不高，另依訴訟種類，其中有關著作權788件，專利權1797件，商標權581件，

如圖16-9所示，專利權訴訟占比率約56.76%。

　　剖析專利權訴訟案件原告難以勝訴的可能原因，專利說明書專利申請範圍的擬定與撰寫沒有用心，忽略事先的布局及請求權的設定及技術特徵的細節，因此不利日後訴訟攻防，依多年研讀專利申請書的經驗，我國的專利申請重量不重質，製造許多垃圾專利，專利權的應用很新但也非常多動態的準則，申請專利範圍的請求項範圍大小與專利審查及往後專利訴訟有密切關係，這一部分的經驗需長期經驗累積，智財權的學習，如從結果看，即從智財訴訟的結果切入，也許更能培養出此領域的高手，專利訴訟在美國一年約5,600件，賠償金額平均約美金1,020萬，臺灣近8年約1萬1,997件，這些結果的資訊，絕對可供企業制定智財策略的參考。

　　專利的價值最終是要依據專利訴訟的判決，如臺灣專利判決勝率才13.4%，美國的專利訴訟期間約2年半，賠償金額約1,000萬美金，這些過去幾年訴訟的紀錄可供參考，專利是兩面刃，採行專利策略的成本也是需要考慮的，從企業長遠的角度，智財權的運用是企業長久經營的根本，但人才培養、專利策略、專利申請、維護、管理，甚至訴訟等活動皆是非常巨大的資金投入，企業的高層應當及早深入思考。

項目別 Litigation Type	受理件數 CasesLodged	終結件數 CasesClosed	未結件數 PendingCases
總計 Total	11997	11498	499
民事一審 Civil First Instance Cases	4337	4155	182
民事二審 Civil Second Instance Cases	1940	1855	85
刑事案件 Criminal Cases	2690	2608	82
行政訴訟 Administrative Cases	3030	2880	150

時間：Jul.,2008~Dec.,2016
單位：件

圖16-7　我國智慧財產法院各類案件統計

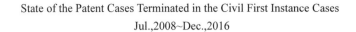
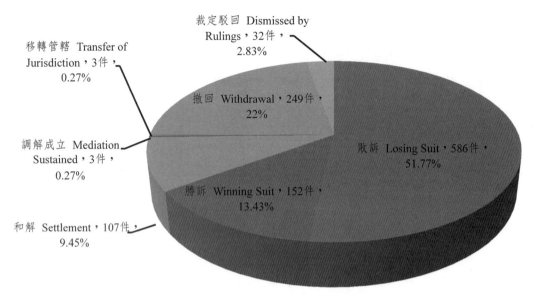

State of the Patent Cases Terminated in the Civil First Instance Cases
Jul.,2008~Dec.,2016

裁定駁回 Dismissed by Rulings，32件，2.83%

移轉管轄 Transfer of Jurisdiction，3件，0.27%

撤回 Withdrawal，249件，22%

調解成立 Mediation Sustained，3件，0.27%

敗訴 Losing Suit，586件，51.77%

勝訴 Winning Suit，152件，13.43%

和解 Settlement，107件，9.45%

圖16-8　我國智慧財產法院民事一審結果統計

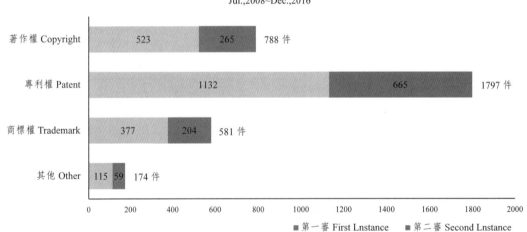

Types of the Civil Action Cases Terminated
Jul.,2008~Dec.,2016

著作權 Copyright　523　265　788 件

專利權 Patent　1132　665　1797 件

商標權 Trademark　377　204　581 件

其他 Other　115　59　174 件

■ 第一審 First Lnstance　　■ 第二審 Second Lnstance

圖16-9　我國智慧財產法院民事訴訟種類

　　智財權力的攻防，最終的主張還是要透過智財調解、仲裁、訴訟等程序方能達成，一流企業經營者要非常了解這整個社會機能的架構，方可制定有效的企業經營策略，企業策略的實施要有智慧財產的慨念，有了文明產業基

礎秩序才會讓產業經營有效率，產業競爭有規範，這些基本的慨念需當回想本書開始之處即提出的思考模型，如圖1-5所示的水波效應圖，人類新的文明除了新的科技外，更要有新的道德、新的倫理、新的法律方可全方面解決新問題，企業經營策略的制定當要有這種寬廣宏觀全方位的思路，故本書花費了許多版面解說這思考模型圖，不知效果如何呢？

參考文獻

中文書目

1. 賴榮哲，專利分析總論，植根雜誌社有限公司，ISBN：957-41-0465-6，2002。

2. 賴榮哲，專利爭議之比較分析，新學林出版股份有限公司，ISBN：978-986-7160-73-7，2007。

3. 陳智超，專利法理論與實務，五南圖書出版股份有限公司，ISBN：978-957-11-3533-5，2006。

4. 陳櫻琴、葉玟妤，智慧財產權法，五南圖書出版股份有限公司，ISBN：978-957-11-3895-4，2006。

5. 吳嘉生，智慧財產權之理論與應用，五南圖書出版股份有限公司，ISBN：978-957-11-1900-7，2007。

6. 葉玟妤，智慧的財產權，元照出版有限公司，ISBN：987-7279-19-0，2005。

7. 陳文吟，我國專利制度之研究，五南圖書出版股份有限公司，ISBN：978-957-11-3670-7，2006。

8. 冷耀世，專利實務論，全華圖書股份有限公司，ISBN：978-957-21-7941-3，2011。

9. 冷耀世，兩岸專利法比較，全華圖書股份有限公司，ISBN：978-957-41-3996-5，2006。

10. 李文賢，專利法要論，翰蘆圖書出版有限公司，ISBN：957-41-3201-3，2005。

11. 鄧穎懋、王承守、劉仲平、李建德，智慧財產權管理，元勝出版有限公司，ISBN：986-7155-00-9，2005。

12. 楊崇森，專利法理論與應用，三民書局股份有限公司，ISBN：957-14-4641-6，2007。

13. 鄭中人，智慧財產權法導讀，五南圖書出版股份有限公司，ISBN：978-957-11-3417-8，2007。

14. 財團法人資訊工業策進會，數位法律時代，財團法人資訊工業策進會科技法律中心，ISBN：986-121-243-4，2005。

15. 陳欽棟、高敏雄，電機電子專利技術寫作秘笈，全華科技圖書股份有限公司，2003。

16. 陶鑫良、單曉光，知識產權法縱論，北京：知識產權出版社，ISBN：7-80011-962-9，2004。

17. 經濟部智慧財產局網站，https://www.tipo.gov.tw/mp.asp?mp=1，2018。

18. 中科院智財通報第49期，https://www2.nuk.edu.tw/lib/copyright/，2018。

19. 國家實驗研究院科技產業資訊室，2016年美國專利有關電動汽車專利開發，http://aknow.stpi.harl.org.tw/post，2016。

20. 資誠聯合會計師事務所，2016全球市值百大企業排名（Global Top100 Companies by Capitalization），http://news.cnyes.lonynews/id/2100840，2017。

21. 智慧財產局，2015年專利統計，國內外三種專利受理年度狀況，https://www.tipo.gov.tw/lp.asp?CtNode=6721&CtUnit=3231&BaseDSD=7&mp=1，2017。

22. 中國知識財產局，http://www.sipo.gov.cn/fjxx/jianbao/year2015/，2017。

23. 國家實驗研究院、科技政策研究與資訊中心，世界五大專利局之專利品質評比EPO第一，SZPO有進步，http://ikonw.stpi.org.tw，2017。

24. 國家實驗研究院、科技政策研究與資訊中心，PWC美國專利訴訟2016年報告：我們正處於一個轉折點，iknow.stpi.nool.org.tw，2017。

25. 國家實驗研究所、科技產業資訊室，臺灣企業IP智財權利金收支，http://cdnet.stpi.narl.org.tw/techroom/pclass/2014/pclass_14_A029.htm，2017。

26. 全國法規資料庫，專利法，修正日期：106年1月18日。

27. 全國法規資料庫，專利實施細則，修正日期：105年6月29日。

28. 劉尚志、湯舒涵、張添榜，專利進步性要件之判決分析，臺灣法學雜誌第220期，第99-116頁，https://www.judicial.gov.tw/work/work12/, 2017。

29. 蕭智宸，專利說明書撰寫之我見，智慧財產權，page1-19，https://www.tipo.gov.tw/public/AttachmentORG/，91年12月。

30. 智慧財產權培訓學院教材，專利檢索與專利分析，https://pcm.tipo.gov.tw/SME/download/05techdb2102_1.pdf，2018。

31. 國家實驗研究院、科技政策研究與資訊中心，IEEE發佈20106年全球專利實力評分，http://iknow.stpi.narl.org.tw/Post/Read.aspx?PostID=13093，2017。

32. 梁莉莎、邱華凱，二氧化鈦觸媒專利地圖分析與技術預測，Journal of china Institute of Techndogy，vol: 36，69-84，2007。

33. 張誠、朱東準、汪雪峰，集成電路封裝技術中國要利數分析研究，現代情報，160-166，2006。

34. 劉尚志、陳佳麟，全球競爭時代之專利發展策略科技發展報導，2001。

35. 張瑋容，站在競爭對手角度、戰戰自己的專利佈局，北美智慧報第3期，2013。

36. 劉志鵬，建立專利申請維護與訴訟部門的利潤中心制，95年跨領域科技管理研發，http://ip.nccu.edu.tw/mmd/oploud/file/T26.pdf，2018。

37. 經濟部智慧財產局，專利侵權判斷要點，http://www.tipo.gov.tw/public/AHadment/69211029233.pdf，105年2月。

38. 鄧永基，隱私權和個人資料保護的介紹與歐美發展趨勢簡，財金資訊季刊第62期，100年6月9日。

39. 國家實驗研究院科技產業資訊室，智慧財產的戰術與戰略（八）：研發構想與專利佈局，http://cduet.stpi.narl.org.tw/techroom/pclass/pclass024.ntm，106年3月16日。

40. 朱子亮，PWC美國專利訴訟2016年報告：我們正處於一個轉折點？科技產業資訊室，105年8月2日。

41. 經濟部智慧財產局，WIPO公布2016年版《世界智慧財產權指標》，科技產業資訊室，106年1月3日。

42. 智慧財產法院，統計專區，106年1月。

43. 國家實驗研究院科技產業資訊室，IEEE發佈2016年全球專利實制評分，http://iknow.stpi.narl.org.tw/post/Rtud.aspx?postIP=13093，106年。

44. 國家實驗研究院科技產業資訊室，WIPO公布2016年版《世界智慧財產權指標》，http://ikonw.stpi.narl.org.tw/post/Rend.aspx?postID=13083，106年。

45. 國家實驗研究院科技產業資訊室，2015年版《IPF統計報告》摘要，http://iknow.stpi.narl.org.tw/post/Rend.aspx?postID=13082，106年。

46. 林妍溱，蘋果通訊專利官司敗訴，需賠專利蟑螂5億美元，iThome，http://iknow.stpi.narl.org.tw/post/Read.aspx?PostID=10029，107年4月12日。

47. 國家實驗研究院科技產業資訊室、舒安居，蘋果通訊專利官司敗訴，需賠專利蟑螂5億美元，https://www.ithome.com.tw/news/122369，103年8月25日。

48. 愛范兒，蘋果又被告了，這次是因為Apple Watch的心率感測器技術，https://technews.tw/2018/04/09/apple-hit-with-patent-lawsuit-over-apple-watchs-heart-rate-sensor/，107年04月9日。

49. 陳仁豪，淺談如何對付專利蟑螂，http://www.businesstoday.com.tw/article/category/154685/post/201311280001，102年11月28日。

50. 郭芝榕，專利蟑螂的商業模式終於被毀了！趨勢科技首開先例，贏了Intellectual

Ventures，http://www.bnext.com。tw/article/36095/BN-2015-04-28-134616-44，104年04月28日。

51.國家實驗研究院科技產業資訊室，專利蟑螂新剋星Unified Patents：藉IPR手段打擊NPEs，http://iknow.stpi.narl.org.tw/post/Read.aspx?PostID=13756，106年9月11日。

52.TechNews，蘋果遭專利蟑螂控充電技術侵權，華碩也遭殃，https://technews.tw/2016/07/13/apple-faces-patent-lawsuit-over-iphones-battery-technologies，105年07月13日。

53.孫寶成，專利侵權判斷要點中關於均等論的判斷方式，http://www.leeandli.com/TW/NewslettersDetail/5619.htm，105年3月31日。

54.智慧財產局，專利侵權判斷要點（105版本），https://www.tipo.gov.tw/public/Attach-ment/692110242332.pdf，107年。

55.張添榜，以置換性判斷專利均等侵權之研究（The Study on Interchangeability under the Doctrine of Equivalents in Patent Law），東吳法律學報第25卷第2期，125-163頁，102年10月。

56.朱子亮，IEEE發佈2016年全球專利實力評分，http://iknow.stpi.narl.org.tw/Post/Read.aspx?PostID=13093，106年1月3日。

57.MBAlib，安索夫矩陣、波士頓矩陣、波特五力分析模型、SWOT分析法、波士頓矩陣、……等等，https://wiki.mbalib.com/wiki/，107年。

58.陳慧玲，2016年個資法全面完整修正施行，http://www.winklerpartners.com/?p=7136&lang=zh-hant，105年3月14日。

59.吳其勳，圖解個資法|個人資料保護法的由來，https://www.ithome.com.tw/arti-cle/87966，2012年10月25日。

60.孫敏，美國，科技初創公司不可不知的專利戰略，https://zhuanlan.zhihu.com/p/36097506，2019。

61.MBAlib，企業專利戰略，https://wiki.mbalib.com/wiki/，2019。

62.陳志杰、劉尚志，論均等論之比對方式——逐項測試法之優缺點探討，科技法學評論第一卷第二期，2004年10月。

63.世界智慧財產權組織（WIPO），關於知識產權，（簡體中文）。https://www.wipo.int/about-ip/zh/，2019。

64.吳漢東，知識產權基本問題研究，北京：中國人民大學出版社，2009。

65.經濟部工業局，臺灣智慧財產管理規範（TIPS）2007。

66. 資誠國際會計事務所（PWC），2016年度美國專利訴訟統計研究報告（2016 Patent Litigation Study：Are we at an inflection point?），http://iknow.stpi.narl.org.tw/post/Read.aspx?PostID=12649，2019。

67. 國家實驗研究院科技產業資訊室，2016年歐洲專利局核准專利創新高達9.6萬件，http://iknow.stpi.narl.org.tw/Post/Read.aspx?PostID=13292，2017。

68. 國家實驗研究院科技產業資訊室，2016《中國專利調查數據報告》解讀，http://iknow.stpi.narl.org.tw/Post/Read.aspx?PostID=12820，2016.9.29。

69. 國家智慧財產權局規劃發展司，中國專利密集型產業主要統計資料報告（2015），http://www.sipo.gov.cn/tjxx/yjcg_tjxx/1052504.htm, 2016.10，vol: 28。

70. 國家實驗研究院科技產業資訊室，智慧局公布105年受理專利商標申請概況，https://www.tipo.gov.tw/ct.asp?xItem=613794&ctNode=7123&mp=1，2017.2.8。

71. 趙亞娟，專利引用分析方法與應用，國家情報工作，第53卷第6期，2009年3月。

英文書目

1. Laudon Kenneth C., Laudon Jane P., "Management Information Systems: Managing the Digital Firm", Pearson Education Limited, 2016, ISBN 978-0-13-389816-3.

2. Laudon Kenneth C., Traver Carol Guercio, "E-commerce: Business, Technology, Society", Pearson, Education Limited, 2012, ISBN 978-0-13-801881-8.

3. Laudon Kenneth C., "Computers and Bureaucratic Reform", New York: Wiley, 1974.

4. Teece David,"Economic Performance and Theory of the Firm: The Selected Papers of David Teece", London: Edward Elgar Publishing, 1998.

5. Bughin Jacques, Angela Hung Byers, Michael Chui, "How Social Technologies are Extending the Organization", McKinsey Quarterly, November, 2011.

6. Hitt Lorin M., Erik Brynjolfsson, "Information Technology and Internal Firm Organization: an Exploratory Analysis", Journal of Management Information Systems 14, No. 2, Fall, 1997.

7. Piccoli Gabriele, Blake Ives, "Review: IT-Dependent Strategic Initiatives and Sustained Competitive Advantage: a Review and Synthesis of the Literature", MIS Quarterly 29, No. 4, December, 2005.

8. Porter Michael E., "The Five Competitive Forces that Shape Strategy", Harvard Business Review, January, 2008.

9. Porter Michael E., "Strategy and the Internet", Harvard Business Review, March, 2001.

10. Belanger France, Robert E. Crossler, "Privacy in the Digital Age: a Review of Information Privacy Research in Information Systems", MIS Quarterly 35, No. 4, December, 2011.

11. Lee Dong-Joo, Jae-Hyeon Ahn, Youngsok Bang, "Managing Consumer Privacy Concerns in Personalization: a Strategic Analysis of Privacy Protection", MIS Quarterly 35, No. 2, June, 2011.

12. Mintzberg Henry, "Managerial Work: Analysis from Observation", Managenent Science 18, October, 1971.

13. Simon H. A., "The New Science of management Decision", New York: Harper & Row, 1960.

14. Durham Alan L., "Patent Law Essentials", Praeger Publisers, ISBN: 0-275-98205-X, 2004.

15. Knut Blind, Jakob Edler, Michael Friedewald, "Software Patents: Economic Impacts and Policy Implications", Edward Elgar, ISBN: 1-84542-488-3, 2005.

16. THE WORLD BANK, "Inclusive Green Growth: The Pathway to Sustainable Development", http://clata.worldbank.org.cn/TX.VAL.TECH.CD?view=charf, 2012.

17. WIPO, "Statistical Country Profiles", http://www.wipo.int/ipstats/en/statisfics/country_profile, 2017.

18. WIPO, "IP Facts and Figures 2016", https://www.wipo.int/publications/en/details.jsp?id=4157, 2017.

19. WIPO, "WIPO IP Statistics Data Center", https://www3.wipo.int/ipstats/, 2018.

20. Ove Granstrand, "Patents and Innovation for Growth in a Converging World Economy: Intellectual Property Strategy and Technology Commercialization", WIPO, https://www.wipo.int/edocs/mdocs/mdocs/en/wipo_ip_econ_ge_4_11/wipo_ip_econ_ge_4_11_www_182037.pdf, 2011.9.5.

21. Ove Granstrand, "The Economics and Management of Intellectual Property Towards Intellectual Capitalism", Edwards Elgar Publishing, 1999.

22. PWC, "2016 Patent Litigation Study", http://www.pwc.com/VS/forencics, May, 2016.

23. WIPO, "World Intellectual Property Indicators, 2016 Economics & Stafistics", http://series,www.wipo.int/edocs/pubdocs/en/wipo-pub-941-2016.pdf, 2017.

24. WIPO, "WIPO IP Fucts and Figares 2016", http://www.wipo.int/edocs/pubdocs/en/wipo-pub-943.2016.pdf, 2017.

25. WIPO, "WIPO Guide to Using Patent Information", http://www.wipo.int/edocs/pubdocs/en/patents/434/wipo_pub_143430.pdf, 2018.

26. WIPO, "Finding Technology Using Patents", http://www.wipo.int/edocs/pubdocs/en/patents/434/wipo_pub_F434_02.pdf, 2018.

27. WIPO, "Patent Cooperation Treaty Yearly Review-2016: The International Patent System", http://www.wipo.int/edocs/pubdocs/en/wipo-pub-901-2016.pdf, 2018.

28. Dan Hunter, "The Oxford Iutroductions to U.S Low: Intellectual Property", Oxford University Press, 2012.

29. John Palfrey, "Intellectual Property Strategy", The MIT Press Essential Knowledge series, 2012.

30. WIPO, "Handbook on Industrial Property Information and Documentation-INID Code", https://www.wipo.int/export/sites/www/standards/en/pdf/03-09-01.pdf, 2018.

31. WIPO, "World Intellectual Property Indicators 2016", Economics & Statistics Series, https://www.wipo.int/edocs/pubdocs/en/wipo_pub_941_2016.pdf, 2017.

32. WIPO, "WIPO IP Facts and Figures 2016", ISBN: 978-92-805-2806-0, https://www.wipo.int/publications/en/details.jsp?id=4157, 2017.

33. Hartman Peri, Bezos Jeffrey P., Kaphan Shel, Spiegel Joel, "Method and system for placing a purchase order via a communications network", US5960411, September 28, 1999.

34. Bas Ording, Scott Forstall, Greg Christie, Stephen O., Lemay, Imran Chaudhri, Richard Williamson, Chris, Blumenberg, Marcel van Os, "Portable Electronic Device, Method, and Graphical User Interface for Displaying Structured Electronic Documents", US7864163, January 4, 2011.

35. Bas Ording, "List Scrolling and Document Translation, Scaling, and Rotation on a Touch-screen Display", US7469381, December 23, 2008.

36. Brichter Loren, "User Interface Mechanics", US8448084, May 21, 2013.

37. Hung-I Chen, "Touch Screen Measurement Circuit and Method", US8094135B2, December, 9, 2005.

38. Seidel, A. H. "Citation System for Patent Office", Journal of the Patent Office Society, 1949 (31), pp. 554-567.

39. Garfield E. "Patent Citation Indexing and the Notions of Novelty, Similarity, and relevance", Journal of Chemical Documentation, 1966(6), pp. 63-65.

40. Michel J, Bettels B., "Patent Citation Analysis: A Closer Look at the Basic Input Data from Patent Search Reports" Scientometrics, 2001(51), pp. 185-201.

41. Supreme Court of the United States, "Alice Corporation Pty. Ltd. v. CLS Band International et al.", https://www.supremecourt.gov/opinions/13pdf/13-298_7lh8.pdf, October Term, 2013.

42. Bob Dematteis, Andy Gibbs, Michael Neustel, "the Patent Writer-How to write Successful Patent Applications", Squareone Publishers, ISBN: 0-7570-0176-9, 2006.

43. Richard L. Brandt, "One Click: Jeff Bezos and the Rise of Amazon.com", Penguin Group (USA) Inc., ISBN 1591843758, 2011.

名詞索引

十二畫

法條索引

國家圖書館出版品預行編目資料

智財策略與專利攻防／洪永城著. －－初
版.－－臺北市：五南，2019.09
　　面；　公分
　　ISBN 978-957-763-495-5（平裝）

1.智慧財產權　2.專利法規

553.433　　　　　　　　　　108010171

5A25

智財策略與專利攻防

作　　　者 ― 洪永城（163.7）

發 行 人 ― 楊榮川

總 經 理 ― 楊士清

總 編 輯 ― 楊秀麗

主　　 編 ― 王正華

責任編輯 ― 金明芬

封面設計 ― 姚孝慈

出 版 者 ― 五南圖書出版股份有限公司

地　　　址：106台北市大安區和平東路二段339號4樓

電　　　話：(02)2705-5066　　傳　　真：(02)2706-6100

網　　　址：http://www.wunan.com.tw

電子郵件：wunan@wunan.com.tw

劃撥帳號：01068953

戶　　　名：五南圖書出版股份有限公司

法律顧問　林勝安律師事務所　林勝安律師

出版日期　2019年9月初版一刷

定　　　價　新臺幣400元

經典永恆·名著常在

五十週年的獻禮——經典名著文庫

五南，五十年了，半個世紀，人生旅程的一大半，走過來了。

思索著，邁向百年的未來歷程，能為知識界、文化學術界作些什麼？

在速食文化的生態下，有什麼值得讓人雋永品味的？

歷代經典·當今名著，經過時間的洗禮，千錘百鍊，流傳至今，光芒耀人；

不僅使我們能領悟前人的智慧，同時也增深加廣我們思考的深度與視野。

我們決心投入巨資，有計畫的系統梳選，成立「經典名著文庫」，

希望收入古今中外思想性的、充滿睿智與獨見的經典、名著。

這是一項理想性的、永續性的巨大出版工程。

不在意讀者的眾寡，只考慮它的學術價值，力求完整展現先哲思想的軌跡；

為知識界開啟一片智慧之窗，營造一座百花綻放的世界文明公園，

任君遨遊、取菁吸蜜、嘉惠學子！